MATHEMATICS EDUCATION

예비교사와 교사를 위한

유아 수학교육

김숙령 저

학지사

머리말

유아수학교육을 강의하다 보면 예비교사들이 수학을 실생활과는 관련이 없는 과목, 어렵고 머리 아픈 과목, 딱딱하고 재미없는 과목으로 생각하고 있다. 이러한 생각은 유아교사가 되어서도 그대로 나타나 유아들에게 적절한 교수방법으로 생활 속에서의 수학을 가르치기보다는 결과중심의 수학교육방법을 선택하게 한다. 그러나 수학교육은 일률적이고 단편적인 답을 요구하는 계산능력위주의 교수방법에서 벗어나 유아가 어떤 문제에 직면했을 때 문제의 원인을 먼저 분석하고 사고하여 논리적으로 문제를 해결하는 능력을 키울 수 있도록 이루어져야 한다. 즉, 수학적인 힘을 가진 어른으로 성장하도록 도와야 할 것이다.

유아를 위한 수학교육은 오늘날 일상생활 속에서 수의 응용, 형태와 양과 관련한 문제해결, 자료의 수집과 분석 등 자료를 가지고 유아의 의사소통하는 능력을 길러주는 학문으로서 인정되고 있다. 이러한 점을 감안하여 이 책에서는 유아가 생활 속에서 다양한 수학적 개념을 즐겁고 친밀하게 습득하며 활용할 수 있도록 내용을 구성하였다.

이 책은 2007년 교육과학기술부에서 고시한 개정 유치원 교육과정에서 제시하고 있는 수학적 기초 능력 기르기의 하위내용에 따라 수 감각 기르기, 공간 및 도형에 대해 알아보기, 기초적인 측정해 보기, 규칙성 이해하기, 자료정리 및 결과 나타내기의 5가지 하위내용을 최근 수학교육의 이론적 기초를 근거로 하여 유아의 발달적 특성에 맞는 활동으로 제시하였다. 또한 기계적인 교수법을 탈피하고 수학적 개념을 경험하도록 교육활동을 구성하여 현장에서 운영한 활동 실제들을 다양하게 다루고 있다.

이 책은 크게 이론편과 실제편으로 나뉜다. 이론편에서는 유아수학교육의 기본적 배경과 방향을 밝힌 뒤, 유아수학교육의 이론적 기초와 유치원 교육과정 중 수학적 기초능력 기르기에 대해 다루었다. 그다음 유아의 수학적 사고발달에 관한 이론을 실제 자료와 함께 제시하고 유아를 위한 수학교육의 계획 및 교수, 환경구성 그리고 평가에 대해 다루고 있다.

실제편에서는 개정된 유치원 교육과정에서 제시한 수학적 기초능력 기르기 내용에 따라 수학교육활동을 제시하되, 유아의 실제 생활에서 자연스럽게 학습이 일어날 수 있는 활동들로 구성하였다. 또한 개정된 유치원 교육과정에 기초한 수학교육의 활동별 통합적 접근 실제를 다루고 있다. 일상생활, 게임, 조형, 문학, 토의, 조사활동 등 주제 전개에 따라 만 3~5세 학급에서 실제로 이루어진 다양한 활동을 통해 유아의 수학적 학습이 어떻게 이루어질 수 있는지 소개하였다.

조심스러우면서도 부끄러운 마음으로 이 책을 낸다. 이 책을 읽는 예비유아교사들과 현장의 교사들에게 유아수학교육의 방향을 잡는 데 도움이 되기를 바란다.

끝으로 유아수학교육 통합 활동 프로그램 개발에 협력해 주고 많은 도움을 준 배재유치원 교사들과 원고정리와 교정을 세세하게 해 주신 김선희 선생님께 지면을 통해 감사드린다. 또한 바쁘고 어려운 편집과정에서도 이 책을 출판해 주신 학지사 김진환 사장님과 편집자님께 감사의 말씀을 드리고 싶다.

2011년 2월

저자 김숙령

Contents

Part 2 실제편

Part 1

유아 수학교육

이론편

제1부 유아 수학교육의 이론과 내용

제2부 유아 수학교육의 교수방법

제1부
유아 수학교육의 이론과 내용

01

유아 수학교육의 기본 배경

1. 유아 수학교육의 기본 배경

교육의 목표와 방법들은 시대의 요구에 맞게 변화한다. 초기의 수학교육은 인간이 실제 생활 속에서 삶을 위해 수를 다루어야 할 필요성과 함께 시작되었다. 즉, 물물교환이나 농업과 목축업 등 생업에 관련된 산술적인 목적을 위해 형식적·비형식적으로 이루어져 왔다. 그러나 현대사회에서 수학교육은 삶을 지탱하기 위한 문제 해결의 수단으로써 뿐만 아니라, 상징적 기호와 체계의 이해, 인지 발달 자극의 수단으로까지 인식되고 있다.

유아를 위한 수학교육관도 시대에 따라 변화되어 왔다. 1920년대 Thorndike에 의해 주장된 연합 이론에서는 전통적인 수학교육과정을 따르며, 연습과 훈련에 의해서 수학적 사실과 기술을 다루고, 계산 기술을 습득하는 교육내용을 포함한다. Brownell은 연합 이론에 대해 문제를 제기하며 의미 이론을 주장하였다. 의미 이론은 수학교육에 있어서 계산 기술의 반복 훈련이나 연습보다는 수학적 상징의 의미(숫자의 의미, 조작적인 부호, 등호, 부등호의 의미)와 수학적 관계의 이해 등 수학적 의미를 이해하는 것과 관련된 심리적 준비도를 중요하게 생각한다.

수학교육에 있어서 상징의 의미를 이해하는 것을 중시한 Brownell의 이론은 개념적 지식의 획득과 사고 과정을 중시한 Piaget의 구성주의 인지 이론과 유사한 점이 있다.

Piaget의 구성주의는 1970년대 중반에 이르기까지(일부 교육과정에 있어서는 현재까지) 수학교육관에 큰 영향을 미쳤다. 논리 · 수학적 사고 발달에 있어서 유아기의 전조작적 사고 발달에 대한 Piaget의 이론은 유아 수학교육과정에 크게 반영되었다. 즉, 수의 본질에 대한 제한된 이해력으로 말미암아 유아기의 수학교육 내용은 주로 수 이전 활동들을 중심으로 이루어졌다. Piaget의 이론은 학습에 있어서 환경과 능동적으로 상호작용하는 유아 자신의 역할을 중시하였으며, 유아 스스로 수학적 관계성을 찾아 지식을 구성하게 하는 Bruner의 발견학습으로 이어져 종전의 수학교육에 커다란 변화를 가져오게 하는 데에 큰 공헌을 했다.

그러나 후기 Piaget학파는 Piaget가 유아를 비논리적 사고와 제한된 수학적 능력을 갖는 존재로 보고 수 이전 활동을 강조한 것을 비판한다. 후기 Piaget학파와 Vygotsky를 주축으로 하는 문화심리학자들은 지식 구성의 사회적 상호작용의 역할을 중시하면서, 사물과의 상호작용에 의한 수 이전 활동보다 언어와 공유된 활동을 통한 수 세기, 수 조작 그리고 수 상징에 대한 학습의 중요성을 강조하는 경향이 있다.

언어와 공유된 활동이 효율적으로 학습의 효과를 거두기 위해서는 유아에게 유아의 생활 세계와 닮은 의미 있는 맥락 내에서의 실질적인 수 경험의 기회를 많이 경험할 수 있도록 해야 한다. 또한 유아들이 일상생활에서 성인이나 또래와 함께 유의미한 맥락 속에서 실질적인 수를 경험할 수 있는 기회를 제공해야 한다.

2. 유아 수학교육의 방향

수학의 기원은 인간이 생활 속의 문제 해결과 합리적 의사 결정을 통한 삶의 수준을 향상시키고자 시작되었다. 따라서 오늘날 우리 생활 속에서 수학이 쓰이지 않는 곳을 찾기란 어렵다. 이런 점을 감안할 때 생활과 유리된 수학교육은 수학을 우리들의 삶과 거리가 먼 추상적 존재로 남게 할 뿐이다. 그러므로 현대의 유아를 위한 수학교육은 다양한 문제 상황에서 탐색과 구체적 조작 활동을 통해 유아 스스로 창의적인 문제 해결 방법을 찾고 추론하며, 나아가 새로운 개념과 지식을 획득하는 능력을 키워 주는 방향으로 전개되어야 한다. 또한 자신이 찾아낸 문제 해결의 결과에 대해 효과적으로 의사소통하는 능력을 배양하는 것도 포함해야 한다(National Council of Teachers of Mathematics, 1989).

수학교육이 효율적으로 이루어지기 위해서는 유아에게 발달적으로 적합한 교육 내용이 제공되어야 한다. 발달적으로 적합한 유아 수학교육은 유아들이 일상생활에서 경험하는 여러 가지 사물과 사건을 직접 분류하고 비교하며 관계를 찾아보는 등의 구체적인 조작 활동을 통하여 수학적인 기초 능력과 태도를 기르게 하는 것에서 출발한다.

이러한 기본 방향에 따라 유아 수학교육에서는 유아들이 일상생활의 경험을 토대로 비형식적인 방법으로 수학을 학습할 기회를 많이 가질 것을 강조하고, 실제 교수에서는 구체적인 조작물의 사용을 비롯하여 협동 학습, 토론, 질문 등 다양한 활동을 통합적으로 사용할 것을 전제로 하고 있다.

유아가 수학적 지식을 형성하는 과정에서 중요한 것은 유아의 인지적 발달 수준과 직접적인 경험과의 상호작용이다. 교사는 유아의 발달 단계를 알아야 하며 유아 개인의 사전 경험을 고려하여, 유아 스스로 능동적인 활동을 할 수 있는 환경을 반드시 제공해야 한다. 또한 유아가 개별적이고 직접적인 경험에 기초하여 지식을 형성하도록 도와주고 자신의 지식을 실제 생활에 적용해 보도록 격려해야 한다. 앞에서 언급한 유아 수학교육의 배경을 토대로 유아 수학교육의 기본 방향을 제시하면 다음과 같다.

첫째, 수학적 지식은 유아 스스로 구성해야 한다. 교사 주도의 활동이나 암기적 학습을 지양하고 유아가 스스로 사물과 사물의 집합, 사건 또는 문제 상황에서 수학적 개념과 수 세기, 더하기, 빼기 등의 기술을 터득할 수 있는 상황을 마련해 주어야 한다.

둘째, 교사는 올바른 수학적 용어를 사용하고 적절한 질문을 통해 유아가 언어적으로 설명할 수 있도록 해야 한다. 교사나 또래의 사회적 중재 혹은 상호작용 활동은 유아의 개인적이고 물리적인 경험에 대한 추상을 한 차원 높여 줄 수 있다.

셋째, 유아 수학교육은 하루일과에서 자연스럽고도 통합적으로 이루어질 수 있도록 배려해야 한다. 수학활동이 즐겁고 재미있게 느껴지고, 유아의 사회적 · 정서적 · 신체적 요구가 함께 충족될 때 유아는 더욱 능동적으로 학습에 임하게 된다. 수학활동이 모든 활동 시간대(예: 간식 시간에 과일 조각의 수 세기나 조각을 통해 분수 개념 학습)에서 통합적으로 이루어질 때 유아는 활동을 하면서 자연스럽게 수학적 지식을 습득하게 될 것이다. 또한 수학영역 외에 다른 흥미영역(예: 극놀이 영역)에서도 수학적 활동이 일어나도록 공간을 배치하고, 개별 활동, 소집단 활동, 대집단 활동으로 다양하게 구성하면 수학교육의 효과를 높여 줄 수 있다.

넷째, 수학교육은 유아의 일상생활과 관련된 곳에서 이루어져야 한다. 학습하는 수학적 개념이 실제 상황이나 일상적인 경험과 연결될 때 유아들은 수학의 유용성을 인식하게 되며, 주위의 많은 문제 해결에 적용될 수 있음을 깨닫게 된다.

다섯째, 유아 수학교육은 계산 능력보다는 수학적 사고력과 추리력의 발달을 강조해야 한다. 수학이 단순한 규칙이나 절차를 암기하는 것이 아니라 논리적이며 추리적인 것임을 알고 유아들이 논리 · 수학적인 사고를 통하여 문제를 해결하고 관계를 추론하며 자료를 조작, 분석, 해석하는 능력을 갖도록 해야 한다. 수학적 사고력과 추리력을 발달시키려면 비판적 사고와 질문, 토의 등이 수용 · 격려되는 개방적인 분위기가 요구된다.

여섯째, 유아 수학교육은 수학 개념 간의 연계성을 중시해야 한다. 수학교육의 내용은 이전의 산술이나 산수교육보다는 측정, 어림셈, 기하, 공간 관계, 자료 수집과 분류 및 통계, 패턴, 계산기나 컴퓨터 활용 등 폭넓은 내용을 포함해야 하며, 이들 수학적 개념들이 상호 연관되어 다루어져야 한다.

일곱째, 유아의 수학활동을 관찰, 면접하거나 또는 유아의 작품을 수집하는 등 형식적 · 비형식적 평가방법을 사용해야 한다. 이러한 평가방법은 유아의 수학적 사고와 수학적 사고의 이해 과정을 알 수 있는 자료가 된다.

02

유아 수학교육의 이론

수학교육은 인류가 수를 다루게 되면서부터 시작되었다고 볼 수 있다. 초기의 수학교육은 가축이나 농작물을 사고 팔거나 물물 교환하거나 관리하는 데 필요한 실용적인 목적에서 이루어졌다. 수학은 일상생활에서 수, 양, 형과 관련된 실제적 문제를 해결하는 중요한 수단이었다. 이후 문명이 발달함에 따라 수학은 실용성보다는 상징적 기호의 조작을 다루는 학문 자체로 변모되었으며, 심지어 수학교육을 기억력이나 계산력 등 정신력 연마를 위한 것으로 인식하는 경향까지 생겨나게 되었다(이경우 외, 1997). 즉, 수학은 인류문명 초기부터 사람이 형성, 발전시켜 온 생활에 대한 지혜이며 사물에 대해 생각하고 경험을 조직하는 방식이다. 수학교육 이론은 수학교육의 기본 개념과 수학학습 방법의 기초를 제공한다. 이 장에서는 Piaget의 인지적 구성주의, Bruner의 표상 이론, Vygotsky의 사회적 구성주의 이론을 제시하여 유아 수학교육의 이론적 배경을 이해하고자 한다.

1. Piaget의 인지적 구성주의

Piaget(1896~1980)는 유아 스스로의 경험이나 환경과의 상호작용을 통한 지식 구성을 강조하는 인지적 구성주의(cognitive constructionism)의 대표적인 학자로 현대 유아 수학교육에 많은 영향을 끼쳤으며, 그의 이론은 많은 유아교육 프로그램의 이론적 토대가 된다.

Piaget는 인간은 환경에 적응하기 위해 인지 구조(scheme)를 가지고 태어나며, 인지 구조의 계속적인 질적 변화로 인지 발달이 이루어진다고 보았다. 인지 구조란 사물이나 사건을 이해하는 틀이며 동화와 조절, 평형화로 설명할 수 있다.

1) 인지 구조

(1) 동화

자신의 기존 인지 구조를 변화시키지 않고 새로운 사물이나 사건을 해석할 수 있을 때를 동화(assimilation)라고 한다.

예를 들어, 유아가 고양이를 보고 "엄마, 저게 고양이야?"라고 물었을 때 엄마가 "응, 그건 다리가 네 개면서 무늬가 있네."라고 이야기를 해 주면 유아는 다리가 네 개인 고양이에 대한 자신의 인지 구조를 변화시키지 않고도 새로운 정보를 받아들이는 것을 말한다.

(2) 조절

어떤 새로운 사물이나 사건을 받아들일 때 기존의 인지 구조를 변경하는 것을 조절(accommodation)이라고 한다.

예를 들어, 다리가 네 개인 동물은 고양이로 알고 있던 유아가 어느날 동물원에 가서 다리가 네 개지만 고양이와는 다른 생김새를 가진 동물을 발견하고 놀라서 엄마에게 묻는다. "엄마, 저것도 고양이야?" "아니, 다리가 네 개지만 코가 긴 것은 코끼리야."라고 알려줄 때 유아는 자신의 인지 구조를 변경시킨다.

(3) 평형

동화와 조절은 상호작용을 반복하여 조화를 이룬 상태, 즉 인지적 평형 상태(cognitive equilibrium)로 발달하게 된다. 유아가 생김새가 다른 여러 고양이를 만나서 인지 구조의 혼란을 겪지만 곧 인지 구조를 조절하여 새로운 지식을 형성하여 편안해진 상태를 말한다.

2) 인지 발달 단계

인지 발달 단계는 누구나 동일하게 순차적인 발달을 거치지만, 발달의 속도는 발달 단계를 거치는 각 과정마다 다르며, 각 발달 단계는 질적인 차이를 나타낸다.

(1) 감각 운동기(sensori-motor stage, 0~2세)

영아가 자신의 오감각과 선천적 운동 능력을 사용하여 주변의 환경을 이해하고 적응하며 사물을 탐색하는 시기다. 이러한 탐색활동을 통하여 영아는 많은 양의 정보를 동화하고 감각운동기가 끝날 무렵 대상 영속성의 개념을 가지게 된다. 또한 주변 환경에서 색깔, 모양, 크기와 같은 특징에 대해 인식하게 된다.

(2) 전조작기(pre-operational stage, 2~7세)

전조작기는 언어습득이 급속하게 이루어지는 시기로 사물이나 행동을 표상하고 상징을 사용하는 능력이 발달한다. 유아들은 크고 작은, 무겁고 가벼운, 네모와 세모, 빠름과 느림, 길고 짧음과 같은 개념을 사용한다. 전조작기동안 유아는 수 세기, 일대일 대응, 모양, 공간, 비교와 같은 보존 능력을 기르기 위한 기초 활동과 서열이나 분류활동을 하게 된다.

(3) 구체적 조작기(concrete operational stage, 7~12세)

구체적 조작기에는 자기중심성을 탈피하게 되며 보존개념이 획득된다. 유아의 정신 속에는 원래의 그림을 보유하는 데 점점 능숙하게 되고 사물의 외형이 변할 때 정신적 전환이 일어난다. 사물들 간의 관계를 이해함으로써 물체를 분류하고 유목화하여 나열하며 물체와 사물을 일정한 기준에 따라 순서대로 나열할 수 있으며, 사건의 원인과 결과를 이해할 수 있는 가역성의 원리도 획득한다.

(4) 형식적 조작기(formal operational stage, 12세 이후)

형식적 조작기는 구체적이고 관찰 가능한 것 외에도 논리적이고 체계적인 방법으로 문제를 해결하려 한다. 이러한 사고로 인해 추상적 개념을 이해하기 시작하고 추상적인 문제들을 해결하려 한다. 즉, 문제 해결을 위한 변인들을 체계적으로 조작하거나 가설을 설정하고 검증할 수 있다.

3) 지식의 종류

Piaget는 인간의 모든 경험은 물리적 지식과 논리 · 수학적 지식, 사회적 지식으로 분류될 수 있다고 보고, 지식의 종류에 따라 학습방법이 달라야 한다고 하였다. 또한 이 세 가지 지식의 관계는 상호 연관되어 있다고 하였다.

(1) 물리적 지식

물리적 지식은 환경에서 물체와 물체의 특성에 대해 학습하는 것을 말한다. 유아는 물체의 색깔, 무게, 크기, 조직에 대한 정보를 관찰함으로써 알 수 있다. 그러므로 영 · 유아가 다양한 물체를 탐색하고 세심하게 관찰할 수 있는 기회를 통해 물리적 지식을 구성할 수 있도록 환경을 구비하고 도와주어야 한다. 이러한 물리적 지식은 논리 · 수학적 지식과 서로 연관되어 있다.

(2) 논리 · 수학적 지식

논리 · 수학적 지식은 정보를 조직하고 세상의 의미를 만들어 가기 위해 개인이 구성하는 관계들이며, 같고 다름, 많고 적음, 수, 분류 등을 포함한다. 이러한 논리 · 수학적 지식은 관계에 의한 지식으로 눈에는 보이지 않는 사물과 사물과의 관계를 머릿속에서 알아내는 것을 말한다. 이것은 가르칠 수 없으며 사물과의 관계를 활동 속에서 경험함으로써 스스로 지식을 구성해 나갈 수 있게 된다.

(3) 사회적 지식

사회적 지식은 사회적인 관습이나 문화 혹은 약속이나 규칙처럼 외부에서 배워야 알 수 있는 지식을 말한다. 즉, 다양한 사회적 상황에서의 행동 규칙들과 같은 것을 의미한다.

4) 유아 수학교육에의 시사점

(1) 유아의 사고 구조의 발달에 초점을 둔 수학교육의 중요성

Piaget는 전조작기 단계인 유아에게 논리적 · 추상적 사고를 요하는 수학적 조작활동을 반대하였다. Piaget는 수를 나타내는 숫자의 형태는 임의적이고 관습적인 것이므로 어린 유아들은 이것을 이해하는 데 어려움이 있다고 보았다. 유아의 환경적 요인인 사전경험, 흥미 보다는 유아의 발달 단계를 고려한 교육내용을 더 중시하였다. 따라서 유아가 직접 참여하고 조사할 수 있는 교육내용을 선정하고, 충분한 활동을 할 수 있는 기회를 제공해야 한다.

(2) 적절한 수학활동 방법

Piaget는 지식을 물리적 지식, 논리 · 수학적 지식, 사회적 지식으로 구분하고 다루고자 하는 지식의 종류에 따라 교수-학습방법이 달라야 한다고 하였다. 또한 유아 수학활동 방법은 암기에 의한 수 세기와 계산학습보다는 유아 주변에서 친숙하게 볼 수 있는 구체물로 다양한 조작 경험을 제공하는 교수방법을 중시하였다.

(3) 유아 수학교육을 위한 교사의 역할

Piaget 이론은 수동적이고 누적된 학습과 효율적이며 획일화된 학습을 주장한 전통적인 행동주의 이론을 비판하였다. Piaget에 의하면, 유아는 선천적으로 호기심과 탐구심이 많은 존재로서 학습지를 통한 암기와 연습은 유아에게 무의미한 것으로 보았다. 따라서 Piaget는 유아 수학활동에서 교사의 중요한 역할은 유아가 수학활동에 직접 참여할 수 있는 지지적인 환경을 조성하고, 유아 스스로 평형화를 이루어 지식을 쌓아갈 수 있도록 유아에게 적절한 질문을 하고 동기 유발을 하도록 도와 주는 것이라 하였다.

2. Bruner의 표상 이론

Bruner(1915~)는 1950년대 후반에서 1970년대 후반 미국에서 일어난 새 수학(New Math Movement) 운동의 이론적 토대를 제공한 학자로서 수학교육에 많은 영향을 끼쳤다.

1) 발견학습

Piaget가 아동의 사고 발달 과정을 통해 지식의 본질과 특성을 발견하고자 하였던 것에 반해서, Bruner는 지식의 기본 개념과 원리를 각각의 상호 연관 속에서 또한 학문의 전체적 구조와의 관련 속에서 학습해야 한다고 하였다. Bruner는 교사의 설명에 의해 개념이 획득되는 것이 아니라고 보고 어떤 것이든지 탐색하고자 하는 유아의 본성을 교육에 적용하였다. 유아 스스로 관계성을 찾아 지식을 구성하도록 하는 발견학습을 주장하였다.

Bruner의 발견학습은 아동의 사고 방식뿐만 아니라 그들이 어떻게 배우고 또 어떻게 잘 배울 수 있도록 도와주는가에 관심을 가졌다. 교사는 아동이 문제 해결에 대해서 흥미를 가지고 그들 스스로 다양한 해결책을 고안하고 창안할 수 있도록 수학적 환경을 마련하여 격려하고, 문제 해결을 가능하게 하는 자료를 제공해 주어야 한다고 하였다. 그러므로 발견학습은 교사의 지시를 최소한으로 줄이고 유아가 자발적인 발견 과정을 통하여 스스로 학습하도록 한다.

2) 표상 양식의 유형

Bruner는 어떠한 지식도 유아가 이해할 수 있는 간단한 형태에서 상징적이고 추상적인 형태로 제시될 수 있다고 하였다.

첫째, 동작적 표상 양식(enactive represerntation mode)으로서 유아가 학습을 할 때 자신의 신체감각을 이용하여 직접 표현하는 것이다. 둘째, 영상적 표상(iconic representation mode)은 시각이나 청각 등의 감각적 이미지에 의존하는 단계로 유아가 머릿속으로 상상할 수 있도록 사물대신 그 사진이나 그림, 도표 등을 사용하여 간접경험을 얻는 것을 말한다. 예를 들어, 숫자 '5' 를 눈으로 보고 귀로 듣고 손가락으로 '5' 를 써보는 경험을 통해 숫자 '5' 를 이해한다. 셋째, 상징적 표상 양식(symbolic representation mode)은 감각적 이미지에 의존하기보다 사고의 표현 수단인 언어나 문자, 기호 등을 사용하는 단계다. 말이나 글을 통한 경험, 즉 유아가 글로 제시된 수학문제를 그동안 직접 경험하거나 영상경험을 통해 쌓아놓았던 개념들을 기초로 해서 문제에 제시된 숫자를 보고 문제에서 그 수가 가지고 있는 추상적 의미를 이해하고 해결하는 것이다.

3) 유아 수학교육에의 시사점

(1) 능동적이며 탐구적인 발견학습

Bruner는 학습이란 능동적인 과정이며 유아가 그들의 과거와 최근의 지식을 바탕으로 새로운 아이디어나 개념을 구성한다고 하였다. 교사는 유아가 스스로 원리를 발견할 수 있도록 유도하거나 격려해야 한다. 교사는 유아가 배워야 할 내용을 유아의 이해능력 상태에 맞게 변형시켜야 한다. 즉, 교사가 유아에 맞게 학습내용을 제시하고 질문을 유도하는 등 표상 양식을 조절함으로써 유아의 능동적 학습과 발견이 이루어진다. 유아가 발견학습을 통해서 스스로 탐구하여 문제를 해결해 나갈 때 학습의 효과가 크다고 하였다.

(2) 표상양식을 통한 교수 매체 사용

Bruner의 이론은 유아 교육 현장에서 유아의 개념 형성을 촉진시킬 수 있도록 교수 매체를 동작적 · 영상적 · 상징적 표상으로 사용할 것을 권하였다. 즉, Piaget와는 달리 교육내용을 발달 단계에 따라 표상 방식을 다르게 함으로써 유아 발달 수준 이상의 것을 가르칠 수 있다고 보았다.

3. Vygotsky의 사회 · 문화적 구성주의

러시아 심리학자인 Vygotsky(1896~1934)는 1970년대 이후 Vygotsky의 저서가 번역된 이후 많은 관심을 끌고 있다.

1) 인지 발달의 기원

Piaget는 지식이란 유아 개개인의 경험을 통해 자신만의 방법으로 구성된다고 보아 지식의 개인 내 발생을 강조한 반면, Vygotsky는 인간의 지식을 구성하는 데 있어서 사회적 매개 요인의 영향을 강조하였다. 각 개인은 생물학적 경향성을 바탕으로 다른 사람과의 상호작용을 통해 사물에 대한 행위를 배우고 인간 행동에 대한 조절을 할 수 있는 기호(signs)를 사용한다고 하였다. 또한 수학적 활동도 개인의 사회・문화적 상황에 의해 결정된다고 보았다.

(1) 근접 발달 지대

Vygotsky는 '근접 발달 지대'(zone of proximal development) 개념을 유아의 '실제적 발달 수준'과 '잠재적 발달 수준' 간의 간격으로 설명한다. 근접 발달 지대 안에서 교사는 유아를 안내하고 유아의 활동을 격려하는 교사와 유아의 협동을 말하며, 이러한 협동을 비계설정으로 본다. 비계설정(scaffolding)이란 유아가 보다 높은 수준으로 도달하도록 성인이나 유능한 또래가 도움을 주는 것을 말한다. 즉, 유아의 과제 수행능력에 따라 적절한 도움의 양을 조절함으로써 궁극적으로는 유아 자신이 과제에 대해 책임을 맡게 하여 유아의 자율성과 독립심을 길러주는 것이다. 근접 발달 지대를 극복하기 위해서는 적절한 비계설정이 중요하다고 보았다.

(2) 문화에 기초한 언어의 기능

Vygotsky는 논리적 관계는 문화에 기초를 둔 것이며 사회적 상호작용을 통하여 언어로 가르쳐야 한다고 보았다. 또한 유아가 속한 사회・문화적인 맥락을 고려한 환경에서 수학적 지식의 형성을 촉진하는 직접적인 상호작용을 통해 이루어져야 한다고 하였다. 직접적인 상호작용이란 유아들과 함께 교사나 성인이 단순히 놀이하는 것만이 아니라 언어라는 매개체를 통해 유아에게 말을 하거나 그림을 그리거나 글을 쓰는 등의 의사소통이 있어야 한다(이지현, 1999).

사회・문화적 구성주의에서는 유아가 속한 사회・문화에서 사용하는 수 이름을 포함하는 수 체계, 화폐 및 측정의 단위, 수가 사용되는 맥락, 수학적 도구의 사용 등을 고려해야 함을 강조한다(이경우 외, 1998; 이지현, 1999).

2) 유아 수학교육에의 시사점

(1) 교사와 또래학습의 중요성 강조

Vygotsky의 이론은 Piaget의 입장보다 교사의 적극적인 역할을 중요시하였다. 교사는 환경을 주의 깊고 분명하게 조직해야 하며 유아에게 활동을 선택할 수 있는 기회와 지속적 활동을 위한 새로운 아이디어를 제시할 수 있어야 한다. Vygotsky의 이론은 Piaget와 달리 유아의 발달에 약간 앞서는 자료를 제공하는 것이다. 유아가 처음에는 완전히 이해하지 못하나 적절한 비계설정을 통해 알게 된다고 보았다. 교사는 개별 유아의 근접 발달 지대를 알아야 하며 발달에 적합한 교수를 제공해야 한다. 교사뿐만 아니라 유능한 또래도 포함되어 있는 근접 발달 지대의 개념은 또래 간의 상호작용을 통한 학습의 중요성을 시사한다. 따라서 교사는 유아에게 사려 깊고 개방적인 질문을 통해 의문점이 일어나고 또한 유아 상호 간에 질문하도록 격려해야 한다. 교사는 유아들에게 어떻게 서로를 지도하고 지도를 받을 것인지를 가르쳐야 하며, 유아들 간에 서로 지도를 하고 지도를 받는 역할 분담이 이루어질 수 있도록 계획해야 할 것이다.

(2) 수학활동에서의 언어의 중요성 강조

Vygotsky는 언어가 우리의 정신에 있는 문제들을 해결하게 하고 산만해지는 것을 막아주기 때문에 가장 중요한 기호체계라 믿었다. 또한 언어는 유아가 사회적으로 상호작용하고 사고를 촉진하도록 해 준다고 하였다. 그러므로 Vygotsky는 의미 있는 맥락에서 수학적 언어를 제공해 주면 유아가 자신의 수학적 사고를 타인과 명확하게 의사소통 하는 데 도움이 된다고 보았다. 교사는 유아가 물체를 가지고 노는 동안 유아와 '대화'를 함으로써 유아의 수학 학습을 지원하며(Ann, 1997), 유아에게 어떻게 문제를 해결했는지 소리 내어 말해 보게 하고, 친구들의 설명을 잘 경청하게 해야 한다는 것이다(Smith, 1997). 또한 유아가 정확한 수학적 용어를 사용할 때 교사 역시 유아가 한 말, 곧 유아가 학습한 것에 주의를 기울일 수 있다고 보았다(Anne, 1999).

03

유아의 수학적 사고의 발달

1. 유아의 수학적 사고

유아들의 수학적 사고는 유아의 전반적인 발달 수준에 의해 영향을 받는다. 유아들은 인지, 언어, 학습의 각 영역에서 현저한 발달을 보이기 시작하며, 상징을 사용하여 사고와 행동을 하게 되고, 나이, 시간, 공간, 도덕적 개념들을 더 효과적으로 다룰 수 있게 된다. 유아들은 (한동안) 과거는 전부 '어제'로, 미래는 '내일'로 부르기도 하고, 공간 관계를 표현할 때 '가까운'이나 '먼' 등의 용어를 사용할 수 있다. 완전하지는 않지만 기본적인 인과관계에 대해서도 알게 된다.

또한 유아기에는 항목들을 서열 관계로 지각하는 능력, 다양한 준거에 의해 물체들을 분류하는 능력, 도덕적 판단을 하기 시작하는 능력에 있어서 큰 진전을 나타낸다. 그러나 아직 사실이 아닌 것에서 사실을 완전히 분리할 수 없으며 자기 중심적인 사고와 행동을 한다. Piaget는 유아들이 이러한 성향을 보이는 이유가 유아들이 인지 발달 단계 중 전조작기에 머물러 있기 때문이라고 하였다.

이 시기의 유아들은 자기 주변 세계에 대한 자신의 결론을 논리적으로 뒷받침해 줄 수 있는 새로운 사고력을 가지게 된다. 그러나 이때의 논리적인 사고란 부분적인 논리(partial logic) 혹은 준 논리(semilogic)다(Flavell, 1977). 이 시기 유아들이 보이는 준 논리적인 사고방식은 다음과 같이 유아의 수학적인 사고에 그대로 반영된다.

첫째, 전조작기 유아들은 '중심화(centration)'의 경향이 있어 어떤 상황의 한 면에 초점을 맞추면 다른 면들은 무시하여 비논리적인 추리를 하게 된다. 한 예로, 높이가 낮고 폭이 넓은 모양의 컵에 들어 있는 물을 길고 좁은 컵에 붓고 난 후 유아에게 어느 쪽의 물이 더 많은지를 물어보면 유아들은 길이가 길고 폭이 좁은 컵의 물이 더 많다고 대답한다. 그 이유를 물었을 때, 폭이 좁은 컵을 지적하면서 '이것이 더 높기 때문이야.' 라고 말한다. 이 연령의 유아들은 높이와 넓이를 동시에 생각할 수 없기 때문에 단지 더 높게 보이는 것이 더 많다고 생각한다.

둘째, 전조작기 유아들의 사고는 '비가역성(irreversibility)'에 의해 제한을 받는다. 가역성이란 양이나 수를 연속적으로 조작하여 처음의 상태로 되돌려 놓는 것인데, 전조작기의 유아는 정신적인 조작 능력이 부족하기 때문에 가역적인 사고를 하기가 힘들다. 유아들이 옮겨진 물을 본래의 컵으로 다시 부으면 원래의 상태대로 된다는 사실을 이해할 수 있다면, 높이가 낮고 폭이 넓은 모양의 컵과 높이가 높고 폭이 좁은 컵의 물의 양이 같다는 것을 깨달아야 하지만 아직 이러한 사실을 깨닫지 못하기 때문에 비논리적이라 볼 수 있다.

셋째, 전조작기의 유아들은 상태에만 집중을 하여 연속적인 하나하나의 장면에만 집중하고, 한 장면이 다른 장면으로 전환되는 것은 이해하지 못한다. 예를 들어, 수직의 형태로 막대기를 떨어뜨린 후 유아들에게 막대기가 수직으로 떨어져서 수평의 상태로 되는 연속적인 운동을 지적해 보라고 하였을 때, 유아들은 빠른 속도로 떨어지는 막대기의 다양한 위치를 재생하지 못하였다(Flavell, 1963).

넷째, 유아들은 변환적인(transductive) 추론을 한다. 논리적인 추론에는 두 가지의 기본적인 유형, 연역법과 귀납법이 있다. 연역적 추론은 일반적인 것에서 구체적인 것을 이끌어 내는 방법이고, 귀납적 추론은 구체적인 것에서 일반적인 것을 이끌어 내는 방법이다. 그러나 전조작기 유아들은 이러한 방법으로 생각하지 않고, 구체적인 것에서 구체적인 것을 이끌어 낸다. 예를 들면, '내가 내 동생에 대해 나쁜 생각을 했다. 내 동생이 아팠다. 그러므로 내가 내 동생을 아프게 만들었다.' 고 생각한다. 동생이 병에 걸린 것과 자기가 동생에 대해 나쁘게 생각한 것 사이에는 전혀 관계가 없는데도 유아들은 변환적인 추론으로 이 두 가지를 연결시켜 생각한다. 이처럼 변환적 사고는 서로 관련이 없는 두 개의 사건을 원인과 결과로 연결시키는 것을 의미한다.

다섯째, 유아들은 세상의 모든 현상을 자기를 중심으로 생각하는 자기중심적인 사고(egocentrism)를 한다. 이러한 자기중심성 때문에 유아들은 타인의 입장을 고려하지 못한다. 유아들에게 입체 모양의 모델을 보여주고 반대편에 있는 사람에게는 이 모델이 어떻게 보이는지에 대해서 물었더니 유아들은 계속 자기의 위치에서 보이는 모양만 설명하였다. 이러한 중심성의 원인은 유아가 한 상황에 따르는 여러 가지 측면을 동시에 고려하는 능력이 부족하기 때문이다.

앞에서 살펴본 바와 같이 유아의 수학적 사고는 전조작기 사고의 특성과 맞물려 아직 낮은 수준에 머물러 있다. 하지만 Piaget의 이론에서는 전조작기 유아의 능력을 과소평가하고 있으며, Piaget의 보존 과제는 많은 문제점을 가지고 있다는 비판이 제기되었다(Miller, 1982). 유아들이 Piaget의 보존 과제에서 실패한 이유는 유아들이 양이나 수의 보존 능력을 가지지 못했기 때문이 아니라, Piaget 과제에서 사용되는 질문 자체를 이해하지 못했기 때문이라고 밝혔다(Gelman, 1972). 또한 보존 과제에서 유아들에게 물질의 변형 과정을 지켜보게 하는 것도 유아에게 쓸데없는 단서에 주의를 기울이게 하여 아동의 판단을 왜곡시킨다(Mehler & Bever, 1967)고 하였다.

이와 더불어 최근의 연구자들은 유아들이 물리적 · 사회적 환경과의 상호작용을 통해 여러 번의 시행착오를 겪으면서 유아 나름대로 적극적으로 수학적인 개념들을 형성해 나가게 된다고 밝혔다. 예를 들어, 유아들은 소시지 모양의 놀이반죽이 공 모양으로 바뀌면 줄어들었다고 하고, '5−2'는 2만 빼면 5가 된다고 생각한다. 또한 유아들이 숫자 삼십삼을 '33' 대신 '303'으로 쓰고, 5와 6의 중간이 5.5임을 알려주면 14와 15의 중간은 14.14라고 추론한다. 유아들은 이처럼 수학적 개념을 불완전하게 이해하지만 이들의 실수는 체계적이다. 예를 들어, 1부터 10까지 헤아릴 때 1, 2, 3, 7, 9, 10이라고 헤아리면 중간의 수들을 빠뜨리지만 1, 2, 3, 9, 7, 10이라고 헤아리는 유아는 없다. 즉, 순서를 뒤바꾸어 세지는 않는 것이다. 유아들이 이처럼 체계적인 실수를 하고 수학 개념을 불완전하게 이해하는 것은 유아들이 적극적인 사고를 하고 있다는 증거로 볼 수 있으며, 유아 사고의 한계라기보다는 상황에 대한 불완전한 반응으로 해석할 수 있다(Baroody, 1993).

또한 이러한 수학적인 사고는 문화에 따라 다르게 나타난다. 신은수(1995)는 3, 4, 5세 유아를 대상으로 비형식적 더하기와 빼기의 수학 능력을 살펴본 결과, 한국 유아가 수학적 표상 능력에 의한 정신적 수 세기 능력이 외국 유아들보다 높다고 하였다. 한편 같은 문화권 내에서도 유아에 따라 다르게 나타날 수 있다. 다시 말해, 유아들은 각기 다른 성장 유형과 속도를 가지고 있고, 독특한 인성과 학습 경향을 가지며, 각기 다른 가정적 · 사회적 분위기 속에서 성장하기 때문에 같은 연령이라 할지라도 수학적인 사고 과정에서 차이가 날 수 있다. Baroody(1993)에 따르면 동일 연령의 유아들도 신체적 · 지적 발달에서 차이가 나타나는데, 여러 가지 일상적인 물체를 다루어 보고 다양한 경험을 한 유아가 수학적 상황에 대해 더 쉽게 이해한다고 하였다.

2. 유아의 수학적 사고의 발달 과정

1) 유아의 수학적 사고의 발달

매우 어린 시기부터 유아들은 수학과 수에 대한 관심을 보인다. 놀이를 하면서 혹은 일상생활에서 수를 세고, 수를 이용하며('너는 나보다 1개가 더 많아'), 사물을 비교하고('내가 너보다 더 커'), 분류하고('모두 내 거야, 내 건 다 둥글어'), 순서를 정한다('작은 차를 앞에 가게하고, 그 다음에 큰 차를 가게 하는 거야'). 이처럼 유아들이 자신의 세상에 대해 자연스러운 호기심을 가지게 됨으로써, 수학적 개념을 탐색하고 패턴과 순서에 대해 이해하게 된다. 유아는 4, 5세 정도가 되면 패턴과 순서의 개념을 사용하고, 형태와 크기를 인식하며, 10정도까지 셀 수 있으며, 몇 개의 숫자를 쓸 수도 있다. 만 5세의 유아 중에는 두 자리 수에 관심과 흥미를 갖고 두 자리의 수 개념을 익히며, 큰 수를 즐겨 쓰려 하는 경향을 보이기도 한다.

이와 같이 수학에 대한 초기 지식은 비형식적이고 개인적인 지식으로 구성된다. 비형식적인 지식은 본능, 지각적인 정보, 발명된 책략, 일상적인 상황을 다루면서 습득된 지식들로 이루어진다(Hiebert & Lindquist, 1990). 형식적인 지식은 학교 수학 문제를 해결하는 데 필요한 방법, 과정 혹은 규칙을 의미하는데(Hiebert & Lindquist, 1990), 이것은 성인들과의 상호작용을 통해서 혹은 학교 상황 속에서 습득된다. 형식적인 지식은 아동들에게 규칙과 단계적인 지시에 따라 상징을 조작하는 방법에 대해 알려준다.

Piaget는 지식의 근원과 구조에 따라 물리적 지식, 논리 · 수학적 지식, 사회적(관습적) 지식으로 구분하였다(Kamii, 1982). 이중 논리 · 수학적 지식은 고등의 지식 형태로서 사물들 간의 관계를 이해함으로써 형성되는 지식이다. 관계란 그 관계를 만들어내는 사람들의 정신 내부에 존재한다는 의미에서 반성적 추상(reflective thinking)이라고 설명되기도 한다. 이 지식은 어떤 우발적인 사건에 의해 형성되는 것이 아니라 사람의 정신 구조 내에서 합리적으로 구성된다. 다시 말해, 이 지식은 다른 사람으로부터 얻어지는 것이 아니라 유아들이 구체적인 사물을 다루어 보고 스스로 관계를 만들어 냄으로써 얻어지는 것이다. 그러므로 유아의 수학적 사고를 발달시키기 위해서는 유아 스스로 여러 가지 사물이나 사건을 관계지어 볼 수 있는 많은 기회를 제공해야 한다.

유아들이 경험하는 수학적 상황은 여러 가지 수학적 지식이 포함된다. 개념적 지식(conceptual knowledge)은 상황이나 사물의 관계에 대한 지식을 의미한다. 반면 절차적 지식(procedure knowledge)은 수학적 아이디어를 표상하기 위해 사용되는 문서화된 상징과 수학적 상황을 해결하는 데 필요한 규칙이나 절차, 산술 등에 관한 지식을 나타내는데(Campbell & Carey, 1992), 수학적 상황을 이해하거나 해결하는 데는 개념적 지식과 절차적 지식이 모두 사용된다. Skemp는 이를 관련적 이해와 도구적 이해로 설명하였다. 관련적 이해란 학습자가 학습한 것과 이미 알고 있는 것을 연결함으로써 관계를 이해하게 되는 것을 말한다. 그리고 학습자가 어떻게 알게 되었는지 혹은 학습자가 정답을 얻게 된 방법과 절차에 관한 것은 도구적 이해라고 한다.

유아들은 이 시기에 환경과 지속적으로 상호작용을 하면서 형식적 · 비형식적 지식의 기초를 발달시킬 뿐 아니라 개념적 · 절차적 지식도 발달시키게 된다. 유아는 성장함에 따라 유아의 신체, 사회, 정서적인 측면에서 발달이 이루어지는 것과 마찬가지로 수학에 대한 사고와 기술도 점차적으로 발달하게 되는데, Piaget에 의하면 발달의 정도는 각 개인마다 차이가 있기는 하지만 일정한 단계를 거쳐 연속적으로 발달하게 된다.

Piaget는 인지발달 이론에서 수학적 사고의 발달을 4단계로 나누고 있는데, 유아들은 2단계에 해당된다. 1단계는 출생 후에서 약 2세까지로 다양한 감각과 운동 능력을 이용하여 배우기 시작하는 단계다. 자신이 얻은 정보를 조절하고 통합할 수 있게 되며 자발적으로 행동을 모방하고 창조하며 변화시킨다. 그러므로 영아들이 기본적인 기술과 개념을 배우기 위해서는 영아들에게 자신의 모든 감각과 운동 능력을 사용하고 탐색할 기회를 제공해야 한다.

2단계는 약 2세에서 7세 사이로 유아들의 사고와 개념이 발달하기 시작하는 시기다. 주위 세계에 대한 개념이 형성되어 가는 시기이므로 아직 합리적이고 구조화된 개념 체계는 갖추어지지 않았다. 이 시기 유아 사고의 특징은 자기중심적이고 일부 보존에 대한 개념이 형성되기도 한다. 유아들은 빠르면 5세 정도에, 늦으면 7세 정도에 보존개념이 생기게 된다. 보존에 대한 개념이 불완전하다는 것은 물질의 형태나 공간 배열이 달라질 때 수나 양이 달라진 것처럼 생각하는 것으로 이는 물체가 변화하기 전의 이미지를 머릿속으로는 가지지 못하기 때문에 나타나는 현상이다. 이 시기의 유아들은 또한 빠른 속도로 언어를 습득하여 새로 배운 어휘를 전 단계에서 배운 개념에 적용시킨다. 즉, 크다 · 작다, 무겁다 · 가볍다, 동그라미 · 세모 · 네모, 빠르다 · 느리다 등 간단한 수학적 언어를 사용한다.

유아기에는 언어능력의 습득과 함께 어떤 상징(주로 숫자)을 사용하여 수의 양을 표현한다는 것을 알게 된다. 유아 전기에는 문자와 숫자의 두 가지 상징 체제를 혼용하나 유아 후기에 이르면 문자 체계와 숫자 체계를 구별하여 그 의미를 이해하게 된다.

그림 3-1
유아가 문자와 숫자를 구별하여 각각 그 의미에 맞게 사용하였다. 자유선택활동 시간에 과학영역에서 다섯 번이라는 표현을 모래시계로 그려 연결하였다.

3단계는 약 7세에서 12세 사이로 이 시기의 아동들은 논리적이고 수학적인 사고를 하기 시작한다. 이 시기의 아동들은 구체적인 것에 기초를 두고 사고를 하며, 분류, 서열화, 수 개념의 구성, 공간, 시간을 나타내는 것과 초보적인 수학적 관계를 이해할 수 있게 된다.

4단계는 약 12세 이후로 기호나 상징적인 것에 기초를 두고 사고를 하며 개념을 갖고 추리하고, 가설을 설정할 수 있다.

Copeland(1979)는 Piaget의 이론을 기초로 하여 유아의 능력으로 이해되지 않는 내용은 직접 가르쳐도 효과가 없다는 입장을 취하였다. Copeland에 의하면 4~7세 사이의 유아가 학습할 수 있는 수학적 개념은 위상기하, 유클리드 기하, 단순 분류, 서열화,

수의 보존성, 길이의 보존성 정도다.

Charsworth와 Raderoff(1978)는 유아가 성숙해 감에 따라 어떠한 수학적인 개념과 기술이 발달하는지를 〈표 3-1〉과 같이 제시하였다. 〈표 3-1〉에서 보는 바와 같이 기초적이고 수학적인 개념은 감각운동기에서 발달하기 시작하여 전조작기에 완수하게 되며 이것은 이후의 보존개념의 기초가 된다. 응용적인 수학적 개념은 여러 가지 실제적인 활동에서 사용되는 것으로 전조작기부터 발달하기 시작한다. 또한 형식적인 수학은 보존개념이 형성된 후에 이루어지며 구체적 조작기부터 발달하기 시작한다.

이처럼 수학적 사고의 발달은 몇 개의 단계를 거쳐 발달하고 수학적 개념과 기술의 습득을 위해 유아 자신의 발달 수준과 경험이 중요하다. 그러나 최근에는 사회·문화적 상호작용의 필요성도 강조되고 있다.

Piaget 학파인 Kamii(1985)도 논리·수학적 지식은 사실에 기초한 지식이라기보다는 관계를 지어 보는 것이기 때문에 유아가 모든 관계를 스스로 자신의 정신 내

표 3-1 유아의 수학 개념과 기술의 발달

단 계	기초적인 수학 개념	기초 개념의 응용	상징보다 높은 수준의 수학
감각운동기 (출생~2세)	짝짓기 모양 공간	–	–
전조작기 (2~7세)	집합과 분류 수와 수 세기 비교 부분과 전체 수학적 언어	서열 측정(무게, 길이, 온도, 부피, 시간, 시계)	숫자 집합과 상징
구체적 조작기 (7~32세)	–	그래프	형식적 수학 (더하기·빼기 등)
형식적 조작기 (32세부터~)	–	–	–

부에 구성하는 '자율성' 이 중요하다고 강조하며, 자율성 신장은 유아가 제시한 결과에 대해 설명을 요구한다든지 산파식 질문을 한다든지 또는 집단 게임을 통한 사회적인 상호작용에 의해 촉진된다고 보았다. 즉, Kamii는 유아의 수학적 사고 발달을 위해 사회적 자극과 지원의 역할이 중요함을 인정한 것이다.

Vygotsky는 더 나아가 유아의 개별적 문제 해결 활동보다 성인이나 지식이 더 많은 또래와의 언어적 상호작용에 의해 유아의 지식이 발달한다고 보았다. 따라서 성인이나 또래와의 관계 속에서 공유된 활동을 통해 수학적 경험을 하도록 하는 것은 유아가 혼자놀이나 탐색을 할 때보다 더 많은 교육적 효과를 누릴 수 있다. 유아와 또래, 유아와 교사가 능동적으로 함께 참여하는 공동체적 노력에 의해 유아의 수학적 사고의 발달이 촉진된다는 사회·문화적인 이론은 유아 교사들에게 시사하는 바가 크다.

그림 3-2

제목 우리가족

수학적 개념 서열화(아빠, 엄마, 유아, 동생의 모습이 키 순서대로 그려져 있다.

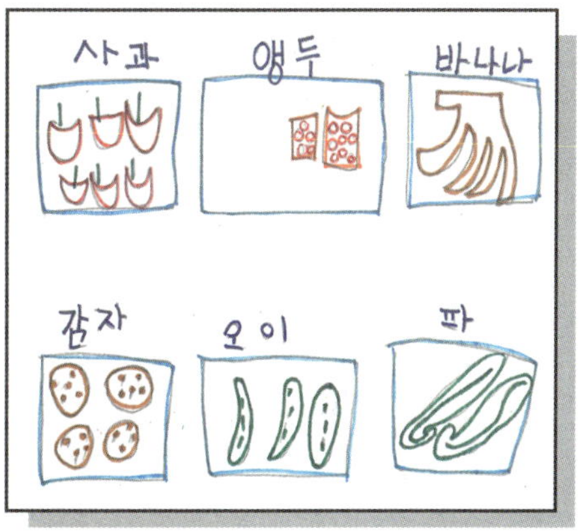

그림 3-3

제목 과일과 채소가게

수학적 개념 집합과 분류(과일과 채소를 분류하여 표현하고 있다.

그림 3-4

제목 포도 따기

수학적 개념 수의 다소(증감): 친구와 함께 포도 따러 가는 왼쪽 그림에는 바구니가 비어 있고, 나무에는 포도송이가 많이 있는데 반해 오른쪽 그림은 포도를 따고 돌아오는 그림으로 바구니에 각각의 포도송이가 담겨 있고 포도나무에 포도송이가 줄어들어 있다.

그림 3-5

제목 버스

수학적 개념 패턴: 버스를 그린 유아의 그림에서 버스의 창문이 같은 모습으로 나란히 그려져 있거나 의자와 의자에 앉은 사람들이 일정한 양상을 띠고 있다.

그림 3-6

제목 주말 지낸 이야기

수학적 개념 공간(위치와 방향): 병원 가는 가족들이 계단 위를 걸어가는 모습이 잘 표현되어 있다.

그림 3-7

제목 캠프파이어

수학적 개념 위치와 방향: 캠프파이어를 하는 사람들이 가운데 모닥불을 중심으로 모두 손을 잡고 둥글게 돌고 있다.

그림 3-8

제목 김치부침개

수학적 개념 수 개념: 시간이 지남에 따라 김치부침개의 수가 늘어남을 그림으로 표현해 주고 있다.

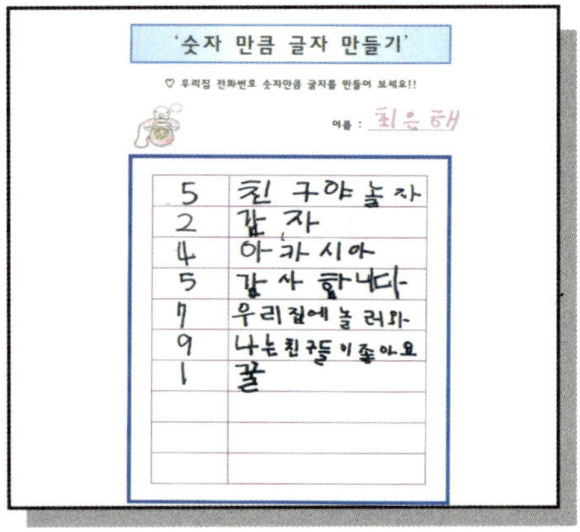

그림 3-9

제목 글자놀이

수학적 개념 수 개념: 각 숫자에 해당되는 글자를 적절하게 만들고 있다.

그림 3-10

제목 아파트와 나

수학적 개념 위상학적 개념: 유아의 그림에서 유아자신과 가까운 아파트는 크게, 멀리 있는 아파트는 작게 표현하고 있다.

2) 유아의 수학적 사고 발달에 영향을 미치는 요인

일정한 연령 내에서는 모든 발달적 측면들이 보편적이고 예측 가능한 성장과 변화의 순서를 거치게 된다. 예를 들면, 전조작기에 속한 유아들은 감각운동기에 있는 유아들과는 다른 인지적 · 정서적 · 사회적으로 유사한 발달 능력을 나타낸다.

하지만 동일 연령의 유아라 할지라도 개인적인 요인과 환경적인 요인이 여러 측면에서 차이가 나기 때문에 개인차가 나타난다. 예를 들면, 같은 연령의 유아들에게 똑같은 수학적 과제를 제시하더라도 모든 유아들이 같은 수준에서 학습을 하는 것은 아니다. 이러한 차이가 나타나는 이유를 크게 개인적인 요인과 환경적인 요인으로 나누어 살펴보면 다음과 같다.

(1) 개인적 요인

첫 번째 요인은 유아의 수학에 대한 관심과 흥미다. 유아가 수학에 대해 어느 정도의 흥미와 욕구, 자신감이 있느냐에 따라 수학적 문제 해결의 성패가 좌우된다. 이것은 특히 수학활동을 제공하는 사람(주로 부모나 교사)의 수학에 대한 태도나 습관에 따라 많이 좌우되는데, 반복적이고 암기식의 수학 접근 방법은 유아의 흥미를 떨어뜨리기 쉽다. 따라서 부모나 교사는 유아들이 수학에 대한 어려움 없이 흥미를 가지고 즐길 수 있는 분위기를 조성해 주고, 자연스럽게 일상생활 속에서 수와 친숙해질 수 있는 기회를 제공한다. 예를 들면, 길거리를 지나가다 유아가 좋아하는 꽃을 발견했을 때 꽃의 수를 함께 세어 보고, 유아가 좋아하는 과자들의 크기를 비교하고 과자를 모양에 따라 분류해 보는 것은 유아들이 자연스럽게 즐길 수 있는 수학교육 활동이 된다.

두 번째 요인은 사전 경험이다. Ginsburg(1989)와 Baroody(1987)는 유아가 학교에 들어가기 전에 이미 일상적인 경험을 통해 비형식적인 지식을 습득하게 되면 수나 산술 등 다른 형식적 수학을 이해하는 데 중요한 기초를 형성하게 된다고 하였다. 일상생활 속에서 어머니와 함께 여러 가지 수학적인 활동(예를 들면, 식탁 위에 놓여진 음식들을 모양에 따라 분류하거나 음식의 가짓수 세기 등)을 한 유아들은 짝짓기, 분류, 서열화와 셈하기 등의 수학적인 개념을 이해하기가 쉽다.

선행 연구들은 유아의 수 세기 능력이 수학적 인지 및 표상 능력과 관계가 있다는 것과 유아가 일상적인 수 경험을 많이 할수록 수학적 인지 능력이 발달한다고 밝히고 있다(Baroody, 1987; Gelman, 1982; Gelman & Gallistel, 1986). 우리나라의 연구에서도 유아가 비형식적으로 구체물을 사용하여 수 세기를 함으로써 수량에 대한 표상 능력이 발달한다는 것이 밝혀졌다(신은수, 1995). 수학적 개념을 경험할 기회가 풍부한 유아와 그렇지 못한 유아 간에는 수학적 문제 해결력에서 차이가 나타나게 되며, 이것은 새로운 개념을 확장하는 데도 영향을 미치게 된다.

(2) 사회적 요인

유아의 수학적 활동의 성공적 수행 여부는 유아 자신이 이미 가지고 있는 사전 경험과 유아의 이해 수준에 맞는 과제가 적절하게 제시되었느냐에 달려 있다. 연구자들은 전조작기 유아의 보존 과제 수행의 실패가 유아의 조작 능력의 결여 때문인지 아니면 과제가 요구하는 기술이나 지식의 결여 때문인지에 관심을 갖게 되었다. 연구 결과, 실제 학습 상황 외의 요소들이 유아의 학습에 영향을 줄 수 있음을 시사하였다(Gelman, 1980).

두 번째로 제시되는 요인은 유아들 간의 상호작용이다. Piaget는 또래와의 상호작용이 지적인 자율성 형성에 도움을 준다고 하였다. 또래끼리 각자 발견한 수학적 개념을 서로 설명해 주거나 문제를 해결하기 위해 토의를 하면서 기존의 수학적 개념을 더 확장시키게 되고, 이러한 과정을 통해 유아들은 자율적으로 지식을 형성하게 되는 것이다.

마지막으로 성인들의 계획된 지원과 보조가 유아의 수학적 사고의 발달에 영향을 미친다. Vygotsky는 유아가 과제를 해결하는 과정에서 지식이 많은 사람들과의 대화를 통해 보다 의미 있는 학습을 하게 된다고 하였다(Berk & Winsler, 1995). 유아들은 교사와의 비형식적인 상호작용을 통해 수학적 지식을 구성할 수 있다. 만약

교사가 자료를 조작하거나 유아들과 사회적으로 상호작용 할 때 유아에게 전혀 반응하지 않거나 질문을 하지 않고 안내해 주지 않는다면 유아들은 수학적 활동을 통해 바람직한 결과를 얻을 수 없다. 구체물을 가지고 조작을 할 때에는 교사나 지식이 많은 성인들이 학습자와 언어적인 상호작용을 하는 것이 필요하다. 그렇지 않다면, 조작 활동은 단지 나무나 플라스틱 조각을 만지는 것에 지나지 않는다(Payne, 1990).

04

우리나라의 유아 수학교육과정

1. 우리나라 유아 수학교육과정의 변천

교육과정의 의미는 보는 관점에 따라 다양하게 해석되고 있다. 교육과정을 넓게 생각하느냐, 좁게 생각하느냐에 따라 그 의미가 달라질 수도 있고, 무엇을 전제로 하는지, 어디에 중점을 두는지에 따라서도 달라질 수 있다. 또 어느 수준에서 어떠한 준거와 방법으로 교육 내용을 결정하느냐에 따라서도 달라지게 된다. 교육과정에 대한 개념 체계는 지식, 인간, 사회, 자연, 환경, 문화 등을 보는 시각에 따라 다양하게 해석될 수 있지만 의도적이고 계획적인 학교 교육이나 유치원 교육에서 적용하고자 하는 교육과정을 포괄적으로 정의하면, '형식적인 교육을 위한 교육 목표나 교육 내용, 방법, 평가를 체계적으로 조직한 교육 계획' 이라고 할 수 있다.

우리나라의 유치원 교육과정은 1969년도에 처음으로 제정, 공포된 이후 각 시대의 요청과 필요(유치원 현장의 요구, 사회 여건과 지식의 변화, 유아 교육 이론의 발전 등)에 의해 1979년, 1981년, 1987년, 1992년에 이르기까지 네 차례에 걸쳐 개정 · 고시된 바 있다. 21세기의 정보화, 세계화 시대에 발맞추기 위해 1998년도에 개정된 제6차 유치원 교육과정은 2000년부터 시행되었다.

유치원 교육과정의 개정 과정을 통해 수학교육의 목표와 내용이 어떻게 변화해 왔는지를 간략히 살펴보면 다음과 같다.

1969년도에 문교부령으로 공포된 제1차 유치원 교육과정은 교육과정의 구성을 건강, 사회, 자연, 언어, 예능의 5개 생활영역으로 조직하였는데 이 중 자연영역에서 수학에 관한 내용이 다소 언급되었다. 그러나 유아의 수학적 사고와 개념 발달을 위한 수학교육에 관한 관심은 매우 적었다.

1979년(문교부 고시 제424호)에 개정된 제2차 유치원 교육과정은 1969년도의 교육과정과는 달리 교육 내용을 유아의 발달영역별로 나누어 편성하였다. 즉, 사회 · 정서, 인지, 언어, 신체발달 및 건강영역의 4개 발달영역으로 나누어 제시하였다. 4개 영역 중 특히 인지발달영역을 독자적인 영역으로 구성한 점이 주의를 끄는데 인지발달영역의 강조는 1970년대의 Piaget와 Bruner의 인지 이론의 영향을 반영한다 하겠다. 인지발달영역에는 자연과 사회현상에 관한 내용과 논리 · 수학적 사고, 표상 능력 등의 수학교육 내용이 강조되었다. 제2차 교육과정의 인지발달영역에서 유아의 수학적 사고에 관해 다루고는 있지만 현장의 교사들에게 익숙하지 않은 용어들로 이루어져 너무 추상적이고 실제 생활 속에서 어떻게 적용시켜야 하는지에 있어서 어려움이 있었다.

제3차 유치원 교육과정은 1981년(문교부 고시 제442호)에 개정되어 유아의 발달영역을 신체, 언어, 인지, 사회, 정서의 5개 영역으로 나누어 제시하였다. 이중 인지발달영역의 목표와 내용을 수학교육 측면에서 살펴보면 그 목적을 "다양한 조작적 활동을 통하여 논리 · 수학적 사고 능력을 기른다."라고 되어 있다. 수학교육의 내용은 주로 논리 · 수학적 사고에 관한 것으로 다음 11가지의 세부 교육 내용을 다루고 있다.

수 이전의 인지조작 능력의 획득

① 분류하기

② 사건의 순서 알기

③ 부분과 전체 간의 관계 알기

④ 보존성 알기

⑤ 사물의 공통점 찾기

수 지식의 획득

⑥ 위치, 도형, 양 등을 알기

⑦ 수의 이름과 크기 알기

⑧ 시간 개념 알기

⑨ 수의 순서 짓기

수 기술의 획득

⑩ 개수 헤아리기

⑪ 일대일 대응하기

앞에서 보듯이 1981년의 교육과정에서는 이전의 교육과정에서보다 수학교육의 내용에 있어서 유아의 논리 · 수학적 사고 과정에 대해 비교적 상세히 다루었다.

1987년에 개정된 제4차 유치원 교육과정(문교부 고시 제87-9호)은 제3차 교육과정에 기초를 두어 그 기본 성격과 구성 체계에 있어서 커다란 차이는 없지만, 기존의 세분화되었던 내용을 흡수 · 조정하고 이전의 인지발달영역에 상상력과 창의성 발달을 위한 목표영역을 추가하였다. 논리 · 수학적 사고의 기초로서 사물의 측정, 원인과 결과의 추론에 관한 교육 내용이 추가되었고, 수학적 추론 능력과 수학적 문제 해결력에 관해 다루기 시작하였다.

1992년에 초 · 중등의 제6차 교육과정과 함께 개정되어 1995년 3월 1일부터 시행된 제5차 유치원 교육과정(교육부 고시 제1992-15호)에서는 과거의 발달영역이었던 것을 건강생활, 사회생활, 표현생활, 언어생활, 탐구생활의 5개 생활영역으로 구성하였으며 내용체계에 있어서 제I수준과 제II수준을 설정하여 연계를 이루도록 한 것이 특징이다. 탐구생활영역에 수학교육을 포함시켜 논리 · 수학적 사고와 탐구능력을 기르는 데 주안점을 두었다. 일상생활과 관련된 유아의 수학적 사고 과정과 문제 해결 및 추론 능력에 관해 다루고 있다. 탐구생활에 포함된 논리 · 수학적 사고에 관한 세부적 교육 내용은 다음과 같다.

① 사물 분류하기
② 사물의 순서 짓기
③ 수의 기초 개념 이해하기
④ 일상생활에서 수 활용하기
⑤ 전체와 부분 경험하기
⑥ 기초적인 측정과 관련된 경험 가지기
⑦ 시간에 관한 기초개념 가지기
⑧ 공간에 관한 기초개념 가지기
⑨ 기본 도형 인식 및 구성하기
⑩ 기초적인 통계에 관련된 경험 가지기

1998년도에 개정되어 2000년도부터 시행되는 제6차 유치원 교육과정(교육부 고시 제1998-10호)의 특징 중 하나는 종전의 제I, II 수준을 제I, II, 공통 수준으로 세분화하여 3, 4, 5세 유아들의 발달 수준에 적합한 개별화 교육이 이루어질 수 있게 한 점이다. 이처럼 교육 내용을 수준별로 구분하여 구성한 이유는 교육의 대상이 3, 4, 5세로서 발달적 차이가 있는 유아들이면서 이들의 발달이 통합적 · 연속적으로 이루어지며, 학습의 속도가 점진적으로 이루어지기 때문이다. 또한 그 동안 지적되었던 제I수준과 제II수준 간의 모호성을 되도록 탈피하면서 위계성을 가지도록 수준별 적절성을 도모하였다. 일반적으로 제I수준은 3, 4세의 발달 특성을 나타내는 유아에게, 제II수준은 4,

5세의 발달 특성을 보이는 유아에게 적절한 교육 내용이라고 보며, 공통 수준은 3, 4, 5세에 걸쳐 지속적으로 경험하고 또 경험되어야 할 내용을 의미한다고 볼 수 있다.

제6차 유치원 교육과정은 제5차 교육과정과 마찬가지로 생활을 통한 교육에 기초하여 건강, 사회, 표현, 언어, 탐구생활의 5개 생활영역으로 구성되었다. 이중 '탐구생활' 은 유아들로 하여금 주위의 여러 가지 사물과 자연 현상에 대하여 관심과 호기심을 가지고 탐구하는 데 필요한 기초 능력과 태도를 기르도록 하기 위한 방향으로 개정되었다. 탐구생활영역 중 수학적 탐구에서는 유아들이 일상생활에서 경험하는 사물과 사건을 직접 분류해 보고 비교해 보며 관계를 찾아보는 등의 구체적인 조작 활동을 통하여 수학적인 기초 능력과 태도를 기르는 데 중점을 두었다.

2007년 개정 유치원 교육과정의 탐구생활영역은 자연을 소중하게 여기며 창의적으로 탐구하고 논리적으로 문제를 해결하기 위한 기초 소양을 기르는 것에 중점을 두었다.

첫째, 2007년 개정 유치원 교육과정에서는 제6차의 '창의적 탐구' 를 삭제하고 '탐구하는 태도 기르기' 로 첨가하여 수학교육은 내용 지식중심의 교과가 아닌 수학적 탐구과정에 역점을 두었다. 이는 유아기에는 수학에 대한 긍정적인 태도를 형성하는 것이 중요함을 강조하기 위한 것이다.

둘째, 제6차 교육과정의 수학적 탐구내용영역을 수학적 기초 기르기로 변경하면서 분류하기와 순서 짓기 내용을 분류하기는 자료 정리하기에, 순서 짓기는 측정하기에 포함하였다.

셋째, 분류하기와 순서 짓기에 포함되었던 규칙성 이해하기를 독립된 하위내용으로 제시하였다.

넷째, 유아기는 수학적 감각을 기르는 데 중점을 두어야 함을 강조하여 제6차 교육과정의 하위내용인 수의 기초개념 이해하기는 수 감각 기르기로 수정하였다.

다섯째, 기초적인 통계와 관련된 경험하기는 자료 정리 및 결과 나타내기로 수정하였다.

이와 같이 2007년 개정 유치원 교육과정의 탐구생활영역은 수학적 기초 기르기를 중점으로 하위내용을 수 감각 기르기, 공간 및 도형에 대해 알아보기, 기초적인 측정해 보기, 규칙성 이해하기, 자료 정리 및 결과 나타내기로 개정되었다. 이러한 개정을 통해 초등학교 교육과정인 슬기로운 생활, 수학 및 과학 교과와의 연계성을 갖도록 하였다. 탐구생활영역 내용 중 수학적 기초 능력 기르기 영역만을 〈표 4-1〉로 나타내면 다음과 같다.

표 4-1 탐구생활영역 내용

<table>
<tr><th rowspan="2">내 용</th><th rowspan="2">하위내용</th><th colspan="2">수준별 내용</th></tr>
<tr><th>I</th><th>II</th></tr>
<tr><td rowspan="14">수학적 기초 능력 기르기</td><td rowspan="4">수감각 기르기</td><td colspan="2">생활 속에서 사용되는 여러 가지 수의 의미를 안다.</td></tr>
<tr><td colspan="2">생활 속에서 수량의 많고 적음을 비교한다.</td></tr>
<tr><td rowspan="2">주변의 물체를 10까지 세고 숫자와 연결해 본다.</td><td>생활 속에서 익숙한 큰 수를 세는 경험을 한다.</td></tr>
<tr><td>구체물을 가지고 더하고 빼는 경험을 해 본다.</td></tr>
<tr><td rowspan="4">공간 및 도형에 대해 알아보기</td><td>나를 중심으로 위, 아래, 앞, 뒤, 옆을 알아본다.</td><td>위치나 경로를 여러 가지 방법으로 나타내 본다.</td></tr>
<tr><td>기본 입체(둥근기둥, 상자, 공모양 등) 및 평면 도형(세모, 네모, 동그라미 등)의 생김새를 구별하고 이름을 알아본다.</td><td>기본 입체 및 평면 도형의 특징을 알아본다.</td></tr>
<tr><td>–</td><td>기본 평면 도형을 합하거나 나누어서 여러 가지 모양을 구성해 본다.</td></tr>
<tr><td>–</td><td>그림을 보고 구성물을 만들거나 만든 구성물을 그려본다.</td></tr>
<tr><td rowspan="3">기초적인 측정해 보기</td><td colspan="2">주변 물체의 여러 가지 측정 가능한 속성(길이, 크기, 무게, 들이, 시간)을 탐색한다.</td></tr>
<tr><td>두 물체의 길이와 크기를 비교하고 말한다.</td><td>길이, 크기, 무게, 들이를 비교하고 순서 지어본다.</td></tr>
<tr><td>인의 측정(손 뼘, 블록 등) 단위에 관심을 가진다.</td><td>임의 측정 단위를 사용해서 길이, 들이 등의 측정 경험을 한다.</td></tr>
<tr><td>규칙성 이해하기</td><td>여러 가지 물체나 무늬의 배열에서 단순하게 반복되는 규칙을 찾아본다.</td><td>생활주변에서 반복되는 규칙을 알고 다음에 올 것을 예측해 본다.</td></tr>
<tr><td rowspan="2">자료 정리 및 결과 나타내기</td><td>한 가지 기준에 따라 자료를 분류하고 설명한다.</td><td>처음에 분류한 기준과 다른 기준으로 다시 분류한다.</td></tr>
<tr><td>여러 가지 자료를 모으고 비교해 본다.</td><td>모은 자료를 다양한 방법으로 나타내 본다.</td></tr>
</table>

05

유아 수학교육의 내용

최근 유아 수학교육의 목적은 수학적인 문제 해결력이나 사고력, 수학적인 의사 소통력을 길러주는 데 있다. 따라서 유아 수학교육의 내용은 수 개념에 치중하기 보다는 어림하기, 측정, 공간과 도형, 통계와 확률, 패턴을 포함하여 고도의 산업화 · 정보화 사회에서 요구하는 추론이나 문제 해결력을 길러줄 수 있어야 한다.

Richardson과 Salkeld(1995)는 NCTM의 '학교 수학교육과정과 평가 기준'에 근거하여 유아 발달에 적합한 수학교육을 실시할 수 있는 방법을 설명하면서 유아와 함께 다룰 수 있는 수학의 중요한 내용으로 수 감각과 큰 수, 어림하기, 수 조작의 개념, 측정, 패턴과 관계, 통계와 확률, 공간과 도형을 제시하였다.

High/Scope 프로그램에서는 연령에 따라 수학교육의 내용을 구분하였는데 3세 유아 수학교육 내용으로는 크기 비교, 무게 비교, 양의 비교, 기계적 수 세기, 시간의 시작과 끝 인식하기, 사건의 순서 인식하기, 시간의 길이 인식하기 등을 들었다.

또한 5세 유아 수학교육 내용으로는 물체를 모으고 분류하기, 수와 수 조작, 공간과 도형, 연속양의 측정, 움직임, 시간, 속도 그리고 수학적 언어, 상징, 그래프로 구분하여 제시하였다(권영례 외, 1998).

우리나라 제6차 교육과정에서는 탐구생활영역에 수학을 포함시키고 교육 내용으로 분류하기와 순서 짓기, 수의 기초개념 이해하기, 기초적인 측정과 관련된 경험하기, 시간에 대한 기초개념 알기, 공간과 도형의 기초개념 알기, 기초적인 통계와 관련된 경험하기를 제시하고 있다. 유아들이 일상생활에서 경험하는 여러 가지 사물과 사건을 직접 분류해 보고, 비교해 보며, 관계를 찾아보는 등의 구체적인 조작활동을 통하여 수학적인 기초 능력과 태도를 기르기 위한 것으로 분류와 순서 짓기, 일생생활에서의 수 활용과 함께 측정, 시간, 공간과 도형, 통계 등에 관한 기초적인 내용을 다루었다.

2007년 개정 유치원 교육과정은 수학교육 내용으로 수 감각 기르기, 공간 및 도형에 대해 알아보기, 기초적인 측정해 보기, 규칙성 이해하기 그리고 자료 정리 및 결과 나타내기로 구성된다. 이러한 5가지 하위 내용은 보편적으로 중요하게 다루어지는 수학교육 내용으로서 우리나라 초등학교 수학과 교육과정에서 제시하는 내용 체계인 '수와 연산' '도형' '측정' '확률과 통계' '규칙성과 문제해결' 과 연계성을 지니고 있다.

1. 수 감각 기르기

수 감각 기르기는 수에 대한 친숙함과 직관, 즉 수의 의미, 수의 관계에 대한 익숙함, 수치 상황을 다루는 데에 대한 자신감을 뜻한다. 수 감각을 기르기 위해서는 수 이름 알기와 숫자 인식, 수 세기, 일상생활에서의 수의 의미와 활용, 수 관련 단어 획득, 수의 더하기와 빼기를 통해 수 개념을 길러주어야 한다.

1) 수 이름 알기와 숫자 인식

유아가 수 단어의 이름을 순서대로 익혀 아는 것으로 이경우 등(1997)은 운율을 가미한 노래나 동시 등은 수 단어 순서를 익히는 데 도움이 된다고 하였다. 홍혜경(1990)에 의하면 우리나라는 이중 수 단어 체계를 사용하고 있어 유아가 수 단어를 획득하는 데 더욱 어려움을 갖는데, 두 수 단어를 따로 분리하여 학습하기보다는 동시에 두 수 단어 체계를 학습하는 것이 효과적이라고 밝히고 있다. 또한 수 단어 첫 부분의 하나에서 열까지는 기계적인 암기에 의존해야 하지만 그 다음 부분에서는 점차 수 단어 생성의 규칙성을 유아 스스로 찾아 적용하게 된다고 밝히고 있다. 숫자를 인식한다는 것은 숫자의 모양에 대한 인지적 이미지를 지니게 되는 것이다. 또 수에 이름을 붙일 줄 아는 것은 지각적인 것과 기억하는 과업을 동시에 하는 것이다. 이에 비해 숫자를 쓴다는 것은 숫자에 대한 인지적 이미지를 근육운동으로 전환하는 것을 요구한다. 그러므로 숫자 쓰기는 대·소근육의 발달 및 눈과 손의 협응과 보고 따라 쓰는 기술이 요구된다. 따라서 숫자를 인식하고 읽을 수 있는 유아라도 숫자를 쓸 경우에는 방향이 거꾸로 쓰거나 틀리게 쓰는 경우가 있다.

Baroody(1987)는 유아에게 숫자의 인식과 읽기를 가르치기 위해서는 숫자의 생김새를 말로 표현하고, 모양을 이해하도록 도와야 한다고 제안하였다. 또한 숫자를 쓸 때는 어디에서 시작해서 어느 방향으로, 어떤 형태로 진행되는가를 언어화 하면서 따라해 보는 숫자 쓰기 계획이 필요하다고 하였다. 예를 들어, 젖은 모래 위에 숫자 써보기, 숫자 노래를 부르면서 숫자 모양을 탐색하기, 펠트지나 모래종이로 된 숫자 위를 손가락으로 따라 써 보기 등을 마련해 주는 것이다.

그림 5-1

자유선택활동시간에 모형글자를 따라 쓰면서 숫자의 형태를 익히고 있다.

2) 수 세기 원리

(1) 기계적 수 세기

수 세기는 기계적인 수 세기와 합리적인 수 세기로 구분된다. 기계적인 수 세기는 유아가 수 단어와 세는 사물을 연결시키지 못하고 기억에 의해 수 단어의 이름을 순서대로 말하는 것으로 즉, 숫자를 무조건 암기하여 세는 것을 말한다. 기계적 수준의 수 세기를 하는 유아에게 구슬 다섯 개를 주고 몇 개냐고 물으면 어림잡아 말한다. 기계적 수 세기에서는 수를 사물과 짝지어 일대일 대응을 하지 못하는 상태인 것이다.

(2) 합리적 수 세기

합리적인 수 세기는 물체와 수 단어를 일대일 대응시켜 가며 세는 것을 말한다. 합리적인 수 세기를 하는 유아는 적절한 순서로 수 이름을 말할 수 있어야 하며 수 이름에 하나의 물체만을 한 번만 헤아려야 한다. 즉, 합리적 수 세기를 위해서는 수 명칭 말하기와 각각의 대상물을 한 번씩 고려하기, 일대일 대응하기 기술이 필요하다. 수 개념이 부족한 유아는 한 집합 안의 물체를 좀 더 벌려 놓거나 다르게 배열하여 보여 주면 수 세기에 어려움을 보이기도 한다. Barody는 사물을 한 개씩 손가락으로 지적하면서 헤아리게 하거나 헤아린 사물을 한쪽으로 놓아서 아직 헤아리지 않은 물체와 분리하는 수 세기 전략이 유아의 정확한 수 세기에 도움을 준다고 하였다. 또한 유아는 그림으로 그려진 물체보다는 자신들이 실제로 조작할 수 있는 물체를 셀 때 보다 정확하게 수 세기를 할 수 있다(Wang, Resnick, & Boozer, 1971). 합리적 수 세기는 눈과 손, 말하기와 기억이 협응되어야 하기 때문에 교사는 물체를 헤아리는 반복경험과 유아가 알고 있는 작은 수에 수를 보태어 가면서 수를 헤아리는 방법을 큰 수에 적용해 나갈 수 있도록 도와야 한다.

그림 5-2
유아가 간식으로 받은 딸기의 수를 세고 있다.

3) 일상생활에서의 수의 의미와 활용

유아들은 여러 가지 관계를 알거나 또래와의 상호작용을 통해서 자연스럽게 수를 알게 된다. 물건나누기, 모으기, 기록하기, 투표하기 등은 일상생활에서 자연스럽고 의미 있게 수량화할 수 있는 상황이다. 유아 주변에서 쉽게 접할 수 있는 엘리베이터 층수, 전화 다이얼 번호, TV 채널번호, 자기가 사는 아파트의 동수 알기, 좋아하는 축구선수의 등번호 알기 등을 통해 수를 인식할 기회를 갖고 일상생활에서 구체적인 물체를 더하고 덜어내 보는 조작의 기회를 준다. 유아들이 일상생활 속에서 수가 활용되는 다양한 상황들을 탐색할 수 있는 기회와 경험을 통해 수가 가지는 여러 가지 의미를 이해하는 것은 수 개념 발달에 매우 중요하다.

그림 5-3
자유선택시간에 역할영역에서 전화번호를 누르고 있다.

4) 수의 더하기와 빼기

수의 더하기와 빼기는 수를 더해 보거나 감해 보는 활동으로 유아 주변에서 친숙하게 볼 수 있는 구체적인 물체와 일상생활 속에서 벌어지는 상황을 통해 자연스럽게 수량을 더해 보거나 감해 보는 경험을 많이 제공해 주는 것이 효과적이다.

5) 전체와 부분

전체는 여러 부분들로 나누어 질 수 있으며, 이러한 부분들이 모여서 전체를 구성할 수 있음을 이해하는 것으로서 유아는 비형식적인 경험에 의해 분수를 알 수 있기 때문에 교사는 구체물, 그림 또는 실제 상황을 사용하여 분수 개념을 탐색하도록 도와야 한다. 부분과 전체관계의 이해를 돕기 위해서는 사과, 피자, 점토 등의 연속적인 양을 나누어 보는 경험과 한 상자의 크레용, 색종이, 블록 등 비연속적인 양을 나누어 볼 수 있도록 계획하고, 다양한 상황에서 반복적으로 경험해 보는 것이 필요하다.

그림 5-4
점토놀이를 하면서 연속적으로 양을 나누는 경험을 하고 있다.

그림 5-5
모양 도형을 통해 부분과 전체를 자연스럽게 익히고 있다.

2. 공간 및 도형에 대해 알아보기

1) 공 간

유아는 삼각형, 사각형, 원형을 분별하기 전에 물체끼리 얼마나 가까운지 또는 멀리 있는지, 어떤 부분이 서로 분리되어 있는지 또는 붙어 있는지, 선이 열려 있는지 또는 막혀 있는지 등의 위상 수학적 개념을 이해한다. 다른 수학적 개념도 마찬가지이지만, 공간과 도형에 관한 교육은 특히 유아의 발달적 측면을 고려해서 이루어져야 한다. Bruni와 Seidenstein(1990)에 의하면 공간 관계는 넓은 의미로 공간 내에서 물체의 모양이나 형태와 물체 간의 공간적 관계를 포함하는 것으로 실제 세계와 수학적 관계를 연결하는 기회를 제공하는 것으로 볼 수 있다. 다시 말해, 주변 세계에서 물체의 공간적 감각과 형태의 특성 간의 관계를 다루는 것을 의미한다(이경우 외, 1997: 89 재인용).

공간은 위상 수학적 개념으로 근접성, 분리, 개폐, 안과 밖, 위와 아래, 간격 혹은 순서의 개념이다. 근접성이란 가장 기본적인 공간 관계로 멀고 가까운 거리에 대한

그림 5-6
자유선택시간에 선생님과 놀이를 통해 안과 밖의 개념을 경험하고 있다.

그림 5-7
블록 쌓기를 통해 공간을 인식하고 있는 모습

것이다. 분리란 물체가 서로 닿아 있는지 떨어져 있는지 혹은 연결되어 있는지 아닌지에 대한 연관성을 아는 것이다. 개폐란 '열려 있다' 와 '닫혀 있다' 를 구분하는 개념이다. 안과 밖, 위와 아래를 안다는 것은 물체가 놓인 위치를 안다는 것이다. 간격이란 무엇이 어떤 것의 다음 혹은 중간에 위치하는가에 대한 것이라고 보았다. 교육부(1998)에서는 위와 아래, 앞과 뒤, 오른쪽과 왼쪽에 대한 방향개념에 관한 내용을 제시하였다. 또한 공간 능력은 글자나 숫자 쓰기, 정보를 요약한 차트나 도표 읽기, 지시를 따라 어떤 위치를 찾아가기, 지도 읽기, 언어로 묘사된 것을 시각화하는 것 등의 활동에 밀접히 관련을 가질 뿐 아니라 공간적 이미지를 활용하는 능력이 요구되는 수학적 능력이다. 공간에 대한 인지적 개념을 발달시키는 가장 효과적인 방법 중의 하나는 블록을 가지고 노는 것이다.

2) 모 양

유아는 환경 속의 사물에 대해 흥미를 가지고 있고 자신의 신체 모양, 신체로 만들 수 있는 모양, 기하학적인 모양에 관심을 갖는다. 교사는 일반적인 기하학 모양인 삼각형, 사각형, 원형 모양 외에 다른 모양들도 포함하여, 매일의 활동에서 다양한 방법으로 유아가 모양을 직접 경험할 수 있도록 배려한다. 처음에는 한 가지 모양을 식별하는 것에서 시작하여 다른 모양들을 소개하는 것이 효과적이다.

유아가 기하 개념을 이해하는 초기 단계는 물체의 전체적인 형상에 대해 시각화(visualization)하는 단계이므로 이때는 물체의 전체적인 형태를 제시해 주도록 한다("이것은 네모다"). 교사는 유아가 구체적인 물체를 직접 만져 보고 시각적으로 탐색함으로써 모양을 인식하고, 인식한 물체의 모양에 대한 표상 활동(그림 그리기)을 해 보도록 도와주어야 한다.

유아 후기가 되어 다양한 경험과 함께 기하 개념을 발달시키면서 유아는 형태의 특정한(눈에 띄는) 특성에 초점을 맞추게 된다(분석 단계, "세 면이 있다"). 관찰, 조작, 실험 그리고 좀 더 지적으로 높은 수준에 있는 사람과의 언어적 상호작용과 함께 유아는 여러 모양들의 특성에 대해 전보다 정교한 이해력을 갖게 된다. 따라서 이때에는 모양의 특성과 관련된 다양한 활동을 제시할 수 있다. 교사는 모양의 변별과 비교(세모와 네모의 차이), 모양의 구성 및 디자인(네모와 세모로 집 만들기), 모양의 이동과 변화(세모 두 개로 네모를 만들 수도 있고, 나비를 만들 수도 있다) 등에 관련된 활동을 통해 유아의 기하학적 이해력의 발달을 도와주도록 한다.

기하는 유아가 생활 주변에서 여러 가지 모양을 찾아보고 관심을 가지는 데에서 출발하여 점차 구체물의 모양을 변별하고 동그라미, 네모, 세모의 모양을 이용하여 여러 가지 형태를 구성해 보는 수학활동을 말한다(이경우 외, 1997).

Althose(1994)에 의하면 유아기 기하(도형)활동의 목적은 모든 물체는 모양을 가지며 모양에 의해 물체가 구별됨을 인식하고 원, 네모, 정사각형 그리고 삼각형 같은 몇몇 도형의 이름을 인식하도록 돕는 일이라고 한다. High/Scope(1991)에서는 유아가 모양을 설명할 때 어떤 물체가 삼각형, 정삼각형 또는 정육면체인가의 구체적인 특성보다는 일상생활 용어를 사용하여 모양을 설명한다고 한다. 즉, 일반적으로 모양을 정의하는 꼭지점, 변, 각들 간의 형식적 관계에 근거하는 것이 아니라 굴러가는 것, 편평한 것 등 직관에 의해 도형에 이름을 붙이고 또 이러한 구분은 대개 물체들을 모양에 근거하여 나눌 때 사용한다고 한다(권영례 외, 1998: 48 재인용).

3. 기초적인 측정해 보기

측정은 한 집합이나 물체의 길이를 정하는 것으로 유아 단계에서 다루는 측정의 내용은 길이, 면적, 부피, 무게, 시간, 온도에 대한 기초개념이라고 할 수 있다.

유아는 직관에 의해 사물의 길이나 면적을 비교하여 판단하기 때문에 사물의 차이가 큰 물체의 길이나 면적은 잘 구별하지만 차이가 미묘한 사물의 길이와 면적에 대해서는 혼란을 겪는다. 또한 길이, 면적, 부피, 무게는 눈으로 보이는 사물을 측정하는 것이지만 눈으로 보이지 않는 시간이나 온도를 측정하는 것은 유아에게 더 어려운 개념인 것이다. 그러므로 교사는 측정을 위한 구체적인 측정활동을 다양하게 마련해 주는 것이 필요하다는 것을 시사해 준다.

NCTM(1989)에서 유아기의 측정의 교수는 비형식적 비교로 시작하며, 클립이나 연필들을 이용하여 재어 보는 비표준화 단위를 사용한 측정 경험을 하게 한다고 하였다. 이후에 자, 저울 등을 이용한 표준 측정 단위를 소개해 줄 수 있다고 하였다. 이를 통해 수학 개념 및 관계 파악, 과업의 개념적인 면과 각 과정 사이의 연계성을 확립시킬 수 있다고 하였다.

어림셈은 실제 수량에 대해 어림하기로 정확한 실제 값을 구하는 것이 아니라, 대략적으로 어림 결과를 산출할 수 있는 능력을 의미한다. 수의 어림셈의 활용가치는 20세기에 들어 중요성이 증대되었는데 흔히 기존의 수학은 정확한 답을 산출하는 것이 강조되어 왔으나 최근에는 계산기, 컴퓨터가 복잡한 계산을 대신하기 때문에 더 이상 연필과 종이로 복잡한 계산을 하는 것이 불필요하게 되고 대신 일상생활에서 어림셈 능력이 많이 필요하게 되었다.

따라서 권영례 등(1998)은 유아들도 여러 가지 시각적 배열이나 형태로 제시되는 수량에 대해서 직관적인 감각을 발달시키는 것이 필요하고, 일상적인 경험을 바탕으로 어림하기를 통해 문제 해결을 할 수 있는 기회를 많이 제공해 주는 것이 필요하다고 하였다. 이경우 등(1997)에 의하면 어림하기에 대한 유아들의 초기 반응은 매우 다양하며 실제 수량과는 동떨어지는 주먹구구 형태의 어림하기가 이루어지기도 하지만, 어림하기 경험이 증가됨에 따라서 수량에 대한 어림하기 능력이 증진되고 점차적으로 합리적인 범위 내에서 어림하기가 이루어진다고 보았다.

그림 5-8
모래놀이를 하면서 어림셈을 사용하고 있다.

1) 길이 측정

비표준화된 도구를 사용하여 물체의 길이를 측정하여 본다. 유아에게 유용한 비표준화된 도구는 유아 자신의 몸이 된다. 즉, 유아의 손 뼘, 발걸음, 팔 길이를 활용하여 신체적 단위를 경험시킨다. 신체적 단위를 통해 길이 측정을 경험한 후에 잴 수 있는 여러 가지 물체, 즉 클립, 빨대, 책, 실, 리본 테이프 등으로 잴 수 있는 활동을 마련해 준다. 이러한 활동을 통해 유아는 표준화된 도구의 필요성을 자연스럽게 알게 된다.

Wilson과 Osborne(1988)은 유아에게 적절한 측정 활동을 위한 교수원리를 다음과 같이 제안하였다.

첫째, 유아는 교과서적인 연습 문제보다는 일상생활에서 접할 수 있는 사건이나 사물을 중심으로 측정하는 경험을 자주 제공해 주어야 한다.

그림 5-9
자신의 손 뼘을 이용하여 길이를 재고 있다.

둘째, 측정 활동을 위해 유아의 소극적 관찰보다 유아 스스로 실제 행하고 실험하는 활동으로 전개하여야 한다. 또한 활동으로 전개되었을 때 측정 결과에 대해 유아들이 자신의 생각을 정교화 할 수 있도록 토의가 이루어지도록 도와주어야 한다.

셋째, 교사가 교수계획을 세울 때 유아가 측정의 필요성을 인식할 수 있도록 고려해야 한다.

2) 무게 측정

그림 5-10
방울토마토와 같은 무게를 만들기 위해 저울을 사용하고 있다.

무게를 재어보는 활동에 있어서도 유아의 신체를 이용하는 전략이 요구된다. 유아가 직접 물체를 들어보고 어느 것이 무거운지 판단하도록 하는 활동은 무게의 개념을 익히도록 도움을 준다. 또한 양팔저울을 사용하여 두 개의 물체를 직접 달아보고 무게에 따라 저울의 추가 기운다는 것을 발견하도록 한다. 무게 측정과 관련하여 무게를 표시하는 어휘가 있고 물체의 무게는 물체의 크기에 따라 결정되지 않는다는 것을 인식하도록 한다. 그러므로 교사는 유아에게 다양한 물체의 종류와 크기를 재어보는 활동을 마련해 준다.

3) 부피 측정

부피는 용기 내의 공간의 양을 의미하고, 양은 어떤 물체가 차지한 공간의 양을 말한다. 부피의 측정을 이해하려면 높이, 길이, 폭 등의 삼차원을 협응할 수 있어야 한다. 교사는 유아에게 컵을 준 후 컵을 채우려면 얼마나 많은 양의 공깃돌이 필요한지를 추측하게 하고, 공깃돌을 사용하여 컵을 채운 후 그 수를 세어보고 기록하는 경험을 통해 유아들이 부피의 개념을 이해할 수 있도록 한다. 양에 대한 개념은 미술활동 시간에 자연스럽게 점토를 떼고 뭉치는 놀이와 간식시간에 받은 과자를 작게 잘라서 놓아보는 경험을 통해 양이 같음을 확인함으로써 양의 개념을 획득할 수 있다.

4) 시간 측정

시간의 개념은 경과 시간 및 기간, 시간적 관계, 시간의 순서를 포함한다. 시간의 순서는 연령의 개념까지도 포함된다. 유치원 연령의 유아들은 시간 보존 개념이 형성되지 못하였기 때문에 표준 단위를 사용한 시간 측정 활동은 이루어지기 어렵다. 이경우 등(1997)은 표준 단위를 사용한 시간 측정 활동보다는 유아들이 매일 생활하는 속에서 시간의 순서를 자연스럽게 익히도록 해야 한다고 한다. 벽에 걸려 있는 하루 일과표와 매일 반복적으로 이루어지는 일과활동을 통해 시간의 순서를 익히도록 하고, 날짜나 요일 알아보기와 같은 활동을 통해 숫자들과 달에 대해 흥미를 유발시킬 수 있도록 한다.

교육부(1998)에서는 유아의 시간교육은 몇 시, 몇 분과 같은 시간을 읽게 하는 것이 아니라, 시간의 흐름을 지각하게 하는 것으로서 하루 일과의 순서, 일상생활에서 일어난 일의 순서를 알아보는 것이라고 하였다.

시간에 대한 이해는 단순히 시각을 말할 수 있는 능력만을 의미하는 것이 아니다. 계절의 변화, 하루의 일과, 생일, 사건의 순서 등 시간적 관계를 내포하는 여러 측면들을 이해하는 것을 포함한다. 유아에게는 시간을 측정하는 표준 단위를 중심으로 접근하는 것보다는, 하루의 사건 순서를 생각해 보는 것과 같이 유아에게 의미 있고 친숙한 생활을 중심으로 접근하면서 시간에 대한 개념을 이해할 기회를 제공하는 것이 좋다.

극놀이 상황은 시간에 대해 통합적으로 접근할 수 있는 좋은 기회가 된다. 엄마놀이를 할 때 아기 인형을 재운 뒤 요리를 하는 유아에게 "아침에 많이 놀아서 아기가 낮잠을 푹 자겠구나." "아기가 깨어난 후에 저녁을 먹을 거니?" 하는 교사의 말이나, 병원놀이를 하는 유아들에게 의사 선생님의 진료를 받기 전(아픔)과 후(아픈 것이 나음)의 차이를 말하도록 간접적으로 중재하는 역할(이제 배가 좀 어때?)은 유아로 하여금 시간의 흐름을 깨닫게 해 준다.

또한 미술 활동을 통해서도 교사의 중재에 의해 유아가 시간의 흐름을 학습할 수 있다. 낮과 저녁 또는 밤 풍경이 반영되는 미술 작품을 감상할 때, 아니면 유아들로 하여금 같은 사물(예를 들면, 나무 또는 나무와 그림자)을 아침과 낮 또는 해질 무렵(종일반의 경우 늦가을쯤) 등 하루의 다른 시점에 그리게 하여 작품을 통해 시간의 흐름을 느끼고 이에 대해 이야기를 나눌 수 있다.

유아에게 서둘러 표준화된 측정 단위를 사용하도록 강요하지 말고, 대신 측정과 관련된 경험을 자연스럽게 할 수 있도록 유도한다. 자연스럽고 즐거운 경험을 위한 순서를 제시하면 다음과 같다.

① 비교하고 순서 짓는 경험을 해 본다.
② 다양한 단위들(손 뼘, 발걸음, 폭 등)을 가지고 측정해 본 후에 표준화된 단위로 측정해야 할 필요가 있음을 인식하게 한다.
③ 표준화된 단위의 필요성을 규명하기 위해 원시적이고 임의적인 단위(막대나 끊어진 전화선)로 측정해 본다.
④ 유아의 수준이 허락되거나 흥미와 호기심이 고조되면 표준화된 측정 단위로 정해 본다.

과제에 따라(길이, 무게, 면적, 부피 등) 아동기 이후에도 측정에 대한 정확한 개념을 갖지 못할 수도 있다. 어릴수록 비형식적이고 자발적인 측정 경험을 많이 하는 것이 좋은데 유아들이 쉽게 측정 경험을 할 수 있는 상황 그리고 교사가 유아의 측정 활동이 활성화되도록 상호작용 할 수 있는 경우들은 다음과 같다.

- 영수증이나 종이 조각을 가지고 어떤 것이 가장 길고 가장 짧은지 비교
- 훌라후프(한 지점에 테이프로 시작점 표시)를 굴리며 교실의 길이 측정
- 블록을 이용하여 컴퓨터, 테이블, 교구장 등의 길이 측정
- 양동이에 물을 가득 채우는 데 컵을 몇 번 사용해야 하는지 조사
- 모래를 가득 채우는 데 큰 삽을 몇 번 사용해야 하는지 조사
- 야구공보다 작은 물건을 교실에서 찾아보기
- 각종 자료의 무게를 측정할 수 있는 양팔 저울을 사용하여 조개껍질, 볼트, 솔방울 등을 달아보고 크다고 무게가 많이 나가는 것은 아니라는 것을 알도록 활동

5) 순서 짓기

그림 5-11
여러 가지 봉투를 크기별로 순서짓기를 하고 있다.

순서 짓기는 비교 능력의 가장 높은 수준이 된다. 순서 짓기 능력은 단순히 두 개의 사물을 비교하는 차원을 넘어 처음부터 마지막까지 순서대로 배열하는 능력이다. 사물과 사물 사이의 어떤 차이를 인식하고 그 차이에 따라 사물을 정리할 수 있는 기술을 말하는 것이다(민지순, 이경우, 1982). 이기숙(1992)에 의하면 서열화는 비교하기에 기초하는 것으로 사물 간의 관계를 형성하는 것이라고 하였다. 그리고 유아는 길이, 넓이, 크기, 명암 등의 속성에 의해 사물을 서열화할 수 있다고 하였다. 이경우(1987)는 초기의 순서 짓기는 유아들이 항상 접하는 물체나 실제 물체를 사용하여 대 · 중 · 소의 세 가지 물체로 시작하고 점차 수를 늘려주는데 5개를 넘으면 시각적으로 쉽게 알기 어려우므로 5개 이상은 넘지 않아야 한다고 하였다.

순서 짓기의 내용은 한 가지 속성에 따라서 사물을 순서 짓기, 일대일 대응이 되도록 순서 짓기, 두 가지 속성에 따라서 사물을 순서 짓기 등이 있다.

유아의 순서 짓기 능력을 촉진하기 위해 교사가 할 수 있는 활동의 예는 다음과 같다.

① 가장 짧거나 긴 막대를 찾게 한다.
② 키가 다른 3가지 사물에서 가장 짧은 것을 고르게 하고, 나머지 2개의 키를 대어 보게 한다.
③ 순서대로 되어 있는 사물들이 서로 어떻게 다른지 이야기해 보게 한다.

4. 규칙성 이해하기

패턴은 사물이나 사건의 양상이 일정한 규칙성을 지니고 반복되는 것으로(이경우 외, 1997) 시각적 · 청각적 · 운동적 기본 단위를 일정한 규칙으로 반복하여 조화를 이루도록 만들어 내는 것을 말한다. 일상생활에서 패턴이 반복되는 양상은 벽지나 타일의 무늬, 옷감이나 포장지의 반복적인 무늬, 봄 · 여름 · 가을 · 겨울과 같은 계절의 반복 또는 유치원의 하루 일과 등으로 유아는 주변 환경의 관찰 가능한 사물이나 사건 속에서 패턴을 발견할 수 있다. 이처럼 반복적으로 나타나는 규칙성, 즉 패턴을 유아들이 발견함으로써 다음에 어떠한 일이 일어날 것인가에 대한 예측이 가능하게 되고 이에 따라 자신의 생활에 안정감과 자신감을 가지게 된다고 한다(권영례 외, 1998).

교사는 패턴활동을 통해 유아가 주변환경에서 많이 사용되고 있는 패턴의 발견을 가능하게 하여 유아의 생활 주변을 즐겁게 해 준다는 사실과 규칙성, 예측사고에 도움을 준다. 패턴유형은 운동적 · 청각적 · 시각적 유형으로 분류되는데 운동적 유형은 유아자신을 이용하여 직접 패턴을 만들어 보도록 한다. 예를 들어, 유아들이 직접 앉고-서고-앉고-서고, 손을 들고-내리고, 제자리에서 뛰고-걷는 등의

그림 5-12
색구슬을 이용해 패턴 끼워 넣기를 하고 있다.

그림 5-13
유치원 교실에서 패턴을 찾아내고 있다.

활동을 통해 알 수 있다. 청각적 유형은 여러 가지 소리를 이용하여 다양한 패턴을 만들 수 있다. 박수치고 발 구르고, 찰찰찰-쿵쿵쿵, 짝짝짝-똑똑똑 등의 소리를 이용하여 만들 수 있다.

시각적 유형은 물체와 그림을 이용하여 패턴을 만든다. 컵을 세워놓고-엎어놓고, 다양한 모양그림으로 동그라미-세모-동그라미-세모, 세모-세모-동그라미 등을 만들어 본다. 또한 유아가 스스로 주변의 벽지 그림이나 옷의 무늬를 찾아보게 하고 이를 이용하여 여러 물체(숫자, 모양카드, 색 구슬)를 이용하여 다양한 패턴을 생각해 내도록 도움을 준다. 만든 패턴을 다른 친구에게 설명하는 기회도 준다.

권영례 등(1998)은 유아들은 일상생활 속에서 동작, 색, 소리, 위치 및 수량 등에 나타나는 규칙성과 반복을 관찰하면서 패턴 인식 및 묘사하기, 패턴 따라 하기, 패턴 이어가기, 패턴 끼워 넣기, 패턴 전이하기, 패턴 만들기 등의 활동을 할 수 있는 기회가 제공되어야 한다고 하였다.

5. 자료 정리 및 결과 나타내기

1) 분류하기

분류란 물체를 어떤 특성에 따라 범주나 영역으로 구분하는 과정으로 수학적 문제 해결의 기본적인 과정이 된다(이경우, 1987). Gibb와 Castaneda(1975)에 의하면 분류능력은 보다 추상적인 기준을 사용하여 세트를 형성하는 능력과 수 이해의 토대가 되며 유아가 사물에 이름을 붙이는 것도 분류의 유형이라고 보고 있는데, 이러한 의미에서 보면 유아는 자기 주변의 물체를 서술하기 훨씬 전에 분류하기 시작한다고 하였다(이영주, 1996: 9 재인용).

그림 5-14
미술영역에서 색연필을 색깔별로 분류하고 있다.

(1) 단순분류

단순분류는 색깔이나 크기 혹은 모양과 같이 현저하게 눈에 띄는 한 가지 속성에 따라 사물들을 분류하는 것이다.

(2) 복합분류

복합분류는 한 번에 두 가지 이상의 속성을 동시에 고려하여 사물을 분류하는 것이다. 분류포함은 사물을 부분 유목에 따라 분류할 수 있고, 부분 유목은 더 큰 전체 유목에 포함된다는 것을 이해하는 것이다.

유치원에서 유아의 분류활동을 돕기 위해서는 먼저 다양한 구체물을 제공하여, 소집단 활동으로 사물을 탐색하고 묘사할 수 있는 기회를 제공하는 것이 필요하다.

그림 5-15
모양과 색을 동시에 고려하면서 분류하는 유아의 모습

2) 그래프 활동

통계란 수를 사용해서 우리 주위의 세계를 기술하고 해석하며 문제 해결을 하는 도구다(NCTM, 1989). 그래프(graph), 차트(chart), 표(table)는 확률, 통계에 대한 시각적인 표상으로서 개인적 경험을 수학적으로 연결시켜 보는 상호작용을 가능하게 하고 수학을 다른 영역과 통합할 수 있게 한다(NCTM, 1991).

이경우(1987)는 그래프를 처음 소개할 때는 실물과 추상적인 그래프 간의 관계를 이해하도록 실물 그래프, 그림 그래프, 상징적 그래프 발달 단계를 통해 같은 상황을 경험하게 하는 것이 바람직하다고 하였다. 유아들이 일상생활에서 활용할 수 있는 그래프 활동의 주제로 출석, 온도, 날씨, 좋아하는 과자 종류나 좋아하는 만화, 좋아하는 색깔 등의 내용으로 유아들의 여러 가지 성향이나 사물의 경향을 비교해 볼 수 있다.

유아는 비형식적으로 실제 생활에서 자료를 모으고 결과를 알아볼 기회를 가질 수 있다. 오빠와 나의 저금통 중 누구의 것에 동전이 더 많이 들었는지, 민희와 연주는 각각 식구가 몇 명인지, 지난달에 이 닭기 스티커가 가장 많이 붙은 것은 몇째 주인지 등 유아는 생활하면서 의식적 또는 무의식적으로 그리고 때로는 정확하게 또는 부정확하게 통계 활동을 경험한다.

유치원에서는 보다 체계적으로 유아에게 통계적 경험을 제공할 수 있다. 교실 환경이나 친구들과 관련된 자료를 모으고 조직하며, 이를 그래프나 차트로 나타내는 활동은 유아들에 따라 매우 즐겁고 협동적으로 이루어질 수 있는 활동이다.

유아가 그래프 경험을 즐거워하고 적극적으로 참여하게 하기 위해서는 통계 자료가 유아의 관심과 흥미, 이해 수준 등에 부합해야 한다. 다음은 Whitin, Mills와 O' Keefe(1990)가 언급한 유아교육기관에서의 유아의 그래프 경험의 4가지 범주와 유아가 좋아하고 관심 있는 자료가 될 수 있는 예를 제시한 것이다. 교사는 유아들과 통계 활동을 할 때 자료의 조직화나 상징적 표현 기술에만 초점을 둘 것이 아니라, 유아가 언제나 관심 있는 자료를 모으고 기록하고자 하는 태도를 기르고 이렇게 하는 일의 목적을 이해하도록 하는 데에도 주의를 기울여야 한다.

① 교실 내의 하루 일과에 그래프를 통합하기
- 학급의 남자아이와 여자아이의 수 비교하기
- 친구들의 생일 달 알아보기

그림 5-16

유아 자신이 좋아하는 동물 칸에 이름을 쓰면서 그래프를 구상하는 모습

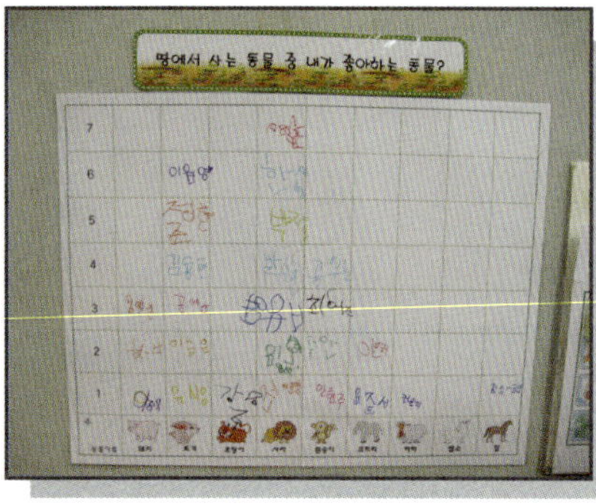

그림 5-17

유아들이 구상한 그래프

② 개인별 조사 활동 격려하기

- 일주일 동안 조형영역에서의 놀이 횟수 알아보기
- 내가 생일 선물로 받고 싶은 물건 결정하기
- 나의 키 변화 측정하기
- 내가 좋아하는 동물 알아보기

③ 학급 내의 의사결정을 위해 그래프를 구성하기

- 견학 가고 싶은 곳 결정하기
- 교실에서 기르고 싶은 애완동물 결정하기

④ 학습을 위해 그래프 사용하기

- 매일매일 자라는 양파의 크기 비교하기
- 이번 달의 날씨 조사 · 비교하기
- 크기가 다른 그릇들을 가득 채우는 데 필요한 물의 양 비교하기

제2부
유아 수학교육의 교수방법

06

유아 수학교육의 계획과 방법

1. 유아 수학교육 활동의 계획

교사가 유아에게 적절한 수학교육 활동을 계획할 때 고려해야 할 점은 다음과 같다.

첫째, 교육 내용은 교육과학기술부에서 제시한 교육 내용을 중심으로 연간 및 학기 중 다룰 수 있는 내용을 세분화하고 이를 월간 생활 주제나 단원들과 관련지어 수학교육의 내용과 활동, 자료, 기타 다른 영역과의 통합적 접근에 대한 세부 계획을 세우도록 한다.

둘째, 교육과학기술부의 교육과정을 중심으로 활동을 계획하더라도 유아의 관심과 호기심 그리고 유아가 보여주는 수학적 지식수준을 반영하여 계획에 융통성을 둔다. 예를 들어, 교육과학기술부의 유치원 교육과정에는 임의의 단위(예: 연필)를 사용하여 길이 등을 측정하는 수준으로만 제시되어 있으나, 학급 내에 자의 표준화된 단위를 알고 있는 유아로 인해 유아들이 자와 길이 측정에 대해 호기심과 지적 자극 요구를 보일 때에는 이를 충족하기 위한 활동을 추가로 계획할 수 있다.

셋째, 하루 일과 중 모든 활동 시간대에 수학적 교육이 이루어질 수 있도록 배려하며, 유아들을 위한 수학활동은 일상생활 속에서 이루어지게 한다. 그러므로 활동을 계획하거나 준비할 때에는 일상적인 양육 시간(routine care)이나 전이활동 시간에 사용할 만한 활동들도 포함해야 한다. 식사시간에 할 수 있는 활동을 예로 들면, 식탁에 놓여진 반찬의 개수 세기, 빵을 친구들에게 똑같이 나누어 주기, 순서대로 식판과 음식을 받아 가기, 아동들이 가장 좋아하는 음식이 무엇인지 손을 들어 알아보기 등이 있다.

넷째, 무엇보다도 수학학습은 즐겁고 재미있어야 하며, 능동적으로 이루어져야 한다. 유아들이 적극적으로 수학 활동에 참여할 수 있는 환경을 조성해 준다.

다섯째, 유아들에게 암기식 학습을 시키거나 설명을 하여 직접 가르치는 것은 바람직하지 못하다. 유아들이 상징이나 수학적 부호에 대한 의미를 스스로 이해할 수 있을 때까지 기다려야 한다. 교사는 수학적인 용어를 올바르게 사용하고 유아의 사고를 체계화시켜 주기 위한 확산적 질문을 하여, 유아들이 이러한 의미를 이해할 수 있도록 도와준다. 교사는 자신이 사용하는 언어 및 질문을 통하여 유아 스스로 사물의 집합으로부터 수학적 개념, 수 세기, 더하기, 빼기 등의 기술을 터득할 수 있는 기초를 마련해 주어야 한다.

여섯째, 수학 내용에 맞게 활동 집단을 소집단, 대집단 또는 개별 활동으로 구성하여 수학교육의 효과를 높인다. 또한 수학영역뿐 아니라 다른 모든 영역과 실내외 공간에서 다양한 수학활동이 통합적으로 이루어지도록 고려해야 한다.

일곱째, 유아들 수준에 맞는 구체적이고 직접 조작할 수 있는 자료들을 비치한다. 유아들은 자료들을 다루는 동안 필요한 정보를 얻고 문제를 해결하게 된다.

여덟째, 유아 스스로 생각하고 표현해 볼 수 있는 기회를 마련해 준다. 유아들 마음대로 계획하고 운영할 수 있는 활동 시간을 포함시켜야 한다. 이러한 기회를 통해 창의적 사고를 촉진시킬 수 있다.

아홉째, 활동을 계획하기 전에 개별 유아의 발달 수준을 정확히 파악해 두면 각 유아에게 맞는 활동을 제시해 줄 수 있다.

2. 유아 수학교육의 교수원리

> 실제적으로 어느 누구도 수학을 가르칠 수 없다. 효율적인 교사는 유아가 수학을 배울 수 있도록 자극해 줄 수 있는 교사다…… 학습자는 그들 스스로 수학을 이해할 수 있게 될 때 수학을 배우게 된다(National Research Council, 1989).

앞의 인용문에서도 알 수 있듯이 수학적 지식은 교사가 직접 가르치는 것으로 배울 수 있는 것이 아니라 유아 스스로 직접 경험해 보고, 그 경험을 반성해 보는 것을 통해 습득하거나 발달하게 된다. 유아는 자신의 지식과 수학적 개념 및 사고 과정들을 그들 스스로 구성한다(Payne, 1990). 그러므로 교사는 유아들이 적극적인 활동을 통해 수학적 개념들을 구성할 수 있도록 다음과 같이 도와주어야 한다.

첫째, 직접적인 경험을 제공해 준다. 유아가 형식적 · 비형식적인 수학적 지식을 구성하기 위해서는 다양한 자료들을 직접 분류해 보고, 세어 보며, 무게를 재어 보고 탐색해 볼 수 있는 충분한 시간과 기회를 가져야 한다. 이러한 직접적인 경험은 몇 가지 기능을 수행한다. 유아가 자료를 가지고 조작하는 동안 유아는 신체적 뿐만 아니라 정신적으로도 적극적으로 생각하고 반응하게 된다. 유아는 자료를 다루는 동안 생각을 하고, 순서와 관계를 찾고, 패턴을 만들고, 공간과 위치를 확인하며 구분하면서 다양한 흥미를 갖게 되고, 성취감을 느끼게 된다. 특히 개방된 자료를 가지고 활동을 할 때에는 미리 정해진 목적이 없기 때문에 자신의 인지 수준과 상관없이 다양한 수준의 과업을 시도해 볼 수 있는 장점이 있다. 또한 직접적인 경험은 모든 교과 영역에서 이루어질 수 있고, 유아의 수학적 학습과 다른 영역의 학습을 통합시키는 기능을 한다(교육활동의 통합적 운영 예).

둘째, 다른 사람들과 상호작용 할 수 있는 기회를 제공해 준다. 유아들이 지식을 구성하기 위해서는 물리적 세계뿐 아니라 다른 사람들과도 상호작용을 해야 할 필요가 있다(Piaget, 1963). 또래와의 상호작용을 통해 유아는 자신의 생각이 다른 사람의 생각과 다를 수 있다는 것을 알게 되고, 자신이 세상을 보는 관점에 대해 의문을 가지게 되며 자신의 사고를 조절하게 된다. Lampert(1990)와 Resnick(1989)은 학생들은 서로 함께 해석하거나 추측하고, 그들의 논리를 입증하고 설명을 하거나, 필요한 경우 그들이 지각한 것을 정당화할 때 더 잘 이해하는 것으로 나타났다고 보고하였다. 이러한 측면에서 집단 프로젝트는 유아의 상호작용을 촉진하고, 수학적 학습을 하기 위한 효과적인 도구가 될 수 있다. 다른 유아들과 함께 블록으로 버스를 만들거나 집을 만들면서 유아들은 서로 아이디어를 교환하고 수정하며 다른 사람의 사고를 고려하면서 자신의 사고를 조절하게 된다.

또한 유아는 교사와의 비형식적인 사회적 상호작용을 통해 수학적 지식을 구성하게 된다. 교사들은 유아에게 수학적 기술이나 과정을 보여주고, 이야기를 해 주고, 질문을 하는 것을 통해 아동의 수학적 사고를 도모할 수 있다. 예를 들면, '왜 이것들이 모두 여기에 속하지?' '어떤 것이 더 크니?' '만약에 ~ 한다면' 그리고 '또 다른 방법으로 어떻게 분류할 수 있을까?' 라고 질문할 수 있다. 이외에도 수없이 많은 질문 유형과 언어적 상호작용이 있지만, 가장 중요한 것은 교사가 유아의 이야기를 잘 듣고 관찰한 후에 그들의 사고를 명료하게 밝히고 확장시킬 수 있는 방향으로 반응해 주는 것이다.

셋째, 언어를 사용하게 한다. 유아는 또래와 함께 놀고 활동하면서 자신이 경험하고 있는 것에 대해 자연스럽게 이야기한다. 유아가 수학적 학습을 하기 위해서는 어떤 형태의 이야기이든(토론을 하건, 문제를 해결하건, 그들이 하고 있는 활동에 대해 잡담을 하건) 꼭 필요하다. 이야기를 하고 듣는 과정은 언어를 통해 수학적 아이디어를 표상하는 첫번째 단계다. 수학시간 동안 유아는 이야기를 하고 듣고 쓰고 읽는다. 유아는 물리적인 자료를 다루면서 시각적 · 지각적 이미지를 형성할 뿐만 아니라, 수학적인 개념과 절차를 기술할 수 있는 언어를 발달시키게 된다(Hiebert &

Lindquist, 1990). 유아는 비형식적인 대화를 통해 수학적인 개념과 절차를 기술하는 데 사용되는 언어를 발달시킬 뿐 아니라 자신의 사고와 경험을 발달시키고 물리적인 세계에서 추상적인 수의 세계를 경험하게 된다. 요약하면 유아들은 언어를 통해 관계와 아이디어를 더 잘 기술할 수 있을 뿐 아니라 새로운 수학적 개념을 더 잘 이해할 수 있게 된다.

넷째, 유아가 경험했던 것을 다시 생각해 보게 한다. 유아는 자신이 경험한 것을 돌이켜보고, 경험한 것들로부터 추상적인 패턴을 이끌어 내고, 규칙성을 발견해야 한다(Cobb & Steffe, 1983). 유아들이 사고의 자료로 활용하기 위해 과거의 경험을 회상하도록 도와주고, 일상생활 속에서 자신의 사고를 살펴보도록 도와주는 것이 중요하다. 성인들은 끊임없이 자신의 사고를 검토해 보는 반면, 어린 유아들은 대부분 자신의 지식과 사고의 한계를 인식하지 못하고 자신의 기억력이나 이해력 혹은 사고 수준을 살펴보지 못한다. '사고에 대해 사고하는 것(초인지)'은 유아가 생각하고 학습하는 능력을 증진시켜 줄 수 있는 가장 효과적인 방법이다. 예를 들면, 유아들에게 자신이 생각한 것을 다시 생각해 볼 수 있게 도와주고, 자신이 아는 것과 모르는 것을 다시 살펴볼 수 있도록 도와준다.

Althose(1994)는 최근의 수학교육 동향을 반영하여, 유아에게 적절한 수학교육 교수방법을 제시하였다.

첫째, 유아의 기존 지식을 사용할 수 있는 방법으로 정보를 제시하여 새로운 지식을 얻고 기존의 이해를 확장하고 강화시키게 해 준다.

둘째, 성인은 유아가 문제를 인식하고 해결하기 위해 정신적·신체적으로 그들 주변의 환경과 상호작용할 수 있는 다양한 기회를 제공해 준다.

셋째, 성인은 유아가 문제를 인식하고, 답을 찾으며 정보를 조직하는 것을 도와준다.

넷째, 유아들이 서로 상호작용하고 아이디어를 함께 나누는 것을 격려해 준다.

다섯째, 교실에서 제공되는 정보는 유아의 생활과 관련이 있는 것으로 택하고, 이 정보를 유아의 실제 생활에 적용할 수 있도록 도와준다.

여섯째, 한 영역에서 학습된 개념을 다른 영역에 또는 같은 영역의 다른 개념과 관련짓는 경험을 제공해 준다.

이처럼 유아들은 능동적으로 탐구하고 조작해 봄으로써 수학적 개념과 기술을 익히게 되므로, 교사는 유아들에게 정확한 결과를 가르치는 것이 아니라 일상생활 속에서 유아에게 자극을 주고 문제 해결을 유도하고 지도하는 것이 필요하다.

이러한 점을 토대로 하여 유아에게 적합한 수학교육을 위해 교사가 유념해야 할 교수 원리를 몇 가지로 정리하면 다음과 같다.

첫째, 유아의 관심과 흥미에 적합한 수학교육 자료와 방법을 제시하되, 유아 개개인의 발달 수준과 경험 정도를 고려한다. 유아의 사전 경험과 관련된 수학적 문제를 제시하면 유아는 그것을 더 쉽게 받아들이고, 더욱 융통성 있게 문제를 해결하게 된다. 교재와 교구는 다양한 정보를 얻을 수 있는 것을 활용하고, 가능한 한 구체적이고 직접적인 경험을 주는 실물 자료를 사용한다.

둘째, 유아 스스로 관찰하고 탐구하는 것을 통해 수학적 학습이 이루어지도록 격려해 준다. 유아들에게 다양한 수학적 경험을 제공하고, 유아 자신이 직접 구체적인 조작 활동을 해 봄으로써 스스로 자신의 수학적 지식을 구성해 나갈 수 있도록 도와준다.

셋째, 유아가 자신의 감정을 자연스럽게 표출할 수 있도록 편안하고 자연스러운 분위기를 조성한다. 수학활동 중에 유아들이 이해하고 있는 것과 해결 방법 등을 서로 자유롭게 표현하고 토의할 수 있도록 격려해 준다. 교사는 유아들이 다양한 방법으로 문제를 해결해 나가는 것을 존중하고, 특히 창의적인 방법을 사용하려 할 때에는 칭찬을 해 주고, 유아들의 실수를 허용하는 분위기를 조성하는 것이 필요하다. 또한 유아들이 잘못된 반응을 보일 때 어떤 과정을 통해 그러한 결론에 도달했는지 질문을 하여 그 이유를 파악하도록 한다.

넷째, 유아에게 해답을 제시하기보다는 유아가 충분히 생각하여 자신의 의사를 발표하고 의문 나는 점을 물을 수 있는 기회를 제공해 준다. 교사의 역할은 유아에게 수학적 사고를 하도록 안내하는 것이지 가르치는 것이 아니라는 것을 명심한다.

그림 6-1
자유선택시간에 모자이크 블록놀이를 하면서 패턴을 사용하고 있다.

교사는 활동에 포함된 과제의 요점을 유아가 인식하도록 도와주거나 주어진 과제에 집중할 수 있도록 안내하며, 유아의 사고를 자극하는 말이나 질문을 적절하게 제공할 필요가 있다. 유아와 교사 간의 적극적인 언어적 상호작용을 통해 수학적 활동이 잘 이루어질 수 있도록 이끌어 주어야 한다.

다섯째, 교사는 유아가 답한 것에 대해 즉각적으로 판단하는 것을 삼가야 한다. 교사는 유아가 제시한 것에 대해 의문점이 생길 수도 있지만, 유아에게 수학에 대해 자유롭게 이야기할 수 있는 의지와 더 많은 문제들을 조사할 수 있는 자신감을 키워주기 위해서 유아가 이해한 것의 옳고 그름에 대한 판단을 내려서는 안된다.

여섯째, 교사는 주변에서 자연적으로 일어나는 일상생활과 수학학습을 연결시킴으로써 유아들에게 수학이 일상생활의 문제 해결 도구로 활용될 수 있다는 것을 인식시켜 준다.

3. 유아 수학교육의 교수방법

유아들의 삶은 통합적이고 총체적이기 때문에 유아들은 분절적이며 단편적인 지식보다는 통합적인 전체로 자신의 경험을 재구성한다(Bredekamp, 1997; Hart, Buts, & Charlesworth, 1997). 이러한 발달적 특성을 고려할 때, 유아교육은 각 교육 내용이 교과목으로 다루어지기보다는 총체적 교수 과정으로 통합되어야 할 것이다(홍혜경, 김영옥, 2001).

유아교육에서의 통합교육은 유아의 발달 수준, 흥미에 따라 다양한 교육적 상황을 제시해 주기 때문에, 유아의 발달에 적합한 활동을 제공할 뿐 아니라(Thomas, 1997), 의미 없는 정보나 지식의 축적을 배제하여 학습의 효과를 극대화시킬 수 있다(권영례, 1997).

인간 생활과 관련된 문제들을 해결하기 위한 중요한 수단이 되는 기초능력으로서 유아 수학교육의 중요성이 새롭게 인식되기 시작하였다(NCTM, 2000). 이에 따라 유아 수학교육에 대한 변화와 개선을 위한 노력의 일환으로, 교수-학습방법 면에서 통합교육과정에 대한 다양한 접근 방안이 시도되고 있다.

유아들은 자발적으로 말하기를 배우는 것처럼 일상생활이나 놀이와 같이 자신이 처해있는 상황 속에서 이미 많은 수학적 관계를 경험한다. 이러한 과정을 통해 직관적이며 자발적으로 수학에 대한 많은 비형식적 지식을 구성하게 된다(이정욱, 안경숙, 김소향, 2001; Geary, 1994; Ginsburg, Pappas, & Seo, 2001). 유아들이 일상생활에서 겪게 되는 수많은 문제들을 해결하는 능력을 길러주기 위해서는 수학적 상황을 직접 경험해 볼 수 있는 다양한 기회가 제공되어야 한다(최미희, 2003).

유아기 초기 경험에서부터 수학에 대한 성향이 발달되므로 이 시기에 제공되는 학습 기회는 긍정적이고 지지적이어야 한다(NCTM, 2000). 따라서 유아들이 직접적이고 활발한 상호작용을 할 수 있는 자연스러운 상황 속에서 즐거움과 자신감을 느끼도록 하는 것은 매우 중요하다.

현장의 교사들 또한 수학적 사고와 문제 해결능력 및 수학적 가치의 필요성을 중요하게 인식하고 있다(박양덕, 2000; 서현아, 배지미, 2004; 윤애희, 1995). 그러나 유치원 교사들의 수학교육 내용에 대한 지식이나 수학 교수방법에 대한 자신감 부족(김향자, 이현옥, 허선자, 2004)과 낮은 수학 교수 효능감이 수학교육 실제와 유아들의 수학적 사고 능력에 직접적인 영향을 끼치기 때문에(홍혜경, 이정욱, 정정희, 2004) 유아 수학교육에서는 많은 문제점을 보이고 있다.

수학교육의 문제점 해결과 새로운 교육적 성취를 위해서는 교사의 수학 교수 효능감을 증진 시키고, 유아가 다양한 해결책과 대안을 탐색하면서 일상에서 발생하는 문제들을 해결하는 데 자신감을 갖게 하는 것이 중요하다. 더불어 수학에 대한 흥미와 자신감을 경험해서 수학에 대한 긍정적인 태도를 갖게 할 교육 실제가 요구된다. 따라서 수학교육은 유아에게 의미 있는 일상생활의 문제 상황을 통한 다양한 경험과 통합되어 이루어지는 것이 필요하다(NAEYC, 1991; NCTM, 1989). 그러기 위해서는 유아들이 수학 외의 맥락에서 수학적 연결을 하는 노력이 요구된다(NCTM, 2000).

이러한 필요성에 의해 이미 교과 간의 관련성이 높은 수학과 과학의 통합에 관한 연구들(권영례, 1997; 권영례, 박영충, 1998; 김숙자, 2001; 김숙자, 곽상신, 2002; 마지순, 2001; 이영석, 김숙자, 지성애, 최지섭, 1999;)이 꾸준히 이루어져 왔다. 최근에는 수학교육과 사회교육의 통합에 관한 연구(김신아, 2004; 박미자, 2002; 홍혜경, 김영옥, 2001), 미술교육과 수학교육의 통합에 대한 연구(강문희, 2003; 최정경, 2002; 한유미, 2002) 등 다른 교과와 연결짓는 다양한 활용방안에 대한 연구가 이루어지고 있다.

1) 일상생활 속에서

개정된 유치원 교육과정에서는 '수학적 기초능력 기르기' 는 유아가 주변을 탐색하고 놀이하면서 부딪히는 문제를 논리 · 수학적으로 해결하는 경험을 통하여 기초적인 수, 공간 및 도형과 측정에 대한 통찰력을 기르며, 규칙성을 이해하고 자료 정리 및 결과 나타내기의 능력을 기르는 데 중점을 둔다고 하였다. 이는 유아의 수학 학습은 생활 그 자체에서 비롯된다는 것을 뜻한다.

유아들은 일상생활을 해 나가면서 다양한 경험을 통해 수학학습을 하게 된다. 예를 들면, 유아들은 물건을 직접 들어봄으로써 자신이 혼자 들 수 있는 것과 들 수 없는 것이 있다는 것을 알게 되고 이를 통해 무게를 배우게 된다. 또래들과 달리기를 해 보면서 '수희는 빠르고, 영찬이는 느리다.' 라고 이야기하며 속도 개념을 배우게 되고, 간식을 먹으며 '내 빵은 수진이 빵보다 더 많이 남았어.' 라고 이야기하며 크기에 대해 알게 된다.

유아들은 주위에 있는 다양한 사물들을 직접 보고, 만지고, 듣고, 냄새 맡고, 맛을 보면서 수학을 접하게 된다. 그러므로 유아들이 다양한 감각을 활용하여 활동할 수 있는 환경을 제공해 주어야 한다. 또한 흥미를 잃지 않도록 유도하고 격려해 주며 유아가 새롭게 발견하고 말하는 것들에 대해 칭찬해 주는 것이 필요하다.

그림 6-2
역할영역에서 과자상자에 쓰여져 있는 숫자를 찾고 있다.

한편 교사는 유아들을 잘 관찰하여 혼란을 겪고 있거나 실수를 하고 있을 때 또는 문제 해결은 되고 있지만 어떤 단서가 필요할 때 도움을 주어 수학 활동을 촉진시킬 수도 있다. 예를 들면, 간식 당번인 유아가 친구들에게 빵을 똑같이 2개씩 나누어주기로 하고 다 나누어주었는데 자신의 것을 챙기지 못하여 당황해 하고 있다고 하자. 이때 교사는 유아에게 다가가 '빵을 2개 보다 많이 가진 사람이 있는 지 알아보자.' 라고 말하면서 자신의 빵을 찾게 한다. 이와 같은 경우 교사는 유아를 잘 관찰해야 하고, 유아의 의견을 잘 들어주어야 하며, 교사가 일방적으로 답을 제시하지 않고, 유아의 생각을 존중하며 함께 문제를 해결해 나가야 한다.

2) 일과계획 및 이야기 나누기

유아의 발달적 특성상 유아교육기관에서의 교육 활동은 유아가 등원하는 시간부터 귀가하는 시간까지 지속적으로 이어진다. 즉, 등원부터 시작되는 교사와 유아 간의 상호작용의 모든 과정은 유아의 학습 내용에 해당한다. 뿐만 아니라 유아가 교실 내외의 환경에 대해 경험하는 내용들도 유아의 학습을 구성한다. 예를 들면, 정돈된 흥미영역 구성, 흥미영역에서 함께 활동할 수 있는 친구의 수, 같은 조나 팀의 친구들 안내판, 친구들의 생일 표시, 놀이 일정표, 생활주제와 관련된 그래프, 교사가 전시한 작품들, 간식 표와 간식 양 및 여러 약속과 순서 그리고 교실의 시계와 달력 등 이 모든 교실의 환경은 유아에게 수학적 개념을 학습할 수 있는 자연스런 기회를 제공한다.

이렇게 유아가 기관에서 생활을 하는 모든 시간과 공간의 요소들이 유아의 수학적 지식 발달에 기여한다. 여기에서는 유아가 교실에 들어와 친구들과 다 같이 모여 앉아 인사를 나누고 하루 일과를 계획하고 관심 있는 주제에 대한 이야기를 나누는 활동에 대해 수학교육과 관련하여 다루고자 한다.

유아는 오늘의 날짜에 대한 이야기를 통해 수와 순서에 관한 지식을 자연스럽게 접하게 될 뿐만 아니라, 어제와 오늘과 내일의 개념을 접하고 시간의 개념을 익히게 된다. 날씨에 대한 이야기를 나누면서도 유아는 시간의 흐름과 변화를 이해하게 되고, 날짜와 날씨와의 일대일 대응 및 이번 달 혹은 이번 주의 날씨에 대한 통계를 통한 다양한 수학적 개념 학습을 하게 된다. 또한 우리 반 친구가 몇 명인지, 오늘 오지 않는 친구는 누구인지 확인하면서 수에 대한 개념을 나누게 된다.

하루 일과를 알아봄으로써 유아는 기관에서의 하루를 시작하면서 그 날의 활동을 안정감을 갖고 미리 준비하고 실행하며 다음 활동을 예측할 수 있다. 또한 하루 일과에 대해 이야기를 나눔으로써 유아로 하여금 자유선택활동 등 자신의 개별적인 관심과 선택에 의해 이루어지는 활동을 스스로 조절하도록 도와줄 수 있다. 이러한 일련의 과정에는 수와 순서, 시간 등에 관한 개념들이 녹아있어 유아로 하여금 수학적 지식을 자연스럽게 경험하게 한다.

이야기 나누기는 교사와 유아가 모두 함께 모여 이야기를 나누는 활동으로 일과를 계획하는 것부터 생활 주제에 대한 여러 개념들을 발표하고 정리하는 보다 심화된 활동까지 포함한다. 이야기 나누기는 발표를 하고 친구의 이야기를 듣고 질문하고 응답하는 상호작용 속에서 유아들의 언어적 · 사회적 발달을 촉진시킬 뿐만 아니라, 유아의 사고의 폭을 넓히고 논리 · 수학적 사고를 자극하는 효과가 있다. 특히 유아들의 관심에 따라 생활 주제와 관련된 이야기 나누기 주제를 유아와 함께 선정하고, 선정된 주제에 대해 유아들이 스스로 내용을 알아오고 관련된 실물, 사진, 그림, 조형물, 표본 등의 자료를 가져와 이에 대해 발표와 토의를 하는 과정을 통해 유아들은 자신이 갖고 있는 논리 · 수학적 지식을 촉진시킨다.

또한 생활 주제에 따른 교사의 환경 구성, 유아의 이야기 나누기 자료의 전시 그리고 유아의 이야기 나누기 전개 과정에 있어서의 교사의 적절한 개입과 기록 및

그림 6-3
하루일과표를 통해 시간의 흐름을 이해할 수 있다.

주제망 전개는 유아의 관심을 고조시키고 또래 상호작용을 확장시킴으로써 유아의 논리 · 수학적 개념 학습의 효과를 높일 수 있다. 즉, 유아는 이야기 나누기 활동을 통하여 분류, 순서 짓기, 수 개념, 측정, 시간, 공간과 도형, 통계와 관련된 다양한 경험을 할 수 있다.

3) 역할놀이

유아는 역할놀이를 통해 자신이 경험했던 사건이나 지식을 구체적으로 재현하고, 흥미와 관심을 가졌던 어떤 사실이나 상상적 주제를 행동으로 표현한다. 역할놀이에 참여함으로써 유아는 또래와의 상호작용 속에서 수많은 개념을 전하고 전달받으며 이 과정 속에서 언어적 · 사회적 · 과학적 · 수학적 · 창의적 발달을 도모하게 된다. 특히 교사가 현재 진행되고 있는 주제와 관련지어 역할놀이영역을 그때그때 구성해 줄 때, 유아는 더욱 관심을 갖고 확장된 역할놀이를 진행하게 된다.

예를 들어, 생활 주제 '우리 동네'와 관련지어 역할놀이영역을 '슈퍼마켓' '종합병원' '빵가게' '주유소' 또는 '은행'으로 구성하거나, '여름' 주제와 관련하여 '수영장' 등으로 구성하고 놀이에 필요한 자료를 구비해 놓으면, 유아들은 각자 역할을 정하여 놀이를 하면서 다양하고도 심화된 수학적 활동을 놀이 중에 진행하게 될 것이다. 슈퍼마켓 놀이의 경우 가격이 표시된 물건, 지갑과 돈(지폐와 동전), 전화기와 전자계산기 등을 준비해 주고, 종합병원은 접수 창구와 약국 코너를 마련하고 이비인후과, 소아과, 산부인과 그리고 주사실 등을 꾸민 뒤 진료권과 처방전을 준비해 주면 유아들이 병원놀이를 하며 수 개념과 순서 짓기, 분류 개념들을 반영하는 수학적 활동을 하게 될 것이다.

빵가게의 경우 유아들과 함께 여러 종류의 빵을 만들어 놓고, 메뉴판과 가격, 여러 단위의 돈과 지갑, 주문서와 필기도구 등을 준비해 줄 수 있다. 주유소 놀이를 준비하면서 유아들은 자동차와 자동차 번호판을 만들고, 주유소 기름 탱크와 주유의 양을 나타내는 주유 미터기를 구성하면서 수와 양에 대한 수학적 경험을 할 수 있다.

또한 유아가 더욱 심화·확장된 놀이를 연장하여 진행할 수 있도록 도와주기 위해 역할놀이 전에 관련 기관을 사전 견학하는 것도 좋다. 예를 들면, 수학적·경제적 지식과 밀접한 관련이 많은 은행놀이의 경우 은행놀이를 위한 환경을 준비하기 전 동네의 은행을 견학할 수 있다. 은행 직원들이 하는 일을 관찰하고 은행의 내부 환경과 여러 기계들을 살펴보며 손님들이 어떻게 은행을 이용하는지 보고 온 뒤 교사는 유아들과 견학한 내용에 대해 정리하고 유아와 함께 은행놀이에 필요한 것들을 정한다. 유아와 함께 은행을 꾸미고, 번호표, 현금지급기와 카드, 통장, 지갑, 여러 단위의 돈, 청구서, 도장과 인주, 필기도구, 자판기(음료수와 가격 표시) 등 은행놀이에 필요한 물건들을 만들거나 가져와 환경을 풍부하게 구성한다. 이러한 과정을 통해 유아는 은행과 은행놀이에 대한 관심과 흥미를 비롯하여 정보를 더욱 많이 갖게 된다. 따라서 유아의 은행놀이는 심화·확장되고 더욱 진지하게 놀이 중에 수학·경제적인 개념들을 교류하는 상호작용이 활발히 이루어지게 된다.

그림 6-4

역할놀이를 위해 지갑에 돈을 넣고 있는 유아의 모습

그림 6-5

역할영역에서 채소를 사는 놀이를 통해 수 개념을 형성하고 있다.

4) 관찰 · 측정

유아는 관심 있는 사물을 주의 깊게 관찰하고 탐구하는 특성을 보인다. 유아는 관찰력이 증가함에 따라 사물을 같은 특성끼리 분류하고, 순서대로 서열화하며, 크고 작은 것을 비교하기를 좋아한다. 특히 감각 기관을 사용하여 관찰하고 분석할 때 유아는 더욱더 이러한 활동을 즐겨한다. 맛과 냄새의 차이, 씨앗이나 곡식 또는 여러 가지 알의 크기 차이, 나뭇잎이나 돌멩이와 같은 자연물을 시각과 촉각으로 비교 · 분석하기, 키우는 동식물이 얼마나 잘 자라는지, 얼마나 많이 먹는지 등에 대해 깊은 관심과 흥미를 갖는다.

이러한 유아의 관심을 북돋아 잘 관찰하도록 도와주고 관찰한 것을 측정, 기록하도록 고무할 때, 이러한 과정을 통해 유아는 수학적 지식을 키워나가게 된다. 관찰일지에 관찰한 날짜를 기록하는 일, 관찰된 것을 표현한 그림, 측정된 수를 기록하는 일, 실험 및 실험 결과의 기록 등 이러한 과정을 통해 유아는 시간 개념, 수 개념, 대소의 비교, 분류, 일대일 대응, 서열화, 측정, 통계 등과 관련된 다양한 수학적 사고를 발달시킨다.

예를 들어, 봄에 채소의 씨앗심기를 한 후 싹이 나고 자라는 과정을 교사와 유아가 함께 관찰하고 기록하며, 다 자란 뒤 수확하는 과정에서 시간 개념, 수 세기, 순서 짓기, 비교, 분류 등의 개념을 즐겁게 경험하며 수학적 사고를 촉진할 수 있다. 더 나아가 수확하기 전에 씨앗이 다 자란 후의 모습을 상상하면서 창의력과 예측력을 키울 수도 있을 것이다.

그림 6-6
컵의 종류에 따라 물의 양을 측정하고 있다.

5) 토 의

토의학습은 어떤 주제에 대해 자신의 의견을 말하고 상대방의 의견을 듣는 과정을 통해 학습해 나가는 활동이다. 유아는 토의활동을 통해 자신의 의견이나 알고 있는 사실에 대해 자유롭게 표현함으로써 자신의 생각을 명료히 정리할 수 있을 뿐만 아니라, 듣는 사람의 질문이나 반론에 의해 자신의 생각을 수정하거나 더욱 공고하게 할 수도 있다. 타인의 의견을 듣는 경우에도 자신의 생각에 비추어 상대의 의견을 잘 듣고 분석하고 또한 질문하기도 하며 여러 의견과 생각을 다각도에서 조명할 기회를 갖게 된다.

유아들은 공통의 관심사에 대해 다양한 의견을 나누고 비교하며 종합·정리하는 과정에서 논리·수학적 지식을 확장시키고 문제 해결력을 키울 수 있다. 특히 유아들을 소집단으로 나누어 집단별로 관심 주제에 대해 '집단 내' 토의과정을 가진 후 이를 다시 대집단으로 모여 앉아 소집단별로 종합된 의견을 발표하는 '집단 간' 토의과정을 가지게 되면, 유아들은 더욱 폭넓은 의견과 지식에 노출하게 되어 논리·수학적 사고 발달을 도모할 수 있게 된다.

예를 들어, '나의 몸' 이란 생활 주제를 다룰 때, 유아들이 자신과 친구들의 키가 다르다는 것을 발견하고 왜 나이가 같은데 키가 다른지 그리고 키가 크면(또는 작으면) 무엇이 좋은지에 대해 궁금해 하고, 이에 대해 많은 유아들이 공동으로 관심을 보일 때 교사는 이에 대한 그룹 토의 수업을 진행하며 발표 기회를 부여함으로써 유아의 논리 · 수학적 사고의 확장을 도와줄 수 있다.

그림 6-7
샐러드를 만들기 위해 필요한 소스와 과일에 대해 토의하고 있다.

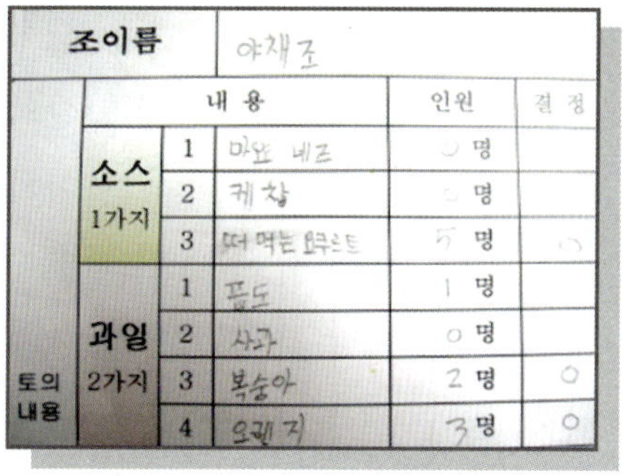

조이름			야채조		
토의 내용			내 용	인원	결 정
	소스 1가지	1	마요네즈	0 명	
		2	케찹	0 명	
		3	떠 먹는 요구르트	5 명	○
	과일 2가지	1	포도	1 명	
		2	사과	0 명	
		3	복숭아	2 명	○
		4	오렌지	3 명	○

그림 6-8
토의하여 결정한 샐러드 재료표

6) 집단게임

유아들은 집단게임을 통해 다양한 수를 경험하게 된다. 두 팀으로 나누어 게임할 때 두 집단의 수가 같은지 확인하는 것을 시작으로 누가 빠르고 늦은지, 몇 개의 풍선을 터뜨렸는지, 어느 팀이 몇 개 더 많이 남았는지 등 수와 관련된 사고 활동을 하게 된다. 집단게임을 하면서 유아들은 여러 가지 수학적 개념을 기를 뿐만 아니라, 수학적 문제 해결력(주사위를 두 번 던져 5가 나와야 하니까 다음에 몇이 나와야 하나?)과 수학적 언어사용 능력(영희가 수지보다 고리를 더 많이 걸었다)을 기르는 기회를 갖게 된다.

집단게임을 통해 수학적 개념 및 원리를 연습할 기회를 제공할 때 다음과 같은 점을 고려해야 한다.

첫째, 유아에게 너무 쉽지도 어렵지도 않은 어느 정도 도전적인 게임을 고른다.

그림 6-9
집단게임시간에 토끼 흉내를 내면서 게임 참여에 즐거워하는 유아들의 모습

처음에는 단순한 게임을 제공하고, 점차 어려운 게임을 제시한다. 수학게임 자료는 각각 상자나 바구니에 담아 종류별로 함께 놓아두는 것이 바람직하다.

둘째, 게임마다 소개 방법이 달라야 한다. 게임이 어떻게 진행되는지 보여주기 위해 전체 유아들 앞에서 몇 명의 유아와 직접 게임을 해 보는 방법을 제시할 경우가 있으며, 여러 명의 유아와 게임을 한 뒤 다른 유아들은 이 유아들에게 배우게 하는 방법도 있다. 소집단으로 게임을 소개하고 모든 유아들이 교사와 게임을 할 기회를 갖게 하는 방법도 있고, 유아들에게 게임 자료를 보여주면서 유아들 나름대로 게임을 진행하게 하는 방법도 있다. 이 각각의 방법들은 나름대로의 장단점이 있으므로 인원수나 게임의 특성에 맞게 제시하여야 한다.

셋째, 유아들에게 생각할 시간을 충분히 준다.

넷째, 게임이 진행될 때 다른 친구와의 상호작용을 격려해 주고, 게임을 끝낼 때는 경쟁을 강조하지 말고 유아가 다음에 무엇을 하기를 원하는지 묻는다.

7) 문학활동

1960년대 미국에서는 '새 수학(New Mathematics)' 이라고 하여 전통적 수교육과 구분하고자 하는 운동이 있었다. 새 수학에서는 수학의 내용에 수는 물론 측정, 공간 개념, 그래프, 패턴 등과 같은 내용을 강조하고, 교육의 방법도 유아에게 의미 있고 적합한 것으로 하여 유아가 수학을 '하는 것' (Payne, 1990)으로 소개하였다. 그러나 과거 10년 이상 수학교육에서는 총체적 언어(Whole Language)의 영향을 받아 '총체적 수학(Whole Mathematics)' (Permutter, Bloom, & Burrell, 1993)이라는 용어를 사용하여 전보다 유아를 중심으로 한, 유아에게 좀 더 흥미 있는 방법을 사용하여 통합적으로 접근하는 수학교육을 전개하게 되었다. 이에 따라 수학교육에서 유아 문학이 좀 더 활발히 활용되기 시작하였다. 유아는 책을 읽으며 경험을 넓혀가고 상상력을 펴나가며 자연스럽게 수학을 학습할 수 있기 때문이다. 수학교육에 있어 문학의 효용이 매체로서 자연스럽고 풍부한 상황을 제공해 주며, 방법으로서 총체적 접근을 가능하게 해 준다. 또한 유아의 수학에 대한 흥미와 태도를 증진시키는데 효과적이다. 이야기책을 수학학습에 활용하는 방법으로 이야기책의 수학적 상황이나 조작적 물체를 활용하고, 이야기책을 수학적 개념의 소개에 활용하며 창의적 구성활동이나 문제 상황의 제기로 활용할 수 있다(이경우 외 1997).

문학을 수학교육에 활용하면 얻을 수 있는 장점을 정리하면 다음과 같다.

첫째, 그림책은 문학적인 가치가 있을 뿐만 아니라 자연스럽게 수학적 개념을 탐색하기 위한 도구로 사용되어질 수 있으므로 매체로서 의미가 있다.

둘째, 그림책을 중심으로 수학교육을 '하는 것'은 총체적 언어교육방법의 일부를 수학교육의 방법으로 사용한 것이므로 방법으로써의 의미가 있다.

셋째, 좋은 책은 그 책이 담고 있는 의미를 금방 알게 해 주고 기능의 발달보다는 읽기를 집약적으로 발달하게 하며 개념 발달을 촉진하고, 이야기 구조, 주제, 작가의 스타일을 이해함으로 교육 효과적인 면에서의 의미가 있다.

수학교육을 위해 문학을 사용할 것을 제안하는 Tischler는 수학교육 실시를 위한 도서의 분류 범주를 다음과 같이 정하고 있는데(이경우, 1995 재인용), 다음의 조건을 충족하는 도서는 수학교육의 내용과 관련시켜 활동이나 주제 전개 시 통합할 수 있다.

① 수학 활동의 맥락을 제공하는 것
② (이야기에 있는 것에만 의존하기보다) 다양한 방법으로 사용될 수 있는 활용 방법을 소개하는 것
③ 유아로 하여금 창의적인 수학 경험을 촉진시킬 수 있는 것
④ 흥미 있는 문제가 이야기 안에 있는 것
⑤ 수학적 개념이나 수학적 기술을 위한 준비가 포함된 것

⑥ 수학적 개념이나 수학적 기술을 재점검하도록 하는 것

수학교육을 위해 우리나라에서 제작된 도서의 예로, 한국어린이육영회(1999)의 『첫 번째 수학 책 시리즈』가 있다. 1권(순서대로 줄줄)부터 10권(숫자를 닮았네)에 이르기까지 수 세기, 형태, 공간 개념, 비교, 분류, 순서 짓기, 차트나 도표 읽기, 수학적 문제 해결 등 다양한 수학적 사고를 경험할 수 있도록 구성되었다. 이들 도서들은 비록 수학적 학습에 초점을 두고 있으나 동시에 자아 개념, 나누기, 협동, 타인 배려 등의 사회 · 정서적 개념을 함께 다루고 있어 사회교육의 효과까지 누릴 수 있다.

수학교육과 사회교육과의 통합적 교육효과를 반영해 주는 도서는 전래동화를 비롯하여 창작동화, 외국의 그림책 등 이루 열거할 수 없을 정도로 많다. 예를 들면, 전래동화 중 『의좋은 형제』와 『해와 달이 된 오누이』, 국내 창작동화 중 『아기오리 열두 마리는 너무 많아』(채인선, 길벗어린이, 1999) 『손 큰 할머니의 만두 만들기』(채인선, 재미마주, 1998) 그리고 외국의 그림책 중 『무지개 물고기』(마르쿠스피스터, 공경희 옮김, 시공사, 1994) 『커다란 순무』(알릭세이톨스토이, 박향주 옮김, 시공주니어, 1996) 『내가 아빠를 얼마나 사랑하는지 아세요?』(샘 맥브레트니, 김서정 옮김, 한국프뢰벨, 2001) 『피터의 의자』(에즈러 잭 키즈, 이진영 옮김, 시공사, 1996) 등의 그림책들은 수학적 내용과 함께 우정, 협동, 타인존중, 가족애, 양보 등을 반영하고 있다.

문학이 갖고 있는 수학과 과학의 통합적 교육 효과를 반영하는 그림책으로는, 『배고픈 애벌레』(Eric Carle, New York: Scholastic Inc., 1969) 『달님은 밤에 무얼 할까』(안 에르보, 이상희 옮김, 베틀북, 2000)와 같은 외국 그림책이나 『지네의 짝짝 신』(김남길, 교학사, 1998) 『세상에서 제일 힘센 수탉』(이호백, 재미마주, 1997)과 같은 국내 창작동화 등에서 쉽게 느껴진다. 이 책들은 과학적 사실을 전달하고 있지만 동시에 수학적 사고를 경험할 수 있는 작품들이다. 『개구리 한 마리』(카르마 윌슨, 김혜선 옮김, 삼성출판, 2005) 『점점 작게 점점 크게』(허친스, 서남희 옮김, 국민서관, 2005) 『커다랗고 커다랗고 커다란』(후나자키 야스코, 정유나 옮김, 중앙, 2003) 『아기예수와 숫자 이야기』(정원정, 몽당연필, 2001) 『함께 세어보아요』(미쯔마사 안노, 마루벌, 1997) 『장

그림 6–10
동극을 하면서 순서를 자연스럽게 익히고 있다.

바구니』(존 버닝햄, 김원석 옮김, 보림, 1996) 등은 유아가 자연스럽게 수 개념을 익힐 수 있도록 구성되어 있다. 이렇게 유아가 친근하게 접할 수 있는 주제를 다룬 문학을 수학교육에 적용하는 방법은 유아로 하여금 거부감 없이 수학 활동을 생활 속에서 연관시키며 경험할 수 있게 한다는 점에서 적극적으로 권장된다. 또한 문학에 기초한 다양한 확장활동(동극, 주인공에게 편지 쓰기, 그림 그리기, 만들기, 이야기 완성하기 등)을 통해 유아의 논리 · 수학적 지식의 발달을 더욱 촉진할 수 있다는 강점이 있다.

8) 요리활동

유아들은 요리 돕는 것을 좋아하며, 음식물과 요리 도구를 다루는 것을 좋아한다. 유아들은 어른들이 다루는 도구를 다루기 원하며, 어른들이 일상적으로 하는 활동들을 똑같이 하기를 원한다. 이러한 유아의 관심과 흥미를 살려 유아와 함께 요리활동을 함으로써, 부모와 교사는 유아의 즐거움을 충족시킬 수 있을 뿐만 아니라 유아로 하여금 자신이 무엇인가를 할 수 있고 도움이 되는 존재라는 자부심을 갖게 한다. 나아가 유아들과 요리활동을 하면서 다양한 수학적 개념을 소개할 수 있다.

그림 6-11
요리활동시간에 재료의 변화과정을 통해 시간의 개념을 익히고 있다.

요리활동을 소개하면서, 교사는 음식을 만드는 순서를 알려 주는 과정에서 수와 순서 짓기의 수학적 개념을 유아에게 전해줄 수 있다. 또한 어떠한 재료와 도구가 필요한지(분류), 얼마만큼 길게(길이) 혹은 어떤 모양으로 썰어야 좋은지(도형), 얼마 만큼의 양을 넣어야 하는지(측정, 단위, 분수), 얼마나 오랫동안 끓여야 하는지(시간), 얼마나 뜨거운지(온도), 왜 음식의 색이나 형태가 변했는지(인과관계) 그리고 완성된 음식을 접시에 어떤 모양으로 담을지(패턴) 등을 통해 유아는 논리 · 수학적 사고 발달을 위한 기회를 갖게 된다. 요리 후 음식을 먹을 때도 음식의 양과 먹을 친구의 수를 알아보고, 음식의 맛과 모양에 대해 평가하는 과정을 통해 다양한 수학적 지식을 나누게 된다.

요리활동이 유아의 수학교육 활동의 기회가 되도록 교사는 요리활동 중 유아와 풍부한 상호작용을 함께 하면서 수와 순서, 일대일 대응, 분류개념을 익힐 기회를 제공해야 한다. 또한 해당되는 재료가 아닌 다른 재료를 넣거나 (예를 들면, 기름대신 물을 넣거나) 재료의 양을 맞추지 않으면 (예를 들면, 소금을 너무 많이 넣으면) 어떻게 될지 등에 대해서도 생각할 수 있는 기회를 주어 인과관계를 논리적으로 추론하는 경험을 하도록 해야 한다.

9) 음악활동

이외에도 수학과 음악을 관련지어 볼 수 있는데, NAEYC는 발달에 적합한 실제에서 수학은 노래로 통합할 필요가 있다(Bredekamp & Copple, 1997)고 하여 수학과 음악의 교과 간 통합의 필요성을 언급하였다. 이는 음악이 유아에게 풍부한 환경을 제공하고, 과도한 중압감과 스트레스를 해소하여 만족감과 탐색 및 학습의 즐거움을 조성하며(Diamond & Hobson, 1998) 또한 음악이 유아에게 자연스럽고 즐거운 생활의 일부이므로 방법적으로 다양한 접근이 가능하기 때문으로 볼 수 있다.

유아기의 음악적 경험은 비교, 순서, 패턴과 같은 수 이전 개념과도 밀접한 관련이 있다(Neufeld, 1986). 왜냐하면 음악은 학습이 활발히 이루어지도록 하고 중요한 학문적 기술을 개발하는 데 도움을 주며(Rothenberg, 1996), 유아의 사고력, 문제 해결 능력, 소리에 대한 이해력을 발달시키고, 관계, 비교, 개념을 통합할 수 있도록 자극하기 때문에 수학과 통합하기에 적절하다(유지연, 2002; 남현주, 2001).

수학과 음악교육 통합 활동은 유아들의 문제 해결 능력을 증진시키기 위해서 자연스러운 상황에서의 다양한 문제 해결의 경험을 하게 함으로써 수학에 대한 신념과 태도 및 수학학습자로서의 자기-지각력을 함께 개발시키도록 해 주어 효율적인 교수학습이 가능하다. 다시 말하면, 수학과 음악교육 활동을 통합적으로 제공함으로써 문제를 발견하고 해결해 보는 경험을 가지는 것이 수학과 음악이 분리된 경험을 갖는 것보다 바람직한 것이라고 볼 수 있다.

음악활동을 통한 수학교육을 위해서 교사는 수학적 주제를 가진 노랫말이나 리듬이 들어간 노래를 선정하여 노랫말에 계획한 수학적 내용이 포함되어 있는지를 고려하여 음률활동을 소개한다. 노랫말을 통해 노랫말에 나오는 모양대로 주변의 사물을 찾아보거나, 나누어 볼 수도 있으며, 노랫말에 들어있는 숫자를 통해 큰 수와 작은 수를 비교해 보고, 같은 노랫말이 몇 번 나왔는지 이야기를 나누고, 박자를 세어보거나 높은 소리와 낮은 소리를 변별해 볼 수 있다. 또한 악기연주를 하면서 악기패턴을 만들어 보는 활동이나 비슷한 소리를 낼 수 있는 물체를 변별하여 분류해 보고, 소리를 만들어 보는 활동, 한 노래를 부르는 데 걸리는 시간을 측정하는 활동도 전개할 수 있다. 이러한 수학과 음악의 통합을 통해 유아들은 수학에 대한 친숙한 느낌과 음악과 수학의 개념을 동시에 이해할 수 있다.

그림 6-12
음악에 맞추어 박수를 치면서 박자를 세어보는 모습

10) 조형활동

유아는 그림을 그릴 때 대상을 생각하며 자신의 경험을 바탕으로 사물을 이해하고 지각하며 사물과 관계를 알고 경험을 재구성한다. Piaget는 유아가 미술활동을 통하여 꾸미고 만들고 그림을 그리면서 크기나 속도, 질감 등 공간개념이 형성하게 된다고 하였으며 처음에는 알고 있는 것, 본 것, 경험한 것을 무질서하게 표현하다가 점차적으로 공간질서가 정리되어 표현된다고 하였다.

미술과 수학은 모두 시· 공간적 능력의 활용을 포함하는 학문으로서 일상생활에서 수, 양, 형 등의 관계나 사고를 상징으로 나타내는 의사소통의 도구이며, 표상적 수단이라는 공통점이 있다. 수학을 어려워하거나 싫어하는 유아들이 많은 반면 미술은 다양한 감각을 자극하고 구체적 물체의 조작을 요하는 활동이므로 대부분의 유아들이 좋아하고 즐거워한다. 이러한 미술활동의 특성을 이용하여 수학활동을 제공하면 유아에게 수학활동이 보다 즐거운 경험이 되고 수학에 대한 긍정적인 자세를 형성할 수 있다. 유아가 스스로 미술작품을 만드는 과정을 통해 수학적 지식을 발견할 수 있다.

또한 미술활동을 통해서 자연스럽게 유아의 정서발달을 도모할 수 있다. 교사는 유아가 자동차 꾸미기를 하는 조형활동 과정 중에 자동차 부품은 어떤 것들이 있었니? 어느 자동차의 바퀴가 가장 크니? 네모상자를 이용한다면 자동차의 어느 부분으로 하고 싶니? 스포츠카는 어떤 모양 같니? 자동차의 번호판의 숫자는 무엇으로 했니? 가장 큰 수는 어떤 숫자니? 라는 질문을 할 수 있다. 또한 모자이크 조형활동을 하면서 교사는 어떤 재료가 가장 부드럽니? 어느 재료가 가장 큰소리가 나니? 얼마나 길게 찢을 수 있을까? 유치원 꾸미기 조형활동에서는 교실에서 가장 가깝게 있는 건물은 무엇으로 했니? 그린 그림 중에 오른쪽에 있는 것은 무엇이니? 꽃잎은 몇 장으로 만들었니? 같은 색으로 되어 있는 나뭇잎을 찾아보자? 등의 질문을 통해 유아가 조형활동을 하면서 자연스럽게 수학적 개념을 연관시킬 수 있도록 돕는다. 교사는 조형활동을 통한 수학활동을 위해 다음과 같은 준비가 필요하다.

첫째, 수학적 교육목표와 내용을 선정하고 이에 적절한 미술활동을 선택하여야 한다. 교사는 이를 위해 구체적인 수학교육 목표와 내용을 가지고 있어야 한다.

둘째, 조형활동을 통한 수학활동을 위해서는 교사는 유아에게 매력적인 자료를 마련해 주고 유아의 발달특성을 고려하여 다루기 쉽고 동일한 자료보다는 다양한 자료를 마련해 주는 것이 필요하다.

셋째, 조형활동을 진행하면서 교사는 수학적 관련 개념을 인식하고 질문하여 유아의 수학적 지식을 확대하여 준다.

넷째, 조형활동은 개별 작품뿐만 아니라 협동작품의 기회를 많이 주고 서로의 작품을 비교하고 분석하는 토론의 기회를 통해 창의적 사고와 논리적 지식을 경험하는 기회를 마련한다.

그림 6-13
명화감상을 한 후 퍼즐을 통해 명화를 완성하고 있다.

07

유아 수학교육을 위한 환경구성

1. 수학영역의 환경구성

Prescott(1984)에 따르면, 행동은 특정 상황과 시간 속에서 일어나게 된다. 상황과 시간이 변하면 행동을 하기 위한 자극과 반응도 달라지게 된다. 그러므로 교사가 유아의 행동을 조절하고, 유아로부터 원하는 행동을 이끌어 내기 위해서는 그에 맞게 물리적인 환경을 제대로 준비하는 것이 중요하다.

유아를 위한 수학활동을 계획하고 운영하기 위해서는 무엇보다 유아가 자연스럽게 수학적인 활동을 할 수 있는 물리적인 환경을 구성하는 것이 중요하다. 따라서 교실 내에 흥미영역의 하나로 수학영역을 배치하고 수학적 사고를 경험하는 데 필요한 기본 자료를 확보해 두도록 한다. 물론 수학활동이 수학영역에서만 이루어지는 것은 아니지만 수학영역이 있음으로 해서 유아가 수학적 활동에 관심을 갖게 될 기

그림 7-1

수학적 활동을 위한 환경구성의 예

회도 많아지며 개별적으로 혹은 소집단으로 수학활동을 선택할 확률도 높아진다.

수학영역의 공간은 유아들이 수학과 관련된 활동들을 편안하게 즐길 수 있을 정도로 충분히 넓어야 한다. 여러 명이 함께 자료를 탐색하고 작업하며 상호작용을 할 수 있을 때 유아들의 수학적 경험은 확장될 것이다. 또한 수학영역에 다양한 활동 자료 및 교수매체를 비치해야 하고, 이 자료들을 제시하거나 저장할 수 있는 선반이나 교구장이 필요하다. High/Scope 프로그램에서는 유아들이 모든 수학 자료에 접근할 수 있도록 충분한 선반이 있어야 할 것과 자료의 특성(가볍고 꺼내기 쉬운지, 다루기 조심스러운지 등)에 따라 유아가 접하기에 용이하게 배치할 것을 요구하고 있다.

그림 7-2

유아들이 수 · 조작영역에 들어갈 수 있는 인원을 쉽게 알 수 있도록 배려해 주는 환경구성

그림 7-3

수 · 조작영역의 교구들이 잘 정리되어 있어서 유아들이 자연스럽게 분류를 배울 수 있는 환경구성

그림 7-4

날짜와 날씨에 따른 온도를 기록하는 환경을 마련하여 유아들이 시간개념과 온도의 변화에 관심을 갖도록 돕고 있다.

그림 7-5

교실의 벽면환경을 이용하여 활동에서 나타난 그래프를 게시해 주고 있다.

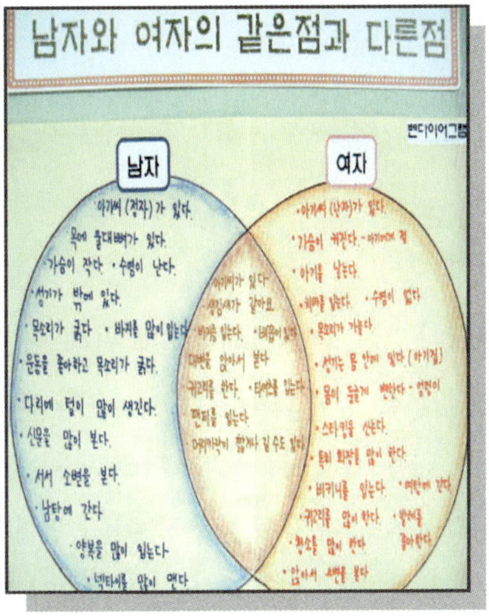

그림 7-6

언어활동과 수학활동의 통합을 보여준 밴다이어그램의 구성

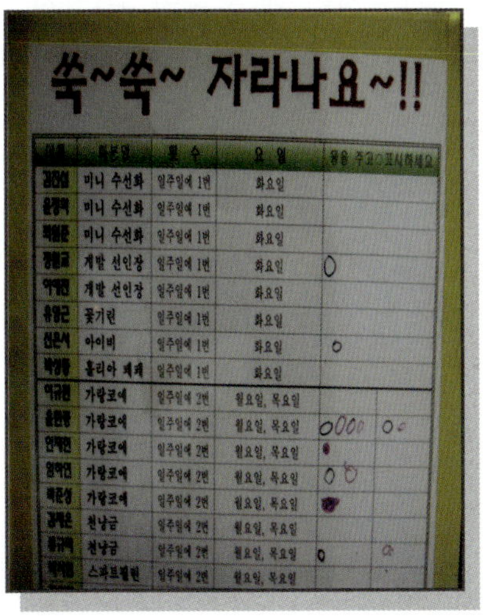

그림 7-7

과학영역에서 화분에 물을 주는 순서를 기록해 줌으로써 유아의 수학적인 사고를 도와주고 있다.

그림 7-8

컴퓨터 영역에서 컴퓨터를 할 수 있는 순서를 요일별로 알려주고 있다.

2. 수학활동 자료

유아의 수학적 사고나 기술을 발달시키기 위해 사용할 수 있는 자료들은 우리 주변에서 쉽게 구할 수 있다. 상품화된 자료나 수학 학습 도구들을 사용해도 좋으나, 빈 병, 플라스틱 그릇, 나무젓가락, 열쇠, 머리핀 등 집에서 사용하는 물건들도 수학활동에 사용될 수 있다. 수학적 자료들은 유아가 안전하게 사용할 수 있는 것이어야 하고, 튼튼하며, 경제적이고, 다용도로 사용될 수 있으며, 관리하기 쉬워야 한다.

수학활동 자료들은 자료의 구체성과 추상성에 따라 구분되기도 하고, 자료가 어떠한 수학적 개념을 학습하는 데 사용되느냐에 따라 구분되기도 한다. 자료의 구체성과 추상성에 따라 구분해 보면, 수학 자료는 구체적이고 조작적인 자료와 반구체적인 자료 그리고 추상적이고 상징적인 자료로 나눌 수 있다.

구체적이고 조작적인 자료는 유아가 실제 생활 속에서 쉽게 접하고 다룰 수 있는 것들, 예를 들면, 단추, 블록, 병, 깡통, 숟가락 등으로 수의 실체를 배우는 데 도움이 된다. 또한 교육현장에서 진행되고 있는 주제와 관련지어 교사가 직접 제작할 수도 있다. 반구체적인 자료는 수학적 어휘를 가르치는 데 도움이 되는 자료로서 유아 도서, 그림, 시 등이 포함된다. 이러한 자료는 여러 상황에서 수학이 실생활에 적용되는 예를 보여 줌으로써 유아로 하여금 수학을 일상생활에 사용하는 것에 대한 생각을 확장시켜 준다. 추상적이고 상징적인 자료는 점이나 숫자로 표시한 상징적 형태의 자료들로 유아가 구체적 자료를 가지고 많은 경험을 했을 때 그 다음 단계로 사용할 수 있다. 추상적이고 상징적인 자료를 이용한 활동은 쓰기와 읽기 기술의 기초가 된다. 수학활동 자료는 유아 주변에서 친숙하게 볼 수 있는 자료, 상품화 되어 있는 자료, 교사가 직접 제작한 자료들이 있다.

1) 유아 주변에서 친숙하게 볼 수 있는 수학적 자료

유아는 성장하면서 자연스럽게 숫자가 있는 물체들을 접하게 된다. 예를 들어, 전화기, 계산기, 저울, 온도계, 시계, 체중계 등을 보거나 직접 사용함으로써 수학적 지식을 형성하게 된다. 또한 주변에서 흔히 볼 수 있는 단추, 병뚜껑, 구슬, 풍선, 집게, 사탕, 과자나 견학을 다녀오거나 주말에 가족들과 함께 간 장소에서 주어온 나뭇잎, 솔방울, 꽃잎, 돌, 나뭇가지 등을 이용하여 수 세기를 해 보고, 패턴을 찾아 보거나 만들어 보며, 종류별로 분류하고, 크기를 비교하거나 순서를 짓는 활동을 할 수 있다.

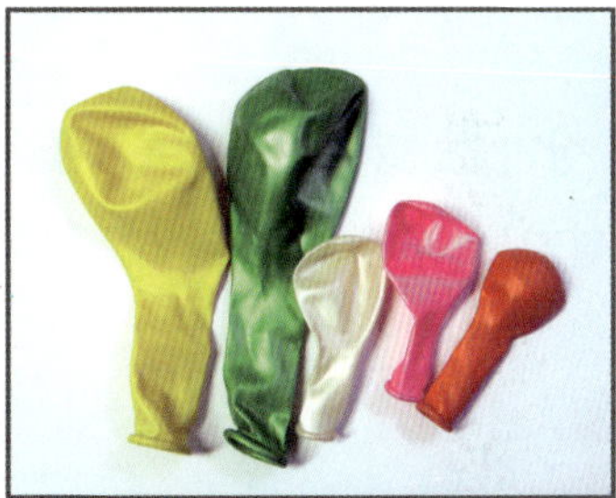

여러 가지 색의 풍선

뿅뿅이

집게

유아들이 주워온 솔방울, 꽃잎, 나뭇잎

그림 7-9 유아 주변에서 친숙하게 볼 수 있는 수학적 자료

2) 상품화 되어 있는 자료

(1) 분류하기와 순서 짓기, 패턴 자료

- 분류할 수 있는 구체물: 나무나 금속 혹은 고무나 플라스틱으로 만든 작은 장난감(인형, 과일, 채소, 나사, 못, 단추, 나무 구슬, 열쇠, 소꿉놀이, 그릇 등)
- 그 외의 분류하고 패턴으로 만들 수 있는 물건들: 딱딱한 기하학적 모양들, 벨트직으로 만든 여러 가지 모양, 유니트 블록, 다양한 색의 정육면체 등
- 분류용기: 컵이나 종이컵, 요플레 통, 우유팩 자른 것, 칸이 나누어진 용기, 작은 상자, 끈, 비닐봉투 등
- 수, 모양, 크기에 관한 패턴과 분류 카드와 분류 판
- 부분과 전체에 관한 자료: 퍼즐, 그림 카드 등
- 서열화에 관련된 자료: 포개 넣을 수 있는 컵이나 상자들, 탑 쌓기, 블록, 계량컵, 계량스푼, 크기순으로 된 그릇, 길이가 다른 원기둥 블록, 크기가 다른 단추 등

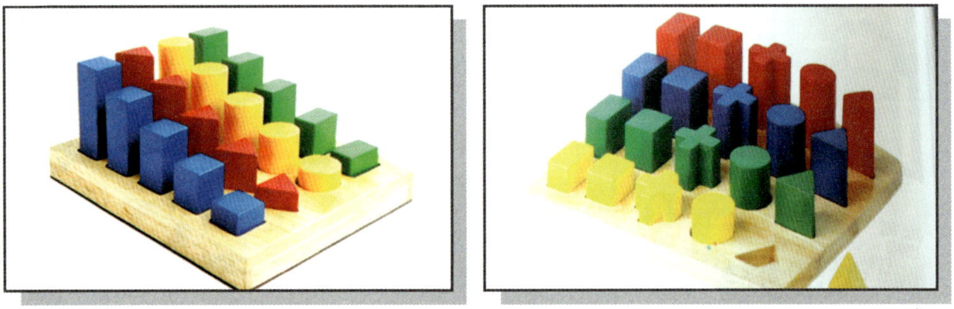

모양 분류 블록

모양에 따른 부분과 전체 퍼즐

동화를 듣고 순서 짓기와 관련된 퍼즐

탑 쌓기 블록

크기대로 놓아보는 퍼즐

그림 7-10 분류와 순서 짓기 자료

(2) 수 개념 자료

- 일대일 대응 자료: 볼트와 너트, 스푼과 포크, 미니 차와 차고, 병과 병뚜껑
- 셀 수 있는 작은 자료들: 크레용, 바둑알, 단추, 조개껍질, 동전, 구슬, 마른 콩, 클립, 작은 장난감, 여러 종류의 막대기 등
- 수와 숫자 일치시키기 자료: 수와 숫자 카드 세트
- 그 외 주사위와 게임판, 융판과 융판 그림, 계란 판, 깡통, 바구니 등

여러 가지 수 세기

숫자만큼 끼우기 블록

숫자퍼즐 맞추기

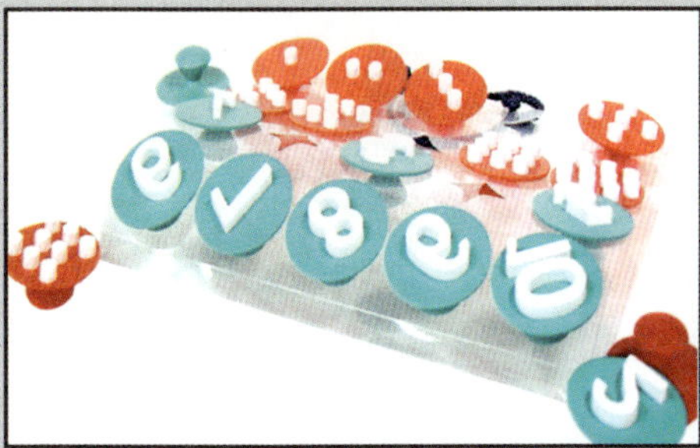

숫자도장

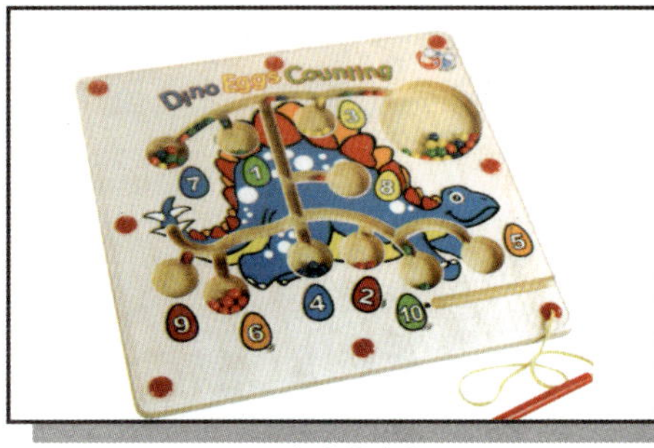

숫자 옮기기

수만큼 쌓아보기

수만큼 쌓아보기

고리 던지기

가족 수 세기

수 연산 퍼즐

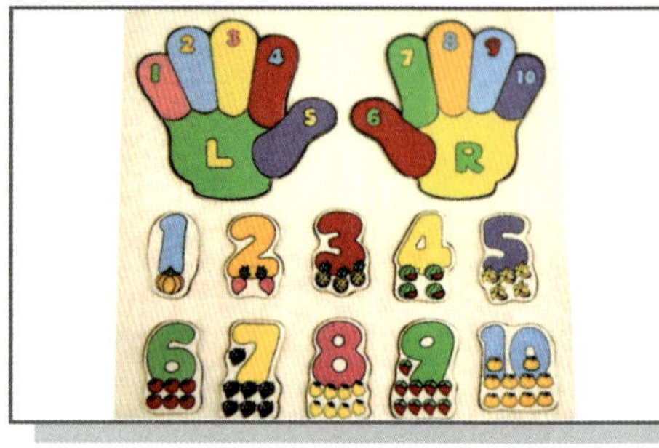

수 퍼즐

수 주사위

수 연결 짓기

그림 7-11 수 개념을 위한 자료

(3) 측정하기

- 길이 측정 자료: 자, 줄자, 벽에 부착하는 키재기 자, 종이테이프, 아이스크림 막대, 여러 종류의 블록, 끈 등
- 무게 측정 자료: 양팔저울, 체중계, 무게를 달 수 있는 다양한 물건들(블록, 책 등)
- 부피 측정 자료: 주전자, 계량컵(혹은 깨지지 않는 각종 컵), 크고 작은 우유팩과 주스 병, 비커, 플라스틱, 양동이 등
- 온도 측정 자료: 온도계, 체온계

키재기 자

체중계

계량컵

여러 가지 저울

여러 가지 저울

그림 7-12 수 개념을 위한 자료

(4) 시간

- 시간 측정 자료: 시계, 초시계, 자명종, 해시계, 모래시계 등
- 시간과 관련된 자료: 달력, 일력, 계절에 관한 궤도나 카드, 밤과 낮에 관한 그림, 연속되는 일련의 그림 카드 등

여러 가지 시계

성장 퍼즐판

성장 퍼즐판

달력

그림 7-13 시간개념을 위한 자료

(5) 공간과 도형

- 유니트 블록, 나무 블록, 종이 벽돌, 깡통, 공, 다양한 상자, 도형 블록 등
- 평면 자료: 격자 모자이크 판, 속성 블록, 탱그램, 패턴 블록, 도형판(geoboard),

고무밴드, 바느질 판 등

- 상품화된 기하학적 모양(색 도형 블록), 기하학적 모양으로 오려낸 색종이, 시트지 또는 하드보드지, 종이테이프, 수수깡 등
- 이외에도 그래프 활동판과 자석판, 그 외 통계활동과 상징에 사용될 수 있는 물건들이 있다.

여러 가지 블록

지오보드와 페그보드

부분과 전체에 관한 퍼즐

그림 7-14 공간과 도형을 위한 자료

3) 교사가 제작한 수학 교재 · 교구

교사가 직접 교재 · 교구를 제작하면 활동 주제에 따라 유아의 수준과 흥미를 고려하여 수학교육의 목적과 내용에 맞는 교재 · 교구를 제작하게 되므로 교육적 가치가 크다. 또한 교사는 다양한 소재를 활용하여 창의적인 수학 교재 · 교구를 제작할 수 있으므로 유아의 창의적 사고와 구체적인 경험을 극대화할 수 있다. 무엇보다도 교사는 교재 · 교구를 제작할 때 수학교육의 내용과 목적이 잘 나타나도록 세심한 계획이 요구된다. 생활주제에 따른 수학 교재 · 교구를 소개하면 다음과 같다.

(1) 유치원과 친구

- 생활주제 유치원과 친구-1
- 대상연령 만 3세
- 활동명 모두 제자리
- 활동유형 자유선택활동(수 · 조작놀이영역)
- 활동목표 각 영역별 교구들을 분류할 수 있다.
- 활동방법 ① 교구 그림 카드를 펼쳐 놓는다.
  ② 교구가 있어야 할 영역의 그림통에 그림 카드를 분류하여 넣는다.

- 생활주제 유치원과 친구-2
- 대상연령 만 5세
- 활동명 스스로 할 수 있어요. 삼목 게임
- 활동유형 자유선택활동(수 · 조작놀이영역)
- 활동목표
  - 유아가 스스로 할 수 있는 일에 대해 안다.
  - 삼목 게임의 경험을 갖는다.

활동방법 ① 두 명의 유아가 흰 알과 검은 알, 삼목판을 나눠 가진다.
② 가위, 바위, 보로 순서를 정한다.
③ 돌림판을 돌려 스스로 할 수 있는 일이 나오면 삼목판에 바둑알을 하나 붙인다.
④ 한 명의 유아가 삼목을 완성하면 게임이 끝난다.
⑤ 삼목 게임 예시판을 보고 삼목을 만들 수 있다

(2) 나와 가족

- 생활주제 나와 가족-1
- 대상연령 만 3세
- 활동명 인형 옷 입히기
- 활동유형 자유선택활동(수 · 조작놀이영역)
- 활동목표 다양한 무늬, 색을 이용하여 꾸며 볼 수 있다.
- 활동방법 여러 가지 무늬, 색 카드를 오른쪽 옆 틈이 있는 곳으로 넣어서 인형의 옷을 다양하게 입혀 본다.

- 생활주제 나와 가족-2
- 대상연령 만 4세
- 활동명 얼굴표정 만들기
- 활동유형 자유선택활동(수 · 조작놀이영역)
- 활동목표 사람들이 느끼는 감정에 따라 다양한 표정이 있음을 안다.
- 활동방법 ① 2명의 유아가 게임판을 나누어 갖고, 순서를 정한다.
② 돌림판을 돌려 나오는 눈, 코, 입 모양을 순서대로 붙여 본다.
③ 완성된 표정을 살펴보고, 어떨 때 짓는 표정인지 이야기한다.

(3) 우리 동네

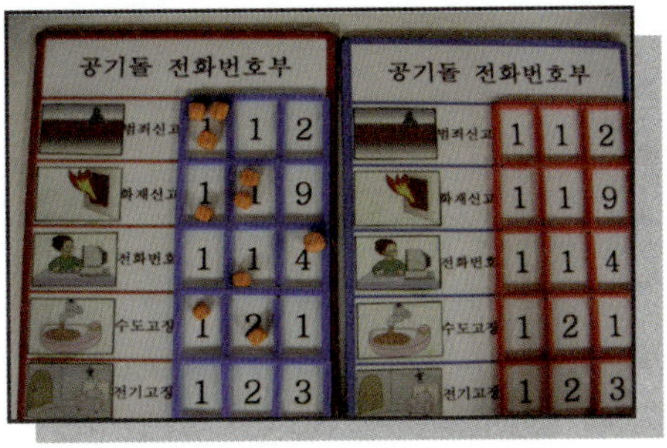

- **생활주제** 우리 동네-1
- **대상연령** 만 5세
- **활동명** 공깃돌 전화번호부
- **활동유형** 자유선택활동(수 · 조작놀이영역)
- **활동목표** 게임을 통해 긴급전화번호를 안다.
- **활동방법**
  ① 기본판을 나누어 가지고 순서를 정한다.
  ② 주사위를 던져 나온 수만큼 공깃돌을 가져간다.
  ③ 전화번호 위에 숫자만큼 공깃돌을 나누어 놓는다.
  ④ 모든 칸을 채우면 게임이 끝난다.

- **생활주제** 우리 동네-2
- **대상연령** 만 5세
- **활동명** 가게 빙고
- **활동유형** 자유선택활동(수 · 조작놀이영역)
- **활동목표**
  • 두 집합의 사물을 일대일로 짝짓고 수의 크기를 안다.
  • 가게와 물건을 연결하여 생각할 수 있다.
- **활동방법**
  ① 빙고판 1개와 그림 카드를 7장씩 나누어 갖는다.
  ② 순서를 정한다.
  ③ 돌림판의 바늘을 돌려서 바늘이 가리키는 가게와 수를 살펴본다.
  ④ 돌림판의 바늘이 가리킨 가게와 숫자가 있는 그림이 빙고판에 있으면 그림 카드 1장을 놓는다.
  ⑤ 빙고판 위에 놓은 그림 카드 3개가 1줄이 되면 '빙고'를 외친다.
  ⑥ 먼저 '빙고'를 외치면 놀이가 끝난다.

(4) 동식물과 자연

- **생활주제** 동식물과 자연-1
- **대상연령** 만 3세
- **활동명** 동물 육면 퍼즐
- **활동유형** 자유선택활동(수 · 조작놀이영역)
- **활동목표** 부분과 전체의 개념을 안다.
- **활동방법** ① 부분의 그림을 보고 어떤 동물의 부분인지 생각해 본다.
  ② 육면체를 여러 방향으로 움직여 동물을 완성해 본다.

- **생활주제** 동식물과 자연-2
- **대상연령** 만 4세
- **활동명** 물고기 숫자 맞추기
- **활동유형** 자유선택활동(수 · 조작놀이영역)
- **활동목표** 수의 개념을 이해한다.
- **활동방법** ① 그림 카드를 살펴본다.
  ② 1~5까지 물고기를 세어 본다.
  ③ 1~5까지 또는 5~1까지 물고기를 차례대로 놓아 본다.

(5) 건강과 안전

- **생활주제** 건강과 안전-1
- **대상연령** 만 4세
- **활동명** 그림자 찾기 놀이
- **활동유형** 자유선택활동(수 · 조작놀이영역)
- **활동목표** 여러 가지 운동경기의 이름과 종류를 안다.
- **활동방법** 같은 모양의 그림자를 찾아 붙여보고 그림에 맞는 운동종목을 찾아서 붙인다.

- **생활주제** 건강과 안전-2
- **대상연령** 만 5세
- **활동명** 축구 경기하기
- **활동유형** 자유선택활동(수 · 조작놀이영역)
- **활동목표**
  - 축구경기의 규칙을 이해한다.
  - 1~10까지의 수 개념을 안다.
- **활동방법**
  ① 가위, 바위, 보로 순서를 정한 후 말을 나누어 가진다.
  ② 주사위를 던져 나온 축구공의 수만큼 1~9까지의 번호를 순서대로 말을 놓는다.
  ③ 상대방 축구 골대에 공이 들어가면 점수판의 점수를 1점 준다.

(6) 생활도구

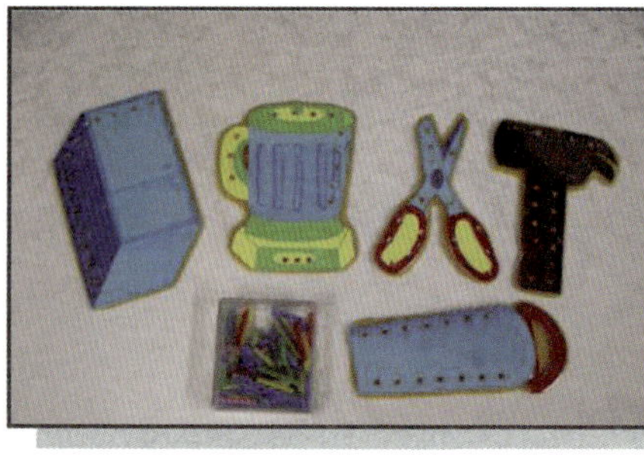

- 생활주제 생활도구-1
- 대상연령 만 3세
- 활동명 여러 가지 도구에 빨대끼우기
- 활동유형 자유선택활동(수 · 조작놀이영역)
- 활동목표 빨대를 꽂이판에 꽂아보는 경험을 통해 소근육 운동을 한다.
- 활동방법 ① 한 명 또는 두세 명의 유아들이 자신이 원하는 그림의 판을 고른다.
  ② 판의 가장자리의 홈에 맞추어 빨대를 꽂아 본다.

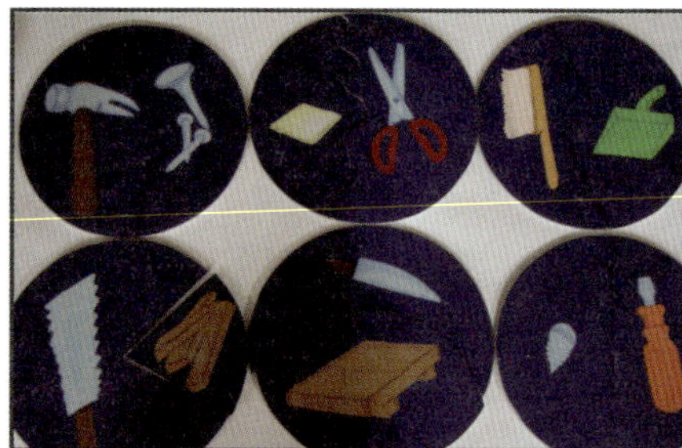

- 생활주제 생활도구-2
- 대상연령 만 4세
- 활동명 도구와 물건 짝짓기
- 활동유형 자유선택활동(수 · 조작놀이영역)
- 활동목표 물건에 따라 필요한 도구를 짝짓는다.
- 활동방법 ① 도구의 그림을 살핀다.
  ② 도구에 따라 필요한 물건의 짝을 맞춘다.
  ③ 잘라진 모양으로 힌트를 얻을 수 있다.

(7) 교통기관

- **생활주제** 교통기관-1
- **대상연령** 만 3세
- **활동명** 트럭에 짐 싣기
- **활동유형** 자유선택활동(수 · 조작놀이영역)
- **활동목표** 색을 구별하고, 수를 셀 수 있다.
- **활동방법**
  ① 색 트럭을 나누어 갖는다.
  ② 동그라미 짐이 있는 색판을 색 트럭과 같은 색으로 갖는다.
  ③ 순서를 정하고 순서대로 주사위를 던진다.
  ④ 주사위를 던져 나온 수만큼 트럭에 짐을 싣는다.
  ⑤ 10개의 짐을 모두 실으면 게임이 끝난다.

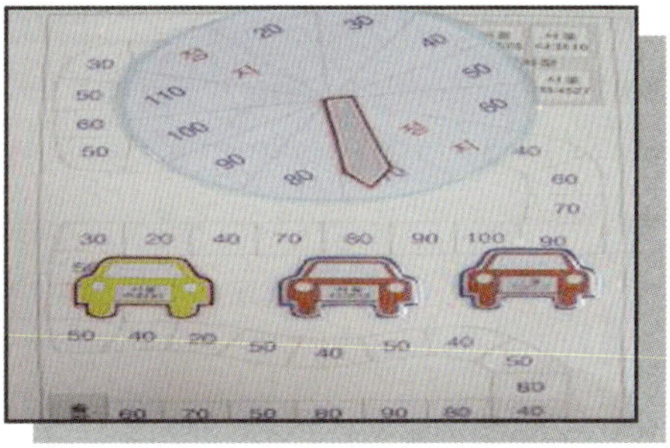

- **생활주제** 교통기관-2
- **대상연령** 만 5세
- **활동명** 속도 지켜 자동차 운행하기
- **활동유형** 자유선택활동(수 · 조작놀이영역)
- **활동목표**
  - 더 큰 수와 작은 수를 비교할 수 있다.
  - 자동차는 규제 속도를 지켜 운행해야 함을 안다.
- **활동방법**
  ① 2~4명이 할 수 있다.
  ② 순서를 정하고 자동차 말을 정한다.
  ③ 자동차 말을 출발지점에 세운다.
  ④ 속도계를 돌린다.
  ⑤ 게임판의 숫자보다 속도계의 숫자가 작거나 같은 수이면 그 칸을 지나갈 수 있다.
  ⑥ 게임판의 숫자보다 속도계의 숫자가 크면 그 자리에 멈춘다.
  ⑦ 정지가 나오면 움직일 수 없다.
  ⑧ 말이 먼저 도착하면 이긴다.

(8) 우리나라

- **생활주제** 우리나라-1
- **대상연령** 만 4세
- **활동명** 도끼를 찾으러
- **활동유형** 자유선택활동(수 · 조작놀이영역)
- **활동목표** 우리나라의 전통 도구에 관심을 가진다.
- **활동방법** ① 말을 나누어 갖고 순서를 정한다.
  ② 순서대로 주사위가 있는 바구니를 흔들고, 나오는 주사위의 수만큼 도끼의 모양을 따라 말을 이동한다.
  ③ 한 유아가 먼저 도착지점에 도착하면 승리한다.

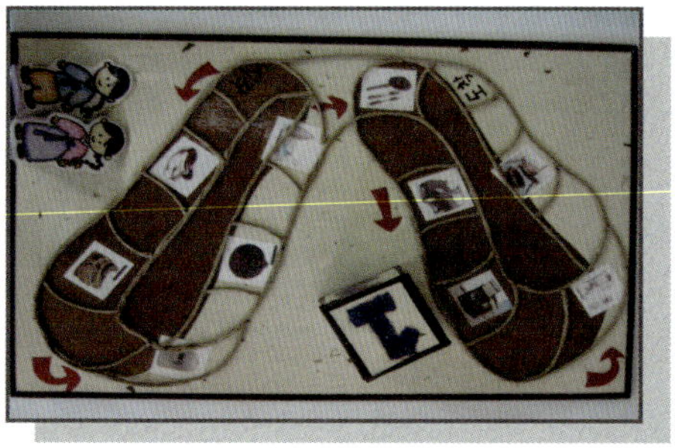

- **생활주제** 우리나라-2
- **대상연령** 만 5세
- **활동명** 옛날과 오늘날의 물건 맞추기
- **활동유형** 자유선택활동(수 · 조작놀이영역)
- **활동목표** • 큰 수와 작은 수를 알 수 있다.
  • 옛날과 오늘날의 물건의 의미를 안다.
- **활동방법** ① 말과 순서를 정한다.
  ② 시작에 말을 세워 놓고 주사위를 던져 해당하는 수만큼 말을 옮겨 간다.
  ③ 옛날 물건이 있는 곳에 도착하면 오늘날의 물건으로 갈 수 있다.
  ④ 도착하면 게임이 끝난다.

(9) 세계 여러 나라

- **생활주제** 세계 여러 나라-1
- **대상연령** 만 5세
- **활동명** 패턴 만들기
- **활동유형** 자유선택활동(수 · 조작놀이영역)
- **활동목표** 패턴을 만들어 보는 경험을 한다.
- **활동방법**
  ① 세계 여러 나라 사람들의 그림을 보고 어느 나라 사람인지 생각한다.
  ② 기본 패턴을 보고 똑같이 만든다.
  ③ 창의적으로 생각하여 패턴을 만든다.

- **생활주제** 세계 여러 나라-2
- **대상연령** 만 5세
- **활동명** 같은 얼굴 찾기
- **활동유형** 자유선택활동(수 · 조작놀이영역)
- **활동목표**
  • 얼굴의 생김새에 대한 변별력을 기른다.
  • 세계 여러 나라 사람들의 생김새의 특징이 있음을 안다.
- **활동방법**
  ① 게임판과 그림 카드를 나누어 갖는다.
  ② 게임판에 그림 카드를 마음대로 붙인다.
  ③ 카드들 중 하나를 골라 원 안에 붙인다.
  ④ 순서를 정한다.
  ⑤ 원 안에 있는 그림에 대하여 한 가지 기준을 물어보면 상대방이 '예' '아니오'로 대답한다.
  ⑥ 대답을 듣고 기준에 해당되지 않는 카드를 떼어 놓는다.
  ⑦ 질문을 번갈아 가며 원 안에서 상대방의 얼굴을 찾는다.
  ⑧ 먼저 찾는 사람이 이긴다.

(10) 환경과 생활

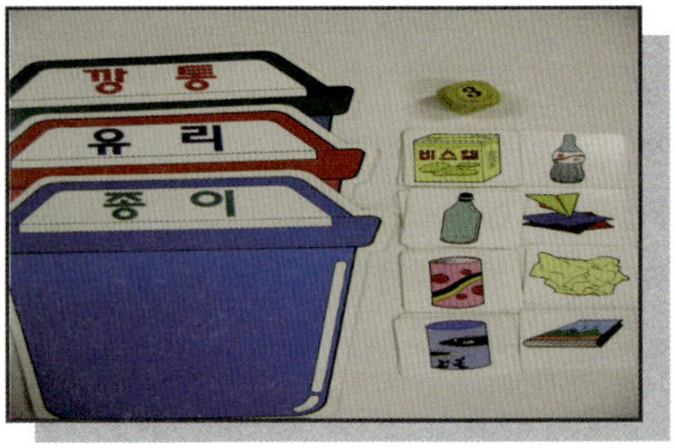

- **생활주제** 환경과 생활-1
- **대상연령** 만 5세
- **활동명** 분리수거 하기
- **활동유형** 자유선택활동(수 · 조작놀이영역)
- **활동목표** 재활용의 필요성을 알고 분리수거를 올바르게 한다.
- **활동방법**
  ① 3명이 순서를 정하고 쓰레기통을 나누어 가진다.
  ② 주사위를 던져 나온 수만큼 재활용품을 넣는다.
  ③ 재활용품을 다 넣으면 게임이 끝난다.

- **생활주제** 환경과 생활-2
- **대상연령** 만 5세
- **활동명** 나무 모으기
- **활동유형** 자유선택활동(수 · 조작놀이영역)
- **활동목표**
  • 나무를 모으며 수 세기를 한다.
  • 나무를 소중히 여기는 마음을 갖는다.
- **활동방법**
  ① 두 편으로 나눈다.
  ② 주사위를 던진다.
  ③ 나온 수만큼 말을 옮긴다(☆이 나오면 한 번 쉰다).
  ④ 해당 칸의 나무 수만큼 상자 안에서 나무를 가져온 뒤 자기 바구니에 담는다.
  ⑤ 두 편 모두 집까지 도착한 뒤 바구니 속의 나무 수가 많은 편이 이긴다.

08

유아 수학교육의 평가

1. 유아 수학교육 평가의 목적

평가란 이미 전개된 수학교육 활동의 효과를 측정하는 것으로, 수학교육을 계획하고 실행하는 것에서부터 실제 수학교육 활동을 진행한 전 과정이 유아의 발달적 목표에 어느 정도 기여했나를 알아보는 것이다(이경우, 1998). 평가의 방법, 내용 및 활용 방안 등은 계획되고 실시되는 교육의 모든 과정과 밀접한 관련이 있으므로 평가는 교육의 필수적인 과정이다. 즉, 유아의 발달이 균형적으로 이루어졌는지 또한 교육과정을 수행하는 방법 및 수준이 유아에게 적절한지 그 효율성을 알아보기 위하여 평가는 반드시 필요한 과정인 것이다(교육부, 1993).

따라서 유아를 위한 평가는 현재 진행되는 교육과정과 관련되어야 하고, 유아가 이해하고 학습한 것뿐만 아니라 실제 수행할 수 있는가에 대한 정보를 주어야 한다

(NAEYC, 1992; NCTM, 1995; Perrone, 1991; Richardson, 1988). 이보다 더 적극적인 입장을 견지하는 Vygotsky는 유아가 교사의 도움이나 지원을 받아 해결할 수 있는 것이 무엇인지 찾는 과정에 평가의 초점을 두게 되면 평가 상황에서 목적 있는 교수가 이루어질 수도 있다고 하였다(Berk & Winsler, 1995).

최근 수학교육 관련 단체인 NCTM(1995)에서는 수학교육 평가의 목적을 4가지로 제시하였다. 첫째, 형식적 · 비형식적인 방법으로 유아의 진전을 관찰하고 기록하여 교사가 유아의 수학 학습 정도를 알 수 있도록 돕는 것이다. 둘째, 교수-학습 평가를 기초로 다음의 교수 활동 계획을 적절히 수립하도록 돕는 것이다. 셋째, 유아의 성취를 평가하고 보고하기 위한 것이다. 넷째, 프로그램을 평가하기 위한 것이다.

요약하면 유아 수학교육 평가의 목적은 유아의 수학적 개념, 기술, 태도 측면에서 유아의 발달 수준을 평가하고, 수학교육 프로그램의 적절성을 평가하여, 유아의 발달에 적절한 학습 경험의 틀을 제공함으로써 유아의 수학 학습을 극대화하기 위한 것이라고 할 수 있다.

2. 유아에 대한 평가

미국의 NAEYC(1992), NCTM(1995), ASCD(1991) 등 교육 관련 단체의 교육 및 평가에 관한 지침에서는 표준화된 검사와 성취도 위주의 검사 결과로부터 얻어진 유아의 지식이나 기술의 평가를 지양한다. 그 대신 유아가 무엇을 어떻게 하였으며 무엇을 할 수 있는지 등의 수행 과정과 능력에 대한 평가가 이루어져야 한다고 제시하고 있다. 양적인 평가보다는 질적인 평가가 강조되며, 수행 평가(performance-based assessment)나 포트폴리오 평가(portfolio assessment) 등은 기존의 표준화 검사에 대한 대안적인 방법이 제안되고 있다.

그러나 대안적인 평가 방법들은 타당성과 신뢰성의 문제와 함께 적용과 관련된 기술적인 문제 때문에 회의적인 입장이 제기되고 있다. 이에 따라 Pierson과 Beck(1993)

은 수행 평가가 적절한 대안이 되기 위해서는 평가 자료의 선택이나 분석 기준이 엄격해야 한다고 주장하였다. 또한 수행 평가를 위한 자료도 유아가 획득한 지식이 적용되고 실제와 비슷한 상황에서 제시되어야 하며, 숙련 정도를 평정할 수 있어야 한다는 기준을 제시하였다. 그럼에도 불구하고 최근 교사들의 판단에 대한 신뢰가 증대되고 교실 내 교사들이 전문가라는 것을 인정하게 되어(Jasmine, 1994), 교사의 관찰이나 유아 면접 또는 작품 분석 등 교실에서 종합적으로 이루어지는(classroom assessment) 비형식적인 검사의 강점이 부각되고 있다.

유아 교육에서 많이 사용하는 관찰법이나 면접법 또는 유아가 수행한 결과물을 가지고 평가하는 방법들은 각각의 장단점을 가지고 있다. 유아가 수행한 결과물에 관한 평가는 유아가 사용한 전략 등에 관한 많은 정보를 제공하지만 지속적이고 전체적인 집단의 평가 자료로는 부족하며, 관찰이나 개별 면접 등은 각 유아의 특성, 흥미와 발달 수준에 관한 정확한 정보를 제공하지만 교사의 시간과 노력을 많이 요구할 뿐 아니라 많은 유아를 지도하면서 병행해야 한다는 어려움이 따른다. 그러므로 평가를 시행할 때에는 교육과정의 목적, 유아의 발달 수준 등에 따라 유아에게 사용하기 쉬운 평가 방법을 선정하는 것이 바람직하다.

1) 관찰법

유아의 발달과 행동을 관찰하는 방법에는 여러 가지가 있다. 여기에서는 일화 기록(Anecdotal Records), 체크리스트(Checklist), 평정 척도(Rating Scale) 방법에 관해 살펴보고자 한다.

(1) 일화 기록(Anecdotal Records)

일화 기록법은 일상생활에서 일어난 일을 사실적으로 묘사한다. 유아 활동의 총체적 발달 상황을 자세히 기록하므로 매우 중요한 평가 방법이지만, 관찰자의 편견이나 선입견이 개입될 수도 있으므로 객관적이고 사실적인 기록이 되도록 주의를 기울여야 한다. 일화 기록의 전형적인 형태는 유아의 활동이나 대화뿐 아니라 이러한 일이 일어난 시간과 장소, 수학적 환경을 비롯하여 모든 상황적 맥락을 함께 기록한다. 관찰자는 유아의 모든 활동을 자세히 기록하며 수학 및 창의성 학습과 발달 상황을 총체적으로 평가하는 중요한 방법이 된다. 일화 기록시 중요한 점은 객관적이며 사실적인 기록이 되도록 주의해야 하는 것인데, 객관적이고 사실적인 기록과 그렇지 못한 기록의 예를 제시하면 다음과 같다.

표 8-1 일화 기록 양식의 예

유아 이름:	관찰자:
관찰 장소:	관찰일시:

〈기록〉

〈유아의 수학 활동에 대한 객관적인 일화 기록의 예〉

수진이가 주사위를 던지고 있었다. 그때 현석이가 다가왔다. 현석이는 수진이에게 "3이 나왔네."라고 말하며 옆에 있는 숫자 카드 중에서 숫자 3이 쓰여 있는 카드를 집어 들었다. 수진이는 현석이에게 주사위를 주면서 "너도 할래?"라고 물었다.

〈유아의 수학 활동에 대한 객관적이지 못한 일화 기록의 예〉

수진이가 주사위를 즐겁게 던지고 있었다. 그때 현석이가 다가왔다. 현석이는 수진이에게 "3이 나왔네."라고 큰 소리로 말하며 자신 있게 옆에 있는 숫자 카드 중에서 숫자 3이 쓰여 있는 카드를 집어 들었다. 수진이는 현석이에게 함께 놀자는 듯이 주사위를 주면서 "너도 할래?"라고 물었다.

(2) 체크리스트(Checklist)

체크리스트는 평가 항목을 미리 나열하여 해당 항목에 표기하는 방법으로 사용하기 쉽고 빠르며 간편하다. 관찰자는 유아의 행동이나 결과에 대해 목록에 따라 '예/아니요' 판단을 하게 된다. 체크리스트는 예측이 가능한 행동들을 평가한다는 점에서 유아 행동의 자연발생적인 흐름을 기록하는 일화적 기록과는 다르다. 체크리스트는 관찰자가 미리 준비된 목록에 따라 특정 행동만 관찰하여 그 행동이 나타났는지의 여부만 판단하므로 매우 쉽게 사용될 수 있다. 하지만 체크리스트만으로는 유아의 전반적인 수학적 발달 수준을 평가할 수 없다.

표 8-2 유아의 수학적 발달 평가 체크리스트의 예

1. 관계있는 것끼리 집합을 만들 수 있다.	예 _____	아니요 _____
2. 사물을 순서대로 놓을 수 있다.	예 _____	아니요 _____
3. 간단한 일직선 상의 패턴을 만들 수 있다.	예 _____	아니요 _____
4. 더 빠른, 더 느린, 전/후를 안다.	예 _____	아니요 _____
5. 수 세기(10까지)를 할 수 있다.	예 _____	아니요 _____
6. 모양, 크기에 따라 분류할 수 있다.	예 _____	아니요 _____
7. 다음, 위, 아래, 안, 밖을 안다.	예 _____	아니요 _____
8. 간단한 모양의 이름을 안다.	예 _____	아니요 _____
9. 패턴의 규칙을 언어로 표현할 수 있다.	예 _____	아니요 _____
10. 구체물 그래프나 그림 그래프를 만들 수 있다.	예 _____	아니요 _____

(3) 평정 척도(Rating Scale)

평정 척도는 유아의 행동 수준을 평가하기 위해 등급을 매기는 방법이다. 단순한 '예/아니요'의 결정으로 이루어지는 체크리스트와는 달리 유아 행동의 질과 정도를 평정하는 방법이다. 따라서 각 항목들은 유아의 행동 수행의 질적 수준을 나타내는 척도를 수반한다(예를 들면, 매우 그렇다/보통이다/전혀 아니다; 잘못함/보통/잘함/아주 잘함; 자주 그렇다/가끔 그렇다/전혀 그렇지 않다 등). 일반적으로 3 내지 7 수준

척도로 구성되며 주로 홀수를 사용하는 것이 측정하기에 편리하다. 각 수준은 명확히 정의되어야 한다.

표 8-3 **평정 척도의 예**

	매우 잘함	잘함	보통	못함	매우 못함
1. 어제, 오늘, 내일 등의 단어를 시제에 맞게 사용한다.	5	4	3	2	1
2. 열 개까지 사물을 정확하게 센다.	5	4	3	2	1
3. 자신을 중심으로 위, 아래, 앞, 뒤를 구별한다.	5	4	3	2	1
4. 일대일 대응으로 두 집단의 수를 짝짓는다.	5	4	3	2	1
5. 사물을 한 가지 속성에 따라 분류한다.	5	4	3	2	1
6. 기본 도형의 이름을 안다.	5	4	3	2	1
7. 사건을 순서에 따라 배열한다.	5	4	3	2	1
8. 패턴을 변형시킬 수 있다.	5	4	3	2	1
9. 수, 양, 속도 등에 적용하는 비교 용어를 사용한다.	5	4	3	2	1
10. 기수를 사용한다.	5	4	3	2	1

2) 면접법

면접법은 읽기나 쓰기가 어려운 유아에게 적당한 평가 방법이다. 면접법은 면접자와 피면접자의 상호작용에 의해 이루어지므로, 교사가 유아의 반응을 보아가며 융통성 있게 질문을 변화시켜 유아의 다양한 사고 수준을 측정할 수 있다는 장점이 있다. 하지만 유아와 면접자 간의 라포(rapport)가 형성되지 않으면 의사소통이 제대로 이루어지지 않아 제대로 평가하기 힘들다는 단점이 있다. 선행연구를 보면 2세경의 유아를 대상으로 면접을 실시한 연구도 있지만 직접적인 면접이 가능한 연령은 4세 정도가 된다. 4세 이하의 유아에게는 전통적인 면접 방법을 변형시킨 인형놀이나 그림 맞추기 등이 바람직하다.

Piaget는 보존 개념, 측정, 공간, 시간 및 자연 현상에 대한 유아의 개념 발달을 파악하기 위해 면접법을 사용하였다. 교사가 제시한 새로운 수학적 개념을 유아가 이해하였는지, 유아의 수학적 사고 과정이 어떠한지를 알아보기 위해, 읽기나 쓰기 방법 대신 "이 도형을 돌려보면 어떤 모양이 될까?" "이 책상이 얼마나 긴지 어떻게 알 수 있을까?" 등의 질문을 함으로써, 관찰법으로는 알 수 없는 유아의 사고 수준과 사고 과정을 효과적으로 파악할 수 있다.

유아와 면접을 실시할 때에는 원활한 의사소통이 이루어지도록 면접자가 유아와 라포를 형성하는 것이 중요하기 때문에 유아의 담임교사가 면접을 하게 될 경우에는 서로 친밀한 관계가 형성되어 있음을 전제로 할 수 있을 것이다. 그러나 정확한 정보를 위해 교사는 평상시 유아가 교사를 신뢰하고 친숙하게 느끼도록 안정된 관계를 유지할 필요가 있음을 간과해서는 안될 것이다. 그 다음으로 유념해야 할 것은 유아와 면접할 때 유아가 이해할 수 있는 용어를 사용해야 한다는 것이다. 교사는 유아가 평가의 내용을 이해하는지 유아의 반응을 확인해 가며 면접의 흐름을 융통성 있게 유도해야 한다.

3) 포트폴리오(유아의 작품을 통한 평가방법)

포트폴리오는 여러 영역에서 다양한 측정 도구에 의해 유아의 발달과 능력에 대한 정보를 얻어내기 위해 구성된다. 유아가 직접 활동한 자료와 작품을 수집하여 측정함으로써 유아의 수학 학습 상태를 알아볼 수 있다. 포트폴리오 평가는 본질적으로 참되며(authentic) 진정한 의미의 평가로서, 포트폴리오에 포함되는 자료는 유아의 작품만이 아니라 다양한 관찰법에 의해 얻어진 관찰 기록, 표준화 검사의 결과, 공식적 · 비공식적인 유아 면접의 결과, 공식적 · 비공식적인 부모 면담의 결과, 건강 기록부, 가정환경 조사서 등에 의한 자료, 다른 교사에 의해 얻은 자료 등이 모두 포함된다.

포트폴리오에 포함시킬 유아의 작업 견본을 선택할 때는 교육과정의 목표를 반영하는 것으로 선택하되 유아와의 토론을 거쳐 결정하도록 한다. 교사와 유아가 함

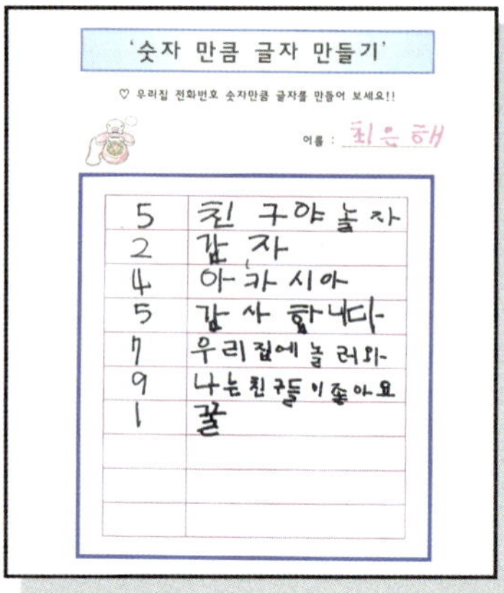

그림 8-1
유아가 전화번호의 각 숫자에 해당하는 글자 수를 찾아 글자를 만들었다.

께 토론하며 작업 견본을 선택하는 과정에 의해 유아는 자기 작품을 스스로 평가하는 기회를 갖게 될 것이다. 또한 유아를 전체적으로 이해하기 위해 성공적이고 훌륭한 작품뿐 아니라 유아가 실패한 작업도 포함시키는 것이 좋다. 자연스러운 상황에서 얻을 수 있는 수학 평가 자료로는, 수학적 경험이나 문제 해결 요소가 담긴 그림(예: 동화 '배고픈 애벌레'를 듣고 유아가 그린 그림)이나 미술 작품(예: 패턴을 색종이로 구성한 것), 그래프(예: 새와 곤충, 절지동물들의 다리 수를 비교하여 막대그래프로 표시한 것), 유아가 재구성한 이야기(예: 동화 속의 등장인물이나 사물의 수를 바꾸어 이야기를 만들기), 사건의 그림이나 사진들을 보고 순서대로 이야기 줄거리 만들기 등이 여기에 포함된다.

자연스러운 상황에서 얻을 수 있는 수학적 발달평가 자료는 다음과 같다.

- 유아가 직접 지은 동시나 글
- 미술 작품(유아의 생각이 들어간 그림, 조각, 조소 등)
- 구성 작품(유아들이 블록이나 여러 자료들을 가지고 구성한 작품)
- 문제 해결 요소가 들어간 글이나 그림
- 유아와의 대화를 녹음해 둔 것
- 유아가 수학적으로 표현한 것을 비디오나 사진으로 찍어둔 것

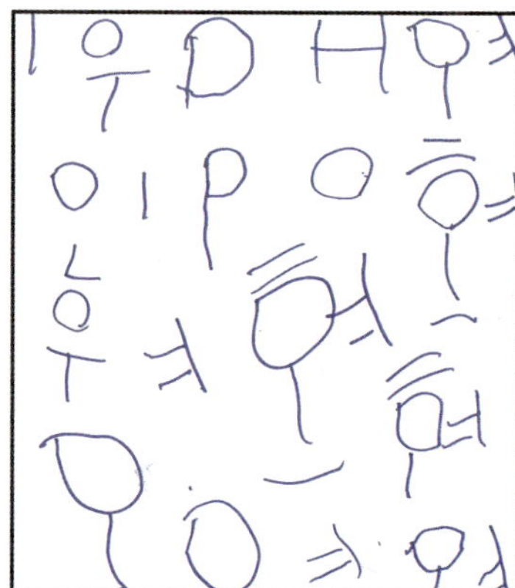

그림 8-2
유아가 글자와 수를 함께 사용하는 단계임을 보여 주고 있다.

포트폴리오는 시간이 오래 걸리고, 포트폴리오 작성에 익숙해질 때까지는 활용하는 데 힘이

들기는 하지만 유아의 수학에 대한 태도, 수학의 구성 요인들에 대한 개념 형성 및 기술 수준과 창의성 등에 관한 전반적인 발달 및 학습 성취 상황을 정확하게 알 수 있게 하는 데 큰 도움이 된다.

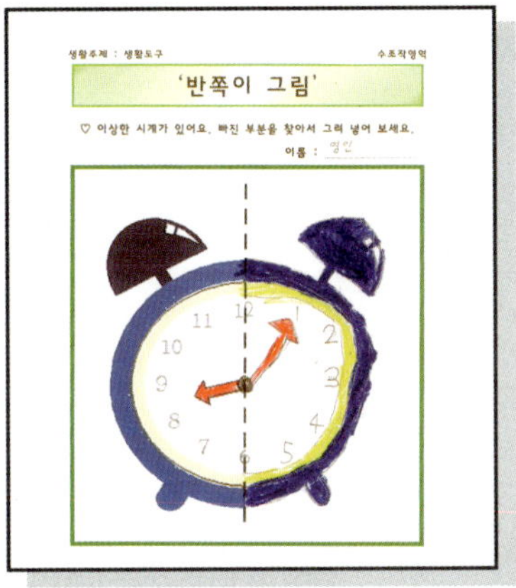

그림 8–3
유아는 시계에 빈 반쪽 부분을 채워 넣는 과정에서 자신의 수 개념에 대한 발달 상황을 나타내 주고 있다.

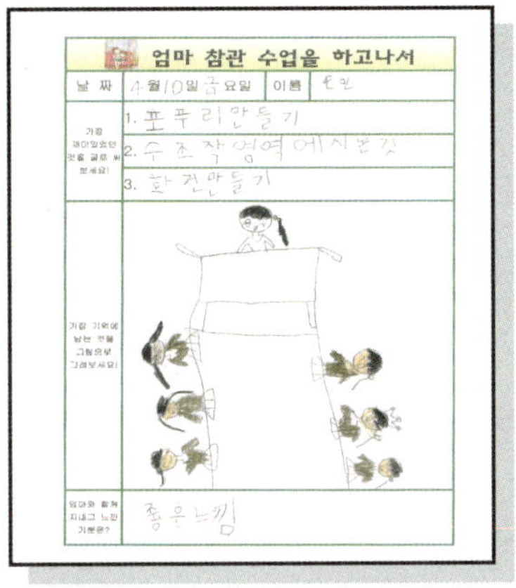

그림 8–4
활동을 하고 난 유아의 경험을 관찰일지를 통해 기록하고 있다.

3. 프로그램에 대한 평가

프로그램 평가는 일반적으로 두 가지로 나누어진다. 첫째, 형성평가(formative evaluation)로서 이는 수학 또는 창의성 교육 프로그램의 수정 및 개선을 위해 교사나 운영자에게 피드백을 제공하는 것을 목적으로 진행 중인 프로그램에 대한 교수–학습 과정을 평가하기 위한 것이다. 요컨대, 형성평가는 "우리가 수학(창의성) 교육을 잘하고 있는가?" 에 대한 체계적인 자료를 수집하는 것이라 할 수 있다.

그 다음 총괄평가(summative evaluation)는 프로그램의 주요 효과 및 영향을 알아보기 위한 평가로서 대체로 프로그램이 어느 정도의 궤도에 오르고 난 후 실시된다. 기대하던 목표는 달성되었는지, 유아에게 미친 효과는 무엇이었는지를 알기 위해 또는 프로그램의 운영 조건에 대해 면밀한 조사를 받을 때나 프로그램의 방향 면에서 중요한 결정이 필요할 때 주로 행해진다.

형성평가는 유아에 대한 평가와 교사에 대한 평가로 나누어지며 여기에는 교사와 유아 자신의 평가가 포함된다. 교사 평가의 경우 체크리스트가 많이 사용되며 평가가 주관적으로 치우치는 것을 방지하기 위하여 동료 교사나 운영자가 함께 평가하는 것이 좋다. 총괄평가는 종종 외부 사람에 의해 시행되며 몇 개의 프로그램을 비교하기도 한다.

1) 유아 수학교육 프로그램의 평가

유아 수학교육 프로그램의 평가는 수학교육 프로그램의 운영과 결과에 대한 정보를 체계적으로 수집하는 것이다. 평가 단위는 개인 유아가 아닌 프로그램이 된다. 요컨대, 교사가 선정한 수학교육 프로그램이 적절하고 타당한지를 평가하는 것이다. 프로그램의 평가에는 유아 수학교육의 목적, 목표, 내용, 활동 자료, 유아에 대한 평가 방법 및 도구의 적절성과 함께 교사의 수학교육 접근 방법과 활동 진행에 대한 평가가 포함되며(NCTM, 1989), 이러한 평가는 유아의 수학 활동 계획을 수정 혹은 재수립하는 데 영향을 미치게 된다.

프로그램의 평가를 위해서는 "수학교육 프로그램의 내용이 교육부의 교육과정 지침에 제시된 내용을 포함하며 전반적 구성 내용이 균형적으로 다루어졌는가?" "유아와의 상호작용은 적절한가?" "모든 유아의 수학적 개념 및 기술, 태도 발달을 위해 수학 활동 계획이 적절한가?" "수학교육 프로그램을 어떻게 하면 보다 발전시킬 수 있을까?" 등을 고려해야 한다(Shaw & Blake, 1998).

권영례 등(1998)은 다양한 자료를 활용하여 수학교육 프로그램을 효율적이고도 쉽게 평가하기 위해 교육과정 계획, 활동 자료 사용, 상호작용, 평가 방법 등에 관한 평가 체크리스트를 〈표 8-4〉와 같이 제시하였다.

표 8-4 유아 수학교육 프로그램 평가 체크리스트

프로그램 평가 요인	평가항목	평가 기록 시기		
		월/일	월/일	월/일
자료조직/수학교육 과정 구성	- 유아의 발달 수준에 적절한가? - 모든 수학교육의 내용 구성을 포함하는가? - 수학 활동들은 여러 가지 문제 해결 방법이 가능하도록 구성되어 있는가? - 수학교육과정 계획 시 유아의 수학적 능력 및 태도의 평가 결과를 반영하는가?			
자료 사용	- 수학교육과정의 내용 구성 영역별로 충분한 자료를 갖추었는가? - 다양한 유형의 수학활동 자료가 준비되었는가? - 유아의 수학활동 수준 및 주제에 적절한 자료가 준비되었는가? - 유아의 관심과 흥미를 끌고 창의적인 수학활동 자료가 구비되었는가? - 유아가 원하는 활동을 모두 해 볼 수 있도록 자료의 수량이 충분한가?			
상호작용	- 유아의 수학적 이해 수준과 수행 수준에 적절한 상호작용이 이루어지고 있는가? - 유아들이 수학적 아이디어를 서로 토의하고 자신의 추론을 설명할 기회가 주어지는가? - 개별 또는 소집단으로 상호작용이 자주 이루어지고 있는가? - 모든 유아와 고르게 상호작용이 이루어지고 있는가?			
유아 평가 방법	- 다양한 평가 방법을 사용하여 유아의 수학적 능력 및 태도를 평가하는가? - 평가는 정기적으로 이루어지는가?			

Part 2

유아 수학교육

실제편

제3부 수학교육 내용에 따른 활동

제4부 통합적 수학교육 활동

제 3 부
수학교육 내용에 따른 활동

09 수 감각 기르기

1. 식탁 차리기

교육목표 사물을 일대일로 짝지어 본다.
사물을 4~5까지 센다.

활동자료 식탁 깔개, 컵, 숟가락

활동방법 ① 식사 시간에 유아들이 식탁 차리는 것을 돕게 한다. 처음에는 종이나 플라스틱으로 된 식탁 깔개를 놓는 것부터 시작한다.

② 한 유아에게는 컵을 놓게 하고, 다른 유아에게는 숟가락을 놓게 한다. 또는 접시, 대접, 주전자 등을 놓게 한다.

③ 유아들이 각각의 식탁 깔개 위에 여러 가지 식사 도구들을 빠짐없이 잘 놓는지 살펴본다. 유아들이 하나씩 놓을 때마다 세어 주고, 빠진 곳이 없도록 도와준다.

숟가락이 하나 남았네. 식탁 위를 볼까?

숟가락이 없는 곳이 있지? 그 곳에 숟가락을 한 번 놓아보자~

④ 유아들이 관심을 보이면 식사 도구들의 개수를 세어 본다.

2. 리듬에 맞춰 세기

교육목표 우리의 신체를 이용하여 다양한 박수에 관심을 가진다.
리듬에 맞추어 박수를 친다.
느린 박수와 빠른 박수의 차이를 안다.

활동방법 ① 유아들과 함께 둘러 앉아 리듬에 맞춰 세는 게임을 한다.

② 교사는 다른 속도의 리듬에 맞추어 빠르게 혹은 느리게 박수를 치면서 수를 세어 본다.

하나, 둘, 셋, 넷. 선생님이 치는 탬버린 소리에 맞추어 박수를 쳐보자(천천히).

좀 더 빠르게 쳐보자.

여러 가지 다양한 리듬에 맞추어 쳐보자(빠르게, 느리게를 반복하여 본다).

③ 다음과 같은 다양한 방법으로 박수를 치며 수를 세어 본다.

- 고개를 끄덕이면서 세어 보기
- 손으로 땅을 치면서 세어 보기
- 발을 구르면서 세어 보기
- 손을 흔들면서 세어 보기
- 뛰면서 세어 보기

3. 실외에서 수 찾기

교육목표 사물의 수를 세고 그 의미를 안다.

활동자료 실외에서 찾을 수 있는 또는 주울 수 있는 사물들, 통이나 가방

활동방법 ① 유아들과 함께 산책을 하면서 사물을 세 개씩 찾아보게 한다. 예를 들면, 세 개의 돌멩이, 세 개의 나뭇잎 등을 찾아보게 한다. 유아들이 찾은 것을 담을 수 있도록 종이 가방이나 통을 준비해 둔다.

② 가방 속에 몇 개가 들어 있는지 세어 본다. 몇몇 유아들은 세 개 이상을 찾을 수도 있다. 그럴 땐 나머지 것들도 함께 세어 본다.

채영아, 솔방울이 있구나. 우리 함께 세어볼까?

하나, 둘, 셋! 세 개가 있구나.

③ 실내로 돌아와서 세 개로 이루어진 사물들을 식탁에 놓고, 숫자 3에 대해 이야기한다. 유아가 흥미를 느낀다면, '곰 세 마리' 동화를 들려주고, 이에 대해 이야기해도 좋다(* 5, 7로 수를 늘려서 해 보아도 좋다).

4. 숫자 가방

교육목표 사물의 수를 센다. 일대일 대응을 한다.

활동자료 5개의 종이 가방, 빈 바구니, 과일과 야채 모형

활동방법 ① 견고한 종이 가방 5개를 꺼내 각 가방에 1~5까지 숫자를 쓰고, 숫자 1 아래에는 점 한 개, 숫자 2 아래에는 점 두 개 등 각 숫자의 아래에 그만큼의 점을 찍는다.

② 빈 바구니에 과일, 야채를 담아 둔다.

③ 유아들에게 가방에 쓰인 숫자의 개수만큼 과일과 야채 모형을 담는 방법을 보여 준다.

④ 유아들이 가방 위에 있는 점을 세고, 음식을 넣으면서 세어 보게 한다.

⑤ 숫자 가방 대신 숫자 분류통(마가린 통, 분유통 등)을 사용해도 좋다. 음식 대신 큰 구슬을 이용할 수 있다.

5. 동물 농장

교육목표 동물의 수를 센다.

동물의 수를 빼고, 더하여 본다.

활동자료 장난감 동물, 공룡 모형, 블록

활동방법 ① 몇 개의 블록과 함께 작은 장난감 동물이 담긴 상자를 꺼내 놓는다.

② 유아들이 블록으로 동물 우리(또는 공룡 마을)를 만들도록 도와준다.

공룡 마을에 네 마리의 공룡을 살게 해 줄까?

그래. 하나, 둘, 셋, 넷. 네 마리의 공룡을 넣어 주었구나.

너는 몇 마리의 공룡을 키워보고 싶니?

네 마리가 있는 우리에 두 마리를 더 넣으면 모두 몇 마리가 될까?

③ 유아들에게 각 우리마다 1~4마리의 동물을 넣으라고 한다.

④ 극놀이를 하면서 동물 소리를 내어 보고, 동물들이 도망가거나 우리를 여기저기 옮겨 다니게 한다. 이때 동물 우리 속의 동물 수가 어떻게 변화했는지에 대해서 이야기한다.

6. 한 번 뛰고, 두 번 뛰고

교육목표 수를 5까지 세고 그 의미를 안다.

활동자료 숫자 카드(지시), 호루라기

활동방법 ① 교사가 제시하는 숫자만큼 유아들이 한 번, 두 번 혹은 서너 번 토끼뜀을 뛰거나 박수를 치거나 웃는 등 다양한 행동을 한다.

② 행동을 하면서 수를 센다.

토끼가 세 번 뛰어요. 깡충, 깡충, 깡충.

우리 토끼처럼 뛰어볼까?

조금 더 높이 다섯 번 뛰어보자. 깡충, 깡충, 깡충, 깡충, 깡충.

(숫자 카드를 보여주며) 박수를 크게 치면 숫자만큼 높이 뛰어 오르고, 작게 치면 숫자만큼 낮게 뛰어보자.

③ 유아들이 서로 부딪히지 않도록 넓은 공간에서 활동한다.

7. 식사 중에 세어 보아요

교육목표 수를 의미를 알고 센다(Ⅰ수준: 4~5개, Ⅱ수준: 5~10개).

순서짓기에 관심을 가진다.

가장 작은 것과 큰 것을 안다.

활동자료 간단한 음식(딸기, 바나나 조각, 사과 조각, 쿠키 등)

활동방법 ① 식사나 간식 시간에 유아 스스로 음식(예를 들면, 딸기, 사과 조각, 크래커, 오렌지 조각, 당근 등)을 가져다 먹게 한다.

② 한 번에 1~4개의 음식을 가져다 먹게 하고, 교사는 유아가 음식을 하나씩 담을 때마다 함께 세어 준다.

딸기 네 개씩 담아서 가지고 갈거에요~ 하나, 둘, 셋, 넷. 그래, 잘했어.

가장 큰 딸기는 어느 거니? 가장 작은 딸기는 어느 거니?

큰 순서대로 놓아 볼까? 작은 순서대로도 놓아 보자.

③ 필요하다면 한 번 담아 간 후, 다음번에는 몇 개를 더 담아 갈 수 있는지를 이야기해 준다.

8. 모래 점 · 숫자 카드

교육목표 사물을 4~5개(Ⅰ수준) 또는 5~10개(Ⅱ수준)까지 센다.

활동자료 모래 점 · 숫자 카드

활동방법 ① 모래 점 · 숫자 카드를 준비한다.

② 유아들과 함께 카드를 자세히 살피면서 각 카드에 있는 숫자와 점을 만져 보고 세어 본다.

③ 유아들이 카드에 있는 점을 세고 그 카드에 있는 숫자와 일치시킬 수 있는지 알아본다.

현지야, 이 카드에는 몇 개의 점이 있지?

그래, 일곱 개의 점이 있어. 숫자 7이라고 써 있지.

다른 카드를 한 번 볼까? 이 카드에는 점이 하나, 둘, 셋, 넷, 다섯 개 있구나.

7이 그려진 카드와 5가 그려진 카드 중에 더 많은 수의 카드는 어느것일까?

몇 개가 더 많이 그려져 있지?

④ 유아들이 이 카드를 자유롭게 사용할 수 있도록 상자에 넣어 찾기 쉬운 곳에 둔다.

모래 점 · 숫자 카드 만들기

- 하드보드지에 가로 10cm, 세로 12cm의 직사각형을 그려 오려 둔다.
- 펜으로 1~10까지의 숫자를 크게 적고, 숫자 아래에 그 숫자만큼의 점을 크고 보기 쉽게 찍어 둔다.
- 숫자와 점 위에 풀을 바른 뒤 모래를 뿌린다.
- 평평한 곳에 카드를 두고 말린다.
- 카드가 마르면 필요 없는 모래를 살살 털어낸다.

9. 동그라미와 네모 조각 맞추기

교육목표 물체를 크게 둘로 나누어 보고, 반쪽과 전체를 구분한다.

활동자료 하드보드지나 색지

활동방법 ① 색지에 두 개의 큰 원과 두 개의 큰 사각형을 그려 오리고 코팅하여 각각을 반으로 자른다.

② 유아들과 전체 형태에 대하여 이야기한다. 유아들이 손가락으로 형태의 윤곽을 만지도록 한다.

이건 동그라미 모양이지. 동그라미는 뾰족한 데가 없어. 전부 둥글어.

이건 무엇일까? 그래. 이건 네모구나.

동그라미와 네모는 무엇이 다르지?

③ 형태를 분리시키고 다시 맞춰 보게 한다. 유아들이 어려워하면 원래의 형태 위에 조각을 놓으면서 맞추어 보게 한다.

④ 유아들이 능숙하게 하면 더 크거나 더 작은 원과 사각형 조각을 이용하여 맞추어 보게 한다.

10. 어떤 숫자일까

교육목표 수의 개념을 안다.

활동자료 숫자 카드, 비밀 주머니

활동방법 ① 유아와 교사가 함께 쉬운 숫자 수수께끼 놀이를 한다. 교사는 어떤 숫자를 미리 정해 두고 그것에 대한 단서를 준 후, 유아에게 그 숫자를 알아맞히게 한다.

선생님은 숫자를 하나 생각하고 있어.

잘 생각했어. 하지만 그 숫자는 아니야.

우리 교실에는 그 숫자만큼의 탁자가 있어.

그래. 숫자 6이란다.

② 역할을 바꾸어 유아들이 문제를 내고, 교사가 그 숫자를 알아낸다. 유아들이 제시하는 단서가 좀 이상하거나 이치에 맞지 않더라도 유아의 생각을 존중해 주고 즐긴다.

11. 숫자 따라 걷기

교육목표 수를 읽는다.

활동자료 종이 또는 숫자모양의 그림 카드, 호루라기

활동방법 ① 실외의 보도에 여러 가지 색의 종이로 몇 개의 큰 숫자를 써 놓거나 또는 숫자 카드를 전지에 그린 후 코팅하여 준비해 놓는다.

② 유아와 함께 숫자 위를 걸으면서 숫자의 형태와 이름에 대해 이야기한다.

7의 윗부분은 반듯하고 짧아.

오!! 정말 꺾어지는 부분이 있네!!

7의 아랫부분은 길게 쭉 내려왔어.

숫자 7과 8은 어떻게 다르지?

③ 유아들은 숫자 위를 따라 걷거나 뛰어다닐 것이다. 유아들에게 숫자를 하나 찾게 하고, 그 숫자 위에서 수의 개수만큼 뛰어 보게 한다.

4를 찾아보자.

그래, 그거구나. 그 숫자만큼 뛸 수 있겠니?

12. 원을 잘라 보아요

교육목표 물체를 나누고, 부분과 전체를 구분한다.

활동자료 종이로 만든 큰 원, 시트지

활동방법 ① 색지에 네 개의 큰 원을 그려 오리고 코팅하여 딱딱하게 만든다. 이 중 하나는 1/2, 다른 하나는 1/3, 또 다른 하나는 1/4로 나누고, 나머지 하나는 그대로 둔다.

② 유아들이 조각들을 짜 맞추어 완전한 원을 만들게 한다.

선희가 반 조각 두 개를 맞추어서 완전한 동그라미를 만들었구나.
이 모양과 같은 것을 우리 교실에서도 볼 수 있니?

③ 교사는 1/2, 1/3, 1/4에 대해 이야기해 주고, 완전한 원을 만들기 위해서 필요한 조각의 개수에 대해 이야기한다.

세 조각으로 잘라진 동그라미 조각을 보자.
두 조각을 맞추었는데 아직 동그라미가 완성되지 않았네.
완전한 동그라미가 되려면 몇 개의 조각이 더 필요할까?
그래, 하나가 더 있어야겠지? 하나, 둘, 세 조각. 동그라미가 완성되었네~

13. 주변에 숫자가 많아요

교육목표 수와 친숙해진다.
숫자의 의미를 이해한다.

활동방법 ① 과자 봉지를 이용해서 유아들이 숫자를 찾아보게 한다.

② 유아들이 자신이 찾은 숫자의 의미를 알고 있는지 살펴본다. 유아들이 잘 읽지 못하면 교사는 그 숫자를 읽어 주고, 그 숫자가 무엇을 의미하는지에 대해서도 이야기한다.

나영이가 숫자를 찾았어. 과자 봉지를 봐.
이 숫자는 이 과자의 가격이 얼마인지를 나타내는 거야.
뭐라고 써 있니? 그래, '5-0-0'이라고 써 있지. 이건 오백원이란다.

③ 도로의 속도 제한 표지판에 있는 숫자, 상점 간판의 전화번호, 주유소의 기름 값, 광고에 나오는 숫자, 슈퍼마켓의 물건 가격 등 주변에서 쉽게 찾을 수 있다.

14. 숫자 칸 뛰어넘기

교육목표 수를 읽는다.

활동방법 ① 실내의 바닥에 숫자가 붙어 있는 판을 만든다. 혹은 마스킹 테이프나 다른 불투명 테이프를 이용하여 실내 바닥에 직접 만들 수도 있다. 각 칸에 1부터 약 10까지의 번호를 써 넣는다.

② 유아에게 1번 칸에서 8번 칸까지 순서대로 뛰어넘는 방법을 보여 준다. 유아들이 직접 해 보게 한다.

③ 유아들이 숫자 칸을 뛰어넘을 때마다 수를 읽어 준다. 몇 개의 칸을 넘었는지 지금 몇 번 칸에 있는지에 대해 물어 본다.

자, 뛰어보자. 하나, 둘, 셋, 넷. 여기서 멈추어 볼까?

이번에는 5로 뛰어볼까?

우리는 지금 네 칸을 넘어온거란다.

5보다 1칸 많은 칸으로 뛰어볼까?

숫자를 읽어볼까? 그래, 6이구나.

6보다 2칸 많은 칸으로 뛰어볼까?

숫자를 읽어볼까? 그래, 숫자 8이구나.

15. 나는 어떤 숫자일까요

교육목표 사물을 10(이상)까지 셀 수 있다.

'더 큰' '더 작은' 과 같은 단어를 이해한다.

숫자를 읽는다.

활동자료 숫자를 1~10까지 순서대로 써 놓은 그래프

활동방법

① 1~10까지의 숫자가 쓰인 숫자 그래프를 보여 준다. 숫자 띠에 있는 숫자를 지적하면서 임의의 한 숫자보다 더 높은 수와 더 낮은 수에 대해 이야기한다.

② 1~10까지의 숫자 중 하나를 골라, "나는 1~10까지의 숫자 중 하나를 생각하고 있어 어떤 숫자일까?"라고 질문한다. 유아들이 한 번에 한 가지씩 숫자를 이야기하게 하고, 교사는 유아가 말한 숫자가 교사가 생각하고 있는 숫자보다 큰 숫자인지 작은 숫자인지를 이야기하고, 숫자 그래프를 보여 주면서 유아가 그 숫자를 알아맞힐 때까지 계속 진행한다.

③ 이후에는 숫자 그래프 없이 하나씩 적어 가면서 알아맞히게 한다. 문제를 직접 손으로 풀지 않고, 머릿속으로 해결할 수 있는 유아가 있는지 살펴본다.

16. 주사위 게임

교육목표 주사위 게임을 하여 수 개념을 안다.
단순 규칙을 이해한다.
다음을 예상해 본다.

활동자료 주사위, 주사위 말판, 말

활동방법 ① 주사위(혹은 돌림판)와 주사위 말판을 준비한다. 주사위 말판에 유치원 가는 길, 소풍 가는 길, 세계여행, 우주여행 등 흥미 있는 주제를 선택하여 길을 그린다. 중간 중간에 빨리 갈 수 있는 기호나 혹은 뒤로 가는 화살표를 만들어 놓는다.

② 주사위를 던져 (돌림판을 돌려) 나오는 숫자만큼 말을 이동한다.

10

공간과 도형에 대해 알아보기

1. 모양 맞추기 상자

교육목표 간단한 모양을 구별한다.

활동자료 모양 맞추기 상자

활동방법 몇 개의 모양 맞추기 상자를 꺼내 놓고 유아들과 함께 각각의 모양에 대해 이야기한다. 유아가 어려워하면 쉬운 것부터 시작한다.

이건 세모야. 어디에 넣어야 할까?

안 들어가네. 구멍이 너무 작다. 좀 더 큰 세모 구멍을 찾아보자.

그래. 여기에 쏙 들어가는구나.

세모하고 네모는 다른 점이 무엇이지?

모양 맞추기 상자 만들기

신발 상자 이용하기

- 신발 상자를 몇 개 구하여 서로 다른 색의 시트지로 겉을 싼다.
- 신발 상자 뚜껑 위에 원하는 모양을 2~4가지 정도 그린다(모양 맞추기에 사용할 조각이나 작은 블록들을 대고 외형을 그린다).
- 날카로운 칼로 그려진 모양을 따라 구멍을 뚫는다.
- 상자 안에 각 모양의 조각이나 블록을 한 개 또는 두 개씩 넣는다. 각 모양이나 블록들을 어떻게 꺼내는지, 상자뚜껑을 어떻게 덮는지 그리고 어떻게 모양에 맞는 구멍 안에 집어넣는지 보여 준다.

마가린 통 이용하기

- 1.5cm 두께의 플라스틱 구슬이나 나무 구슬들을 사용한다. 처음에는 두 가지 형태의 구슬, 즉 동그란 구슬과 정육면체 구슬을 사용한다.
- 뚜껑이 있는 마가린 통을 두 개 준비한다.
- 뚜껑 하나에는 동그란 구슬에 맞게, 다른 한 뚜껑에는 네모난 구슬에 맞게 칼로 구멍을 뚫는다.
- 동그란 구슬과 네모난 구슬들을 바구니에 담는다.
- 구슬들을 모양에 맞는 각각의 통에 어떻게 집어넣는지 유아에게 보여 준다.

분유 깡통 이용하기

- 플라스틱 뚜껑이 있는 분유통을 모은다. 통은 2~3개 정도, 뚜껑은 7~8개 정도 구한다(깡통의 가장자리가 날카롭지 않아야 한다. 시트지로 깡통의 가장자리를 부드럽게 싸 주어도 좋다).
- 플라스틱이나 나무로 만든 블록 중에서 몇 가지의 모양을 고른다.
- 한 뚜껑에 한 가지 모양씩 그리거나 또는 2~3가지의 모양을 함께 그려 넣는다. 모양을 따라 칼로 구멍을 낸다.
- 유아들에게 어떻게 구멍에 맞게 블록을 집어넣는지 보여 준다. 그리고 통의 뚜껑은 어떻게 열고 닫는지 등의 놀이 방법을 보여 준다. 다른 모양의 뚜껑으로 교체하며 놀이하는 방법도 소개한다.

2. 모양 찾기

교육목표 여러 가지 모양을 살펴본다.

활동자료 여러 가지 모양 자료, 그림자 자료

활동방법 ① 다양한 크기의 여러 가지 모양 그림과 그림자를 유아들이 잘 볼 수 있는 곳에 놓는다.

② 유아들과 다양한 크기의 모양과 그 모양의 그림자를 맞춰 본다.

③ 유아들에게 교실에서 원을 더 찾아보게 한다. 잘 찾지 못하면 교사가 도와준다.

④ 유아가 원을 찾으면 교사는 유아가 가지고 있는 원과 유아가 찾은 원 중에서 어떤 것이 더 큰지 물어본다.

⑤ 앞과 같은 방법으로 삼각형과 사각형을 찾아본다.

3. 내 자리는요

교육목표 나를 중심으로 위, 아래, 앞, 뒤 , 옆을 알아본다.

활동방법 ① 유아들에게 교실의 어느 곳이든 원하는 곳에 앉아 보게 한다. 의자에 앉아도 되고, 바닥에 앉아도 좋다.

② 유아가 앉아 있는 곳에 대해 설명해 준다. 이때 위, 아래, 앞, 뒤, 옆과 같은 단어를 사용하여 설명해 준다.

OO 옆에는 OO가 있어. OO 뒤에는 OO가 있고,

OO 앞에는 OO가 있단다. OO는 누구일까?

③ 교사는 유아들에게 어떤 자리에 대해 설명해 주고, '누구의 자리' 인지 알아맞히는 게임을 한다.

4. 모양을 직접 그려 봐요

교육목표 기본 도형의 모양을 안다.

활동자료 연필, 사인펜, 종이, 풀

활동방법 ① 종이 위에 연필로 간단한 모양들(원, 삼각형, 직삼각형, 사각형, 마름모, 직사각형 등)을 그린다.

② 유아들에게 이것을 나누어 주고, 사인펜으로 선을 따라 그려 보게 한다. 유아가 그리는 동안 전체 모양과 모양을 이루는 선과 점에 대해서도 이야기해 준다.

③ 모양을 그린 뒤에 유아들에게 여러 가지의 다양한 색과 모양의 스티커를 주고 종이 위에 붙이게 한다. 유아들 나름대로 독특하게 꾸미게 한다.

네모를 붙여 보았구나. 그 위에 세모를 붙이니까 집처럼 보이는구나.

네모와 네모를 이용하여 무엇을 만들 수 있지?

네모와 세모를 이용하여 만들면 무엇과 같니?

④ 교사는 스티커의 모양, 크기 놓는 방법에 대해 이야기해 준다.

11

기초적인 측정해 보기

1. 모래와 물을 측정하기

교육목표 크기에 관한 단어를 말할 수 있다.

활동자료 계량 컵, 계량 스푼, 모래, 물

활동방법 ① 유아들이 모래와 물로 놀이를 하면서 사용할 수 있도록 계량 컵과 계량 스푼을 꺼내 놓는다.

② 유아들이 계량 컵과 계량 스푼을 가지고 자유롭게 모래놀이나 물놀이를 한 후, 컵과 스푼의 크기에 대해 이야기하게 해 본다.

③ 유아들이 흥미 있어 하면 컵과 스푼의 크기를 직접 비교하게 한다.

어느 것이 가장 작은 컵이니?

그래, 이 컵이 가장 작구나.

선용아, 저 큰 컵을 물로 채우려면 이 작은

컵을 몇 번 사용해야 할까?

스포이드로는 몇 번을 담아야 할까?

2. 멀리/가까이 달리기

교육목표 먼 것과 가까운 것을 이해한다.

활동방법
① 유아들은 놀이터의 가장자리에 서 있게 한 후 자신에게서 가장 멀리 있는 것을 찾아보게 한다.

② 유아가 어떤 것을 지적하면, 다른 유아들 모두 그 곳까지 달려갔다가 다시 돌아오는 게임을 한다.

③ 유아들이 돌아오면, 그 곳까지의 거리에 대해 이야기한다.

④ 다른 유아에게는 가장 가까이 있는 것을 찾아보게 한 후, 그곳까지 갔다가 다시 돌아오는 게임을 한다.

⑤ 달리기 대신 걷기, 토끼뜀 뛰기, 발끝으로 걷기, 구르기를 하면서 '멀리 있는 것' 과 '가까이 있는 것' 까지 다녀오게 해 본다.

⑥ 사물이 있는 곳까지 가는 데 몇 걸음이 되는지 세어 본다.

3. 가벼운 것과 무거운 것

교육목표 물체를 무게에 따라 비교해 본다.

활동자료 빈 깡통, 모래, 자갈, 수수깡, 빨대

활동방법 ① 빈 깡통 5~6개를 준비한다. 이 깡통 중 2~3개에는 무거운 모래나 자갈을 채워 넣고, 나머지 깡통 2~3개에는 가벼운 빨대나 수수깡을 채워넣은 후, 내부가 보이지 않도록 모든 깡통들을 테이프로 봉한다.

② 유아들이 깡통을 골라 들어 보고, 무거운 것인지 가벼운 것인지를 말하게 한다.

③ 유아들이 가벼운 것은 가벼운 것끼리 무거운 것은 무거운 것끼리 구분하도록 도와준다.

가벼운 순서대로 놓아볼까?

이 깡통의 무게보다 가벼운 것을 골라 볼까?

④ 유아들이 가지고 놀 수 있도록 낮은 선반에 놓아둔다. 유아들이 스스로 깡통을 분류할 수 있는지 살펴본다.

4. 손과 발로 세어보아요

교육목표 측정에 대해 안다. 거리를 비교한다.

활동자료 색 테이프, 마스킹 테이프

활동방법 ① 실내에서는 시트지나 마스킹 테이프, 불투명 테이프로, 실외에서는 분필로 바닥에 1~2m의 선을 그어 놓는다.

② 발걸음으로 길이를 재는 방법(발뒤꿈치부터 발가락 끝까지 대고 한 발자국씩 걷는다)을 보여주고, 유아들이 자신의 발걸음으로 선의 길이를 재어 보게 한다.

③ 손 뼘을 이용하여 길이를 재어본다.

④ 몇 발자국, 몇 뼘인지 기록해 놓고 횟수를 비교해 본다.

5. 양팔저울

교육목표 무겁고 가벼움을 이해한다.

측정에 대한 기초적인 개념을 이해한다.

활동자료 양팔저울, 작은 물건

활동방법 ① 1~2개의 양팔저울을 설치해 놓는다.

② 유아들에게 양팔저울의 원리(무거운 물체가 놓인 쪽은 내려가고, 가벼운 물체가 놓인 쪽은 올라간다)를 설명해 준다.

③ 유아에게 양팔저울은 조심스럽게 다루어야 한다고 일러 주고, 몇 개의 작은 물건(플라스틱, 나무 블록, 작은 장난감)의 무게를 비교해 보게 한다. 먼저 손으로 가늠해 본 후 양팔저울로 측정해 보게 한다.

여기에 작은 돌과 연필이 있어.

들어봐. 어떤 것이 더 무겁니? 그것이 더 무겁니? 정말 그런지 알아보자.

그럼, 연우 이야기가 맞는지 확인해 보자.

알 수 있겠니? 어느 쪽이 아래로 내려갔을까?

그래, 무거운 것이 내려가고 가벼운 것은 올라오는구나.

6. 달력 속의 내 생일

교육목표 시간에 관한 단어를 안다.

활동자료 달력

활동방법 ① 유아들의 손이 닿기 쉬운 곳에 달력을 걸어 둔다. 흥미를 보이는 유아에게 달력은 년, 월, 일을 포함한다는 것을 설명해 준다. 오늘이 몇 월 며칠인지도 이야기한다.

② 각 유아에게 달력에서 자신의 생일을 찾아보게 한다. 또 다른 특별한 날도 찾아보게 한다.

네 생일을 찾니?

이 장은 6월이지. 네 이름이 있니?

그래, 의진이의 생일은 6월 18일이야.

③ 달력에 있는 숫자와 날짜에 대해 이야기한다.

7. 며칠 남았을까

교육목표 수를 읽을 수 있다.
사물을 10까지 센다.

활동자료 달력

활동방법 ① 유아들과 달력을 보면서 특별한 날이 며칠 남았는지 셀 수 있게 도와준다. 예를 들면, 주말이 며칠 남았는지, 며칠 쉬고 다시 유치원으로 오는지 혹은 소풍이 얼마나 남았는지 함께 세어 본다.

오늘이 금요일이야. 토요일, 일요일은 유치원에 오지 않는 날이지.
며칠동안 오지 않나 세어 볼까? 그래, 하루, 이틀.
이틀 동안은 보지 못하지만 그 다음날에는 다시 만날 거야.

② 유아들이 며칠 남았는지 세기 쉽게 사인펜으로 지나간 날들을 지우게 할 수도 있다.

8. 몇 시 일까요

교육목표 시간을 말할 수 있다.

활동자료 시계, 시간을 나타내는 카드

활동방법 ① 유아들과 큰 시계를 보면서 시계 바늘이 의미하는 것에 대해 설명해 준다.

② 시계 바늘이 가리키고 있는 것을 잘 살펴보도록 도와준다. 예를 들면, "큰 바늘이 12에 있고, 작은 바늘이 3에 있으면, 3시야." 라고 이야기해 준다.

③ 작은 바늘을 유심히 살펴보게 하여, 큰 바늘이 한 바퀴 돌면 작은 바늘이 움직이게 된다는 것도 알려준다.

봐, 지금 3시야.

큰 바늘을 움직여 볼게.

작은 바늘이 4에 가까워지고 있어.

큰 바늘이 12에 오고, 작은 바늘이 4에 왔네.

그럼 지금은 몇 시일까?

우리는 유치원에 몇 시에 오지?

집에 돌아가는 시간은 몇 시인지 기억하니?

그 시간을 시계로 맞추어 볼 수 있니?

④ 유아들이 지겨워하지 않도록 짧은 시간 안에 간단히 끝낸다.

⑤ 흥미 있어 하는 유아들에게는 장난감 시계를 나누어 주고 교사나 유아가 원하는 시간을 만들어 보게 한다.

⑥ 시간을 나타내는 카드를 보면서 시간을 맞추어 본다.

9. 시간에 대해 이야기해요

교육목표 시간에 대한 단어를 이해한다.

활동자료 장난감 시계, 타이머

활동방법 ① 일상생활 속에서 시간에 대한 단어를 사용한다. 다른 활동을 할 시간이 되었을 때, 유아에게 시간을 이야기하고 시계를 보게 한다.

배고프지? 선생님도 배가 고프구나. 시계를 볼까? 11시가 다 되었네. 우리 11시에는 간식을 먹자.

② 놀이를 할 때 장난감 시계를 움직이게 하고, 순서를 기다릴 때는 타이머를 사용하게 한다. 교사는 시간에 대해서도 이야기한다.

자, 이제 5분이 다 지났어요. 이번에는 순희가 컴퓨터를 할 시간이에요.

③ 유아들과 아침, 점심, 저녁에 일어나는 일들에 대해 이야기한다. 이때 시간과 관련된 단어와 숫자를 사용한다.

우리 저녁에는 무엇을 하지?

그래, 저녁 식사를 하지.

저녁 식사는 몇 시에 하지?

그렇구나. 예담이는 저녁을 7시에 먹는구나.

④ 유아가 흥미 있어 하면 숫자가 있는 큰 시계를 이용하여 보는 법을 알려준다.

12
규칙성 이해하기

1. 구슬 끼우기

교육목표 그림과 모양을 순서대로 짝지을 수 있다(II수준은 좀 더 복잡한 순서로 활동).

활동자료 구슬, 패턴 카드

활동방법 ① 단순한 구슬 패턴 카드를 준비한다.

② 흥미 있어 하는 유아에게 패턴을 보는 방법과 구슬을 패턴 카드 위에 놓는 방법을 보여 준다. 유아들에게 구슬을 왼쪽에서 오른쪽으로 놓게 하되 강요하지는 않는다.

③ 유아가 카드에 있는 대로 구슬을 배열하면 순서대로 구슬을 끈에 끼워 준다. 패턴 카드를 바로 옆에 두고, 같은 패턴이 나타나는지를 살펴보게 한다.

④ 처음에는 쉬운 것부터 시작하고, 흥미 있어 하는 유아에게는 보다 어려운 것을 제시한다.

2. 그림 카드 패턴 맞추기

교육목표 단순하게 반복되는 규칙을 찾아보고 다음에 올 것을 예측한다.

활동자료 패턴 카드

활동방법 ① 패턴 자료를 탐색한다.

어떤 모양이 있지?

② 패턴 자료를 보고 규칙성을 찾는다.

딸기 케이크 한 개와 빈 곳이 있네. 그 다음에는 딸기 아이스크림이 있고~

그 다음에는 딸기 우유가 있어. 그 다음에는 무엇이 있지?

빈 곳에는 어떤 음식이 들어갈까?

그럼, 그 다음에는 무엇이 와야 할까?

③ 자료를 정리한다.

바구니 앞에 어떤 그림이 있지? 같은 '♠' 모양 자리에 정리해 볼까?

3. 빨래하는 순서 맞추기

교육목표 생활 주변에서 반복되는 규칙을 알고 다음에 올 것을 예측해 본다.

활동자료 큰 양푼, 비누, 여러 가지 옷, 활동지, 사인펜, 빨래하는 동영상, 패턴 카드

활동방법 ① 빨래를 해 본 경험에 대해 이야기를 나눈다.

엄마가 빨래하시는 모습을 본 적이 있니?

엄마께서 빨래를 어떻게 하셨니?

② 역할놀이에서 세탁소 놀이를 하면서 빨래를 해 보는 경험을 가진다.

'옷이 더러워졌어요. 빨래해 주세요.' '네. 손님. 내일 찾으러 오세요.'

③ 빨래하는 방법을 생각해 본다.

빨래는 더러워진 옷을 깨끗하게 하려고 하는데~

빨래를 할 때 필요한 방법은 무엇이 있을까?

④ 빨래하는 방법의 순서를 짓는다.

어떻게 하면 빨래가 깨끗해질까? 빨래하는 순서로 패턴을 만들어 볼까?

4. 휴지와 연필 실물 패턴 만들기

교육목표 단순한 규칙성을 알고 다음을 예상한다.
일대일 대응의 개념을 이해한다.

활동자료 모양돌, 휴지, 연필

활동방법 ① 교실에서 나무로 만든 물건에는 무엇이 있는지 알아본다.

나무로 만든 물건에는 어떤 것이 있을까?
나무로 만든 물건에는 어떤 것이 있는지 찾아볼까?

② 휴지와 연필을 나타내는 상징을 유아와 정한다.

휴지와 연필을 어떤 것으로 나타내면 좋을까? 왜 그런 생각을 했지?

③ 휴지와 연필을 놓고 거기에 맞는 모양돌을 놓는다.

휴지와 연필에 맞게 모양돌을 놓아 볼까?

④ 어떤 패턴이 있는지 이야기한다.

어떻게 반복이 되지?

13

자료 정리 및 결과 나타내기

1. 한 개인지 여러 개인지 소리를 들어 보세요

교육목표 한 개와 여러 개를 구분한다.
한 가지 준거로 사물을 모아 본다.

활동자료 물건을 넣을 수 있는 통, 단추나 클립 등의 작은 사물

활동방법
① 뚜껑이 있는 불투명한 통을 준비한다. 필름 통, 요구르트 통, 마가린 통을 이용하면 좋다.
② 한 통 안에는 사물(예를 들면, 단추, 클립 등)을 1개 넣고, 다른 통 안에는 똑같은 사물을 여러 개 넣는다.
③ 유아들이 이 통을 흔들어 보게 한다. 소리를 들은 후 유아가 흔들고 있는 통 안에 사물이 한 개 들었는지 여러 개 들었는지 추측해 보게 한다.

④ 뚜껑을 열고 통 안에 몇 개가 들었는지 세어 보고, 다시 넣어 흔들어 본다.

이것을 흔들어 보렴. 소리가 들리지?

한 개가 들었을까?

여러 개가 들었을까?

2. 숫자 그림 분류 게임

교육목표 단순 분류를 한다.
수의 의미를 알고 센다(I 수준: 4~5개, II수준: 5~10개).

활동자료 분류판, 숫자 그림 카드

활동방법
① 분류판과 여러 개의 사물이 그려진 여러 벌의 숫자 그림 카드를 준비한다.

② 유아들이 이 카드를 구분하도록 도와준다. 분류의 기준이 되도록 교사가 첫 번째 카드를 분류판의 주머니에 넣으면 유아들은 그 카드에 있는 사물의 개수를 세어 나머지 카드가 놓일 자리를 찾는다.

카드에 몇 마리의 곰이 있지? 그래, 한 마리가 있구나.
한 마리가 들어갈 칸은 어디일까?

③ 유아들이 이해하기 전에는 유아 나름대로 놀이하게 한다. 교사는 유아들이 자신이 하고 있는 것에 흥미를 느껴야 잘 할 수 있다는 것을 명심한다.

분류판 만들기

분류판 1: 접착식 고리가 달린 분류판

- 가로 45cm, 세로 75cm의 직사각형 판자를 구한다. 유아가 다치지 않도록 판자의 끝부분을 다듬어 부드럽게 한다.
- 판자의 중앙에 짙은 색의 두꺼운 선을 내려 긋는다.
- 선으로 분리된 양쪽 면에 각각 6개의 고리를 붙인다(총 12개의 고리가 필요하다).
- 고리 간격에 맞는 작은 크기의 그림들을 코팅한 후 고리에 걸 수 있도록 윗부분을 펀치로 뚫어 판지에 붙인다.
- 교사가 첫 번째 고리에 하나의 그림을 걸면, 유아들은 나머지 그림들을 분류하여 고리에 건다.

분류판 2: 옷감 주머니가 있는 옷감 분류판

- 가로 7cm, 세로 12.5cm 정도의 옷감 12장을 준비한다. 이 옷감의 가로, 세로 5~6mm 정도는 시접으로 들어간다.
- 가로 45cm, 세로 75cm의 두꺼운 옷감에 앞의 옷감들을 두 줄로 배열한다. 이 옷감들의 세면만 박고, 윗부분을 남겨 놓으면 총 12개의 주머니가 만들어진다.
- 만들어진 옷감 분류판을 벽이나 책장 뒤, 옷장 문에 걸어 둔다.
- 주머니 안에 들어갈 카드를 준비한다. 카드를 주머니 안에 넣어도 카드의 그림이 보이도록 만든다.

분류판 3: 봉투 주머니가 있는 판지 분류판

- 12개의 편지봉투를 이용한다.
- 이 봉투를 큰 하드보드지에 두 줄로 배열하여(각 줄에 6개의 봉투) 풀로 붙인다.
- 이 판지 분류판을 유아들이 쉽게 사용할 수 있도록 낮은 탁자나 마루에 놓는다. 혹은 이것을 유아의 손이 닿는 낮은 곳에 걸어 둔다.

분류상자

- 칸막이가 있는 상자를 이용한다.
- 이 상자를 색 시트지로 싼다.
- 강한 테이프를 이용하여 칸막이를 견고하게 만든다.
- 칸막이가 선반으로 사용될 수 있도록 상자를 돌려놓는다.
- 유아가 분류하는 방법을 알 수 있도록 각각의 칸에 그림을 넣어 둔다.

3. 색 분류 상자

교육목표 색에 따라 분류한다(II수준은 색의 수를 늘려 활동).

활동자료 상자, 색이 있는 사물

활동방법 ① 종이 상자의 안과 밖에 빨강, 파랑, 노란 색을 칠하여 색 상자를 만든다.

② 빨강, 파랑, 노란 색의 사물들(예를 들면, 큰 구슬, 정육면체, 얍체볼 등)을 수집한다.

③ 다양한 색의 사물들을 각각의 색 상자 속에 구분하여 넣는 방법을 보여 주고, 유아들이 같은 방법으로 분류하게 한다.

빨간색 공은 빨간 상자에 넣어보자. 어떤 것이 빨간 상자일까?

④ 이후에는 색의 수를 늘려서 분류해 보게 한다.

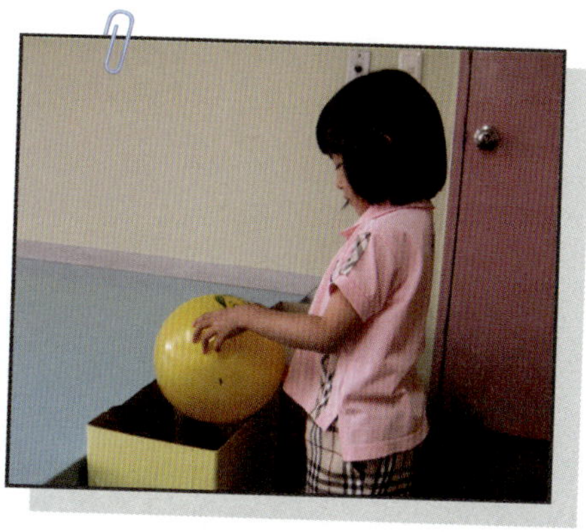

4. 모양 분류판

교육목표 단순한 분류를 한다. 기본 도형의 모양을 안다
(II수준은 더 다양한 모양들을 분류).

활동자료 모양 카드, 분류판

활동방법 ① 모양 카드와 분류판을 꺼내놓는다.

② 몇 개의 모양을 분류하는 방법을 보여 준 후 유아들이 직접 해 보게 한다.

이건 동그란 모양이구나. 어디에 들어가야 할까?
동그란 것은 이 왼쪽 줄에 들어가야지. 이 줄 맨 위에 동그라미 모양이 있잖아.
동그란 것을 주머니에 넣어줄래?
이건 무슨 모양일까? 그래. 세모 모양이구나. 이 세모 모양은 어디로 가야할까?

③ 유아들의 연령이 높고 흥미 있어 하면 더 많은 모양을 분류해 본다.

5. 건강을 위해 어떤 운동을 하고 싶나요

교육목표 친숙한 자료를 정리하여 그림이나 표로 만들어 보고 이야기한다.

활동자료 막대그래프

활동방법 ① 막대그래프를 이용하여 운동 종류의 개수를 비교해 본다.

② 유아들에게 막대그래프 읽는 방법을 알려 주어 각 범주에 해당되는 사물의 개수를 세어 보게 한다.

③ 그래프에서 보여지는 다양한 범주들을 비교한다. 이때 교사는 "보다 많은, 보다 적은, 서로 같은"과 같은 단어를 사용하여 이야기해 준다.

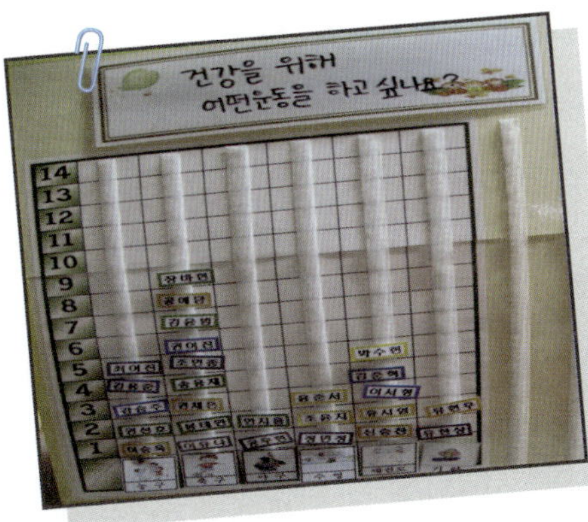

6. 조사해 봅시다

교육목표 사물을 10(이상)까지 센다.
친숙한 자료를 정리하여 그림이나 표로 만들어 보고 이야기한다.

활동자료 연필, 조사기록지

활동방법
① 유아들이 흥미 있어 하는 것들에 대해 간단히 조사해 보는 시간을 갖는다.
② 유아가 조사한 것을 기록할 수 있는 기록용지를 준비한다.
③ 유아와 함께 조사기록지를 보면서 무엇을 조사하는지에 대해 이야기한다(다음의 동물들을 각각 몇 명의 친구들이 좋아하나?).
④ 조사를 할 조사원을 뽑는다.
⑤ 활동 시간 동안 조사원은 교실에 있는 모든 유아들에게 질문을 한다. 교사는 유아들이 대답한 것을 조사원이 제대로 기록할 수 있도록 도와준다.
⑥ 조사원에게 학급 유아들의 명단을 주어 대답한 유아들의 이름을 지워 가며 조사하게 한다.
⑦ 교사는 조사원 유아가 모든 유아들에게 다 물어 본 후, 조사기록지에 인원수를 어떻게 표시하는지 알려 준다.
⑧ 어떤 답이 가장 많은 반응을 얻었는지에 대해서도 이야기한다.
⑨ 조사원 유아는 자신이 조사하여 알아 낸 결과를 친구들에게 이야기한다.

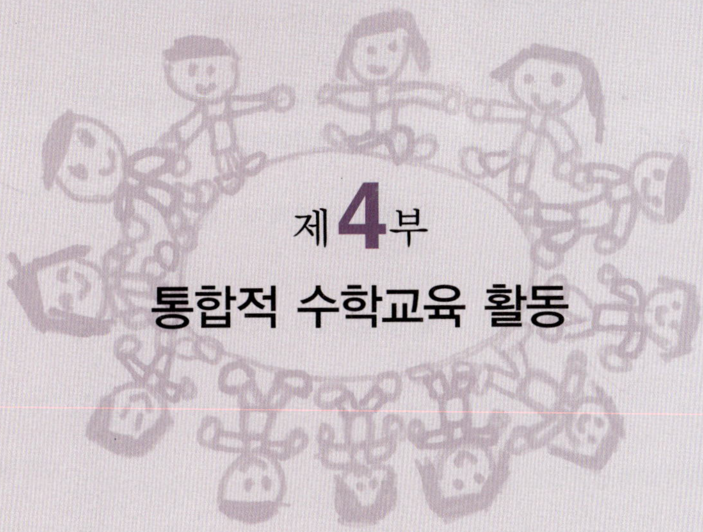

제 4 부
통합적 수학교육 활동

14 일상생활을 통한 수학개념 조직망

일상-간식
맛있는 딸기를 먹어요

수 감각 기르기

〈수 세기 능력의 발달〉

내가 가지고 온 딸기가 몇 개인지 함께 세어보며 수에 관심 가지기

〈수의 더하기와 빼기〉

딸기를 하나 먹고 몇 개가 남았는지 세어보기

〈부분과 전체〉

딸기를 잘라 겉과 속의 모양 색을 찾아보기

공간 및 도형에 대해 알아보기

〈공간〉

딸기가 어디에 놓여있는지 위, 아래, 옆의 개념에 대해 이해하기

〈도형〉

딸기는 어떤 모양일지 생각해 보고 찾아보기

자료 정리 및 결과 나타내기

〈단순 분류하기〉

간식 접시와 포크를 자리표를 보고 정리하기

〈그림을 이용한 그래프 활동〉

내가 먹고 싶은 딸기로 만든 음식으로 그래프 활동하기

기초적인 측정해 보기

〈비표준화에 따른 측정〉

- 접시 위의 딸기 중에 가장 큰 것과 작은 것을 찾아보기
- 높이가 다른 투명 컵 안에 딸기가 얼마만큼 들어있을까 예상해 보고 측정해 보기
- 딸기를 갈아보며 딸기의 양에 따라 얼마만큼 나올지 예측하고 측정해 보기
- 딸기의 무게를 재어보며 무게의 변화를 알아보기

규칙성 이해하기

〈상징을 이용한 패턴 활동〉

- 딸기 그림으로 패턴 활동해 보기
- 딸기로 만든 음식으로 패턴 활동해 보기

수업활동 계획안 1

활동명	맛있는 딸기를 먹어요	활동유형	일상-간식
활동목표	• 물체의 크기를 비교한다. • 수량을 세고 물체의 크기를 비교하여 순서를 지어 본다.		
수학적 개념	• 비표준화에 따른 측정 • 수 세기 능력의 발달 • 수의 더하기와 빼기		
준비물	딸기, 접시		
수업 전개	〈도입〉 • 수수께끼 판으로 딸기를 찾아보며 오늘의 간식을 소개한다. T : 무지개 수수께끼 판이 있어요. 빨, 주, 노, 초, 파란색이 있네요. 이 수수께끼 판 뒤에는 오늘의 간식 그림이 숨겨져 있어요. 어떤 그림이 숨겨져 있을지 함께 찾아볼까요? 어떤 색을 떼어볼까요? C : 음~노란색이요! T : 노란색을 떼어내니 무엇이 보이나요? C : 빨간색이요. 딸기다! 수박이다! T : 아직은 잘 모르겠어요. 이번에는 어떤 색을 떼어볼까요? C : 초록색이요! 파란색이요! T : 어떤 그림이 숨겨져 있는지 알겠나요? C : 딸기예요~! 〈전개〉 • 이름을 부르는 친구부터 차례대로 손을 씻는다. T : 이름을 부르는 친구는 곰돌이 자리에 줄을 서서 손을 씻을거예요. • 간식 차에서 접시를 가지고 자리에 앉는다. T : 손을 씻은 친구는 접시를 가지고 자리에 앉아 주세요. • 딸기를 나누어 주고 내 접시 위의 딸기가 몇 개인지 함께 세어본다. T : 딸기가 모두 몇 개가 있나요? C : 4개요! T : 함께 세어볼까요? • 어떤 딸기가 제일 큰지, 작은지 찾아본다. T : 접시에 있는 딸기 중에 어떤 딸기가 제일 큰가요? C : 이거요~! 이쪽에 있는 거요.		

수업 전개

T : 제일 큰 딸기는 오른쪽으로 놓아볼까요? 그 다음으로 큰 딸기는 무엇일까요?

C : 여기 있어요.

T : 큰 딸기 옆에 놓아볼까요? 두 번째 딸기보다 작은 딸기는 어디에 있을까요? 차례로 놓아볼까요?

- 딸기를 하나 먹고 나니 몇 개가 남았는지 알아본다.

T : 제일 작은 딸기부터 먹어 볼까요? 어떤 딸기가 제일 작나요? 우리가 딸기를 하나 먹으면 몇 개가 남을까요?

C : 3개! 2개!

T : 함께 세어볼까요?

〈마무리〉

- 간식을 먹은 뒤 그릇은 간식 차의 모양자리를 따라 정리한다.

T : 다 먹은 친구는 접시 모양자리에 정리해 주세요.

사진 자료

〈활동자료 및 활동의 예〉

• 큰 것부터 차례대로 놓아요.

만 3세 유아가 딸기의 크기에 따라 큰 것부터 작은 것으로 순서를 재어본다.

• 딸기가 모두 몇 개가 있나요?

만 3세 유아가 간식을 먹기 전 몇 개의 딸기가 있는지 세어본다.

• 하나를 먹고 나니 몇 개가 남았나요?

수의 많고 적음을 알아본 뒤 유아가 실제 딸기를 통해 빼기 개념을 이해한다.

• 자리표를 보고 제자리에 정리해요.

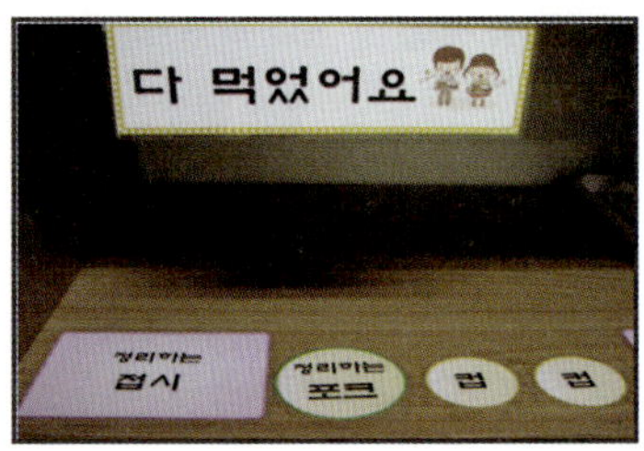

간식을 먹고난 뒤 스스로 정리하는 활동을 통해 접시를 모양과 크기에 따라 분류해 본다.

수학활동 계획안 1-1

생활주제	봄-딸기-1	활동유형	자유선택활동(수 · 조작놀이영역)
활동명	딸기로 만든 음식이에요.	집단형태	개별 활동
활동목표	단순하게 반복되는 규칙을 찾아보고 다음에 올 것을 예측해 본다.		
활동자료	딸기로 만든 음식 패턴 자료		
활동방법	① 패턴 자료를 탐색한다. – 어떤 모양이 있나요? ② 패턴 자료를 보고 규칙성을 찾는다. – 딸기 케이크 한 개와 빈 곳이 있어요. 그 다음에는 딸기 아이스크림이 있네요. 그 다음에는 딸기 우유가 있어요. 그 다음에는 무엇이 있나요? 빈 곳에는 어떤 음식이 들어갈까요? – 그럼 그다음에는 무엇이 와야 할까요? ③ 자료를 정리한다. – 바구니 앞에 어떤 그림이 있나요? 같은 '♠' 모양 자리에 정리해 볼까요?		

사진자료

〈활동사진〉	〈결과물 사진〉

만 3세 유아가 딸기 음식으로 된 사진 안에서 반복된 규칙을 찾아본다.	만 3세 유아가 패턴 자료를 통해 규칙성을 찾아본다.

수학활동 계획안 1-2

생활주제	봄-딸기-2	활동유형	자유선택활동(과학영역)
활동명	얼마만큼이 되었나요?	집단형태	소그룹
활동목표	딸기를 갈았을 때 컵의 얼마만큼 정도가 될까 예측하고 측정한다.		
활동자료	딸기 1팩, 믹서기, 투명컵 5개, 종이테이프(측정용)		
활동방법	① 자료를 탐색하고 딸기를 갈면 어떻게 변할지 생각해 본다. - 딸기를 갈면 어떤 모습으로 변할까요? ② 딸기 1개가 들어있을 때의 양을 예측하고 측정한다. - 딸기 1개를 갈면 이 컵의 얼마만큼이 올라올까요? - 딸기를 갈았더니 컵의 얼마만큼이 올라왔나요? - 딸기를 갈았을 때와 갈지 않았을 때는 무엇이 다른가요? - 딸기가 올라온 만큼 종이테이프로 표시해 볼까요? ④ 딸기 2개, 3개, 4개, 5개를 갈아보고 양의 차이를 표시하고 비교해 본다. - 딸기를 한 개 넣었을 때와 두 개 넣었을 때 무엇이 다른가요? - 어느 컵의 딸기가 제일 많을까요? 왜 그럴까요?		
	*딸기가 작아 1개, 2개, 3개로 한 개씩의 차이 구별은 쉽지 않았다. 1, 3, 5개 정도로 차이가 조금 큰 것이 좋을 듯하다.		

사진자료

〈활동사진〉

측정하기 전, 유아가 수의 많고 적음을 알아보기 위해 딸기의 개수를 세어본다.

〈결과물 사진〉

만 3세 유아들과 함께 딸기 양의 변화에 대해 예측한 뒤 결과를 알아본다.

수학활동 계획안 1-3

생활주제	봄–딸기–3	활동유형	자유선택활동(수 · 조작놀이영역)
활동명	내가 먹고 싶은 딸기로 만든 음식은?	집단형태	개별 활동 · 대집단
활동목표	• 수량의 많고 적음을 비교한다. • 친구들이 어떤 음식을 가장 먹고 싶어 하는지 관심을 가진다.		
활동자료	딸기로 만든 음식 그림, 그래프, 이름표		
활동방법	① 딸기로 만든 음식에 대해 알아본다. – 딸기가 들어간 음식은 무엇이 있을까요? ② 딸기 그래프 활동을 한다. – 어떤 음식을 먹고 싶은지 표시해 볼까요? ③ 그래프 활동한 것을 평가한다. – 친구들이 어떤 음식을 가장 많이 먹고 싶어 하나요? – 어떻게 알 수 있나요? – 친구들이 어떤 음식을 가장 적게 먹고 싶어 하나요? – 딸기 우유는 몇 명의 친구가 먹고 싶다고 했나요? *그래프 활동을 통해 친구들이 먹고 싶어 하는 '딸기로 만든 음식' 에 대해 알 수 있었고, 그 결과물을 통해 '딸기 쉐이크' 를 만들어 보기로 결정지었다. 그래프 활동을 통해 유아들의 수가 많고 적음에 대한 개념이 뚜렷해지는 것 같다.		

사진자료

〈활동사진〉

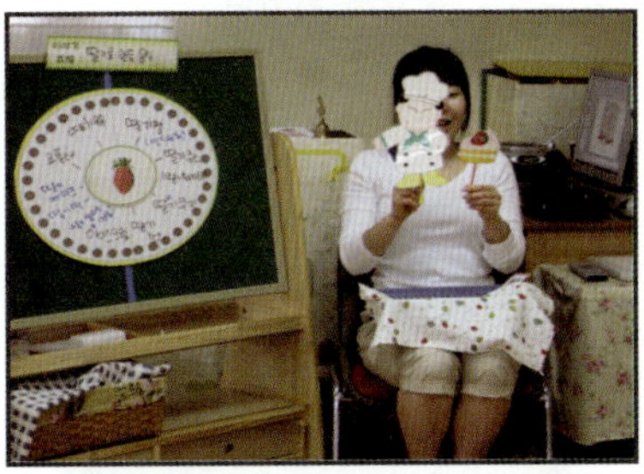

유아들과 함께 딸기로 만든 음식에 대한 생각을 모아본다.

〈결과물 사진〉

만 3세 유아들과 그래프 활동 후 어떤 부분이 더 많고 적은지 비교하고 관찰해 본다.

수학활동 계획안 1-4

생활주제	봄-딸기-4	활동유형	요리활동
활동명	부분과 전체 찾기	집단형태	소집단
활동목표	• 딸기의 생김새를 관찰하고 탐색한다. • 겉 모습과 속 모습을 비교하고 생김새를 구별한다.		
활동자료	믹서기, 빵 칼, 접시, 딸기		
활동방법	① 딸기의 겉 모습을 보고 어떤 모양인지, 어떤 색인지 이야기를 나눈다. - 딸기는 무슨 모양과 닮은 것 같나요? - 딸기는 무슨 색을 가지고 있나요? ② 딸기의 안은 어떤 색이 들어있을까 예측해 본다. - 딸기를 자르면 안에는 무슨 색이 있을까요? - 딸기를 자르면 어떤 모양으로 보일까요? ④ 딸기를 반으로 잘라보고 안의 모습을 살펴본다. - 어떤 모양 같나요? - 무슨 색이 보이나요? ⑤ 딸기를 잘게 잘라보고 원래 모습과 어떻게 달라졌는지 이야기를 나눈다. - 딸기를 더 자르니 어떻게 되었나요? ⑥ 믹서기에 넣어서 딸기의 변하는 모습을 관찰한다. - 딸기를 믹서기에 갈면 어떻게 될까요? - 딸기가 모두 섞이면 딸기의 모습이 어떻게 바뀌나요? *확장 활동에서 '딸기 쉐이크'를 가지고 신체 표현을 했는데 딸기의 갈아지는 모습을 재미있게 표현해 주었다. 요리 시 딸기의 전 · 후 모양의 자세한 탐색이 큰 도움이 되었다.		

사진자료

〈활동사진〉

요리활동을 통해 딸기의 생김새와 색을 알아보고, 여러 모양으로 딸기를 자르며 모양의 변화를 살펴본다.

〈결과물 사진〉

만 3세 유아가 가로, 세로로 자른 딸기의 단면을 살피며 색의 조화, 모양의 변화에 관심을 보인다.

수학활동 계획안 1-5

생활주제	봄-딸기-5	활동유형	자유선택활동(수 · 조작놀이영역)
활동명	그 다음엔 무엇이 올까요?	집단형태	개별 활동
활동목표	단순하게 반복되는 규칙을 찾아보고 다음에 올 것을 예측해 본다.		
활동자료	딸기 패턴 자료		
활동방법	① 패턴 자료를 탐색한다. - 어떤 모양이 있나요? ② 패턴 자료를 보고 규칙성을 찾는다. - 빨갛게 익은 딸기와 익지 않은 초록색 딸기가 한 개씩 있어요. 빨간 딸기 다음에는 어떤 딸기가 올까요? - 그럼 그 다음에는 무엇이 와야 할까요? - 딸기가 두 개, 하얀 꽃이 한 개 있어요. 그 다음에도 빨간 딸기가 두 개 있네요. 그럼 그 다음에는 무엇이 올까요? ③ 자료를 정리한다. - 바구니 앞에 어떤 그림이 있나요? 같은 '♥' 모양 자리에 정리해 볼까요? *큰 어려움 없이 각 자료에서의 규칙성을 이해했다. 유아들의 각 수준에 따라 차이는 있었지만 게임 자료의 소개 시 규칙성에 대한 설명으로 대부분의 유아들이 큰 어려움 없이 활동을 완성했다.		

사진자료

〈활동사진〉

유아가 익은 딸기와 익지 않은 딸기의 패턴을 관찰하며 일정한 규칙을 찾아본다.

〈결과물 사진〉

딸기 패턴을 통해 일정한 규칙을 예측해 본다.

수학활동 계획안 1-6

생활주제	봄-딸기-6	활동유형	자유선택활동(수 · 조작놀이영역)
활동명	비표준화에 따른 측정	집단형태	소집단
활동목표	• 임의 측정 단위에 관심을 가진다. • 두 물체의 길이와 크기를 비교하고 말한다.		
활동자료	높이가 다른 같은 크기의 투명한 컵, 딸기		
활동방법	① 컵 안의 딸기를 보고 어느 컵의 딸기가 더 많을까 생각해 본다. - 무엇이 달라보이나요? - 어느 컵의 딸기가 더 많을까요? ② 컵의 크기를 비교한다. - 어떤 컵이 더 큰가요? 어떤 컵이 더 작은가요? ④ 딸기가 몇 개 들어있는지 함께 세어본다. - 큰 컵에는 딸기가 몇 개 들어 있을까요? - 함께 세어볼까요? ⑤ 딸기의 개수가 왜 다를까 생각해 본다. - 두 컵 안의 딸기가 왜 한 쪽은 많고 한 쪽은 적을까요? * 유아들은 한 눈에 어떤 컵의 딸기가 더 많은지 알아보았다. 조금 더 빠른 유아들은 컵 안의 딸기 개수를 눈으로 세어 이야기했다. 예측을 하고 나서 결과를 살펴보며 자신의 예상과 같은지 같지 않은지에 대해 큰 흥미를 보이며 즐거워했다. 크고 작음에 대한 개념과 수 세기의 능력을 한 눈에 알아볼 수 있었다.		

사진자료

〈활동사진〉

높이가 다른 컵의 모습을 보고 유아들과 딸기 개수를 예측해 본다.

〈결과물 사진〉

직접 딸기의 개수를 세어 보며 크고 적음과 수 세기 능력을 알아본다.

수학활동 계획안 1-7

생활주제	봄-딸기-7	활동유형	자유선택활동(과학영역)
활동명	무게를 재어요	집단형태	개별 활동
활동목표	무게를 측정하고 저울에 있는 눈금의 움직임을 관찰한다.		
활동자료	높이가 다른 같은 크기의 투명한 컵, 딸기		
활동방법	① 저울을 탐색한다. - 저울을 보니 무엇이 있나요? - 눈금에 어떤 숫자가 써 있나요? ② 저울에 딸기를 올리고 눈금의 변화를 관찰한다. - 딸기를 하나 올리니 눈금이 얼마만큼 움직였나요? - 어떤 숫자를 가리키고 있나요? ④ 딸기를 차례차례 올리고 눈금의 변화를 관찰한다. - 딸기가 많아지니 눈금이 조금씩 어디로 움직였나요? *딸기의 무게가 모두 같지 않고 무게가 적게 나가 눈금이 움직이는 차이도 제각각이었기 때문에 딸기를 하나씩 올리며 눈금의 변화를 관찰하고 수에 관심을 가지는 정도의 활동으로 이루어졌다.		

사진자료

〈활동사진〉

유아와 함께 무게를 측정하기 위해 딸기를 저울에 올리고 눈금의 변화를 살펴본다.

〈결과물 사진〉

딸기의 무게를 각각 재고 저울의 눈금 변화를 관찰해 본다.

15 게임활동을 통한 수학개념 조직망

게임
신발을 찾아요

수 감각 기르기

〈수 세기〉

내 양말의 개수를 세어보기

〈부분과 전체〉

전체와 부분 비교하며 맞추기

공간 및 도형에 대해 알아보기

〈공간〉

게임으로 위치 알기(선생님의 앞에 서기, 책상 위와 아래, 매트 위와 아래, 비밀상자 옆).

〈도형〉

도형의 짝 찾아주기

자료 정리 및 결과 나타내기

〈단순 분류하기〉

- 신발의 모양에 따라 신발 분류하기
- 게임판을 돌려 나오는 같은 모양의 표정찾기
- 나와 가족이 사용하는 물건 분류해 보기

〈그림을 이용한 그래프 활동〉

우리 가족의 수를 그래프로 나타내기

기초적인 측정해 보기

〈비표준화에 따른 측정〉

- 내 키만큼 블록을 쌓아보기
- 나와 친구의 키를 손바닥과 발바닥으로 재어보기

규칙성 이해하기

〈상징 패턴〉

게임 자료를 색깔별로 분류하여 패턴으로 만들기

수업활동 계획안 2

<table>
<tr><td>활동명</td><td>신발을 찾아요</td><td>활동유형</td><td>게임</td></tr>
<tr><td>활동목표</td><td colspan="3">• 색깔을 구분하고 즐거운 마음으로 게임에 참여한다.
• 게임 약속에 대해 알고 여러 모양의 생김새를 분류해 게임에 참여한다.</td></tr>
<tr><td>수학적 개념</td><td colspan="3">• 자료 정리 및 결과 나타내기
• 수 감각 기르기</td></tr>
<tr><td>준비물</td><td colspan="3">인형, 신발장 그림, 여러 패턴의 신발 그림, 비밀상자, 유니바, 출발신호, 점수판</td></tr>
<tr><td>수업 전개</td><td colspan="3">〈도입〉
• 인형이 나와 엉망으로 되어있는 신발장을 보여주고 기쁨반 친구들에게 도움을 청한다.
– 기쁨반 친구들 안녕? 난 동호라고 해. 신발을 신고 밖으로 나가야 하는데 신발장에 신발들이 이렇게 엉망으로 되어있지 뭐야. 혼자서 정리하려고 하니 모양도 다르고 색도 모두 달라서 조금 힘들어. 기쁨반 친구들이 나를 좀 도와줄 수 있겠니?
〈전개〉
• 팀 나누기와 팀 이름 정하기
T : 선생님 오른쪽에 앉아있는 친구들은 일어나 앞에 있는 친구와 안아주세요.
T : 친구들과 한 명씩 만나 안을 수 있나요?
C : 네~
• 팀 이름과 응원 방법을 정하기
T : 오늘은 팀 이름을 '신발' 팀과 '정리' 팀으로 나누면 어떨까요?
C : 좋아요~
T : '신발팀을 하고 싶어요' 하는 친구들은 손을 들어볼까요?
T : 선생님 오른쪽에 앉아있는 10명의 친구와 선생님 왼쪽에 앉아있는 5명의 친구가 '신발팀' 을 하고 싶다고 해 주었어요. 그러면 어느 팀의 친구가 손을 더 많이 들었을까요?
C : 10명이요! 우리요!
T : 손을 조금 더 많이 들어 준 이 쪽 팀의 이름을 '신발팀' 으로 정하겠습니다.
T : 응원 방법을 정해 볼까요? 신발팀은 응원을 어떻게 할까요?
C : 잘해라 잘해라~! 이렇게요.
T : 함께 큰 소리로 응원해 볼까요?
• 게임 도구와 대형 탐색 후 게임 방법 정하기
T : 어떤 게임 도구들이 있나요?
C : 뛰어 넘는 게 있어요. 신발이 많이 있어요. 비밀상자도 있어요.</td></tr>
</table>

수업 전개	T : 유니바도 있고, 뒤쪽 융판의 신발장 안에 신발들이 있어요. 비밀상자도 있네요. 그런데 신발장 안의 신발들의 모습이 어떤가요? C : 하나씩 밖에 없어요. T : 여기 있는 비밀 상자에는 무엇이 있을까요? (꺼내보며) 뒤쪽에 있는 신발장의 신발과 같은 모양의 신발이 들어있어요. 이것들로 어떤 게임을 할 수 있을까요? C : 신발을 꺼내서 여기를 지나가서 신발장에 붙여요. • 연습 게임하기 T : '이렇게 하는 게임이에요' 하고 보여줄 수 있는 친구있나요? T : 신발팀의 ㅇㅇ친구, 정리팀의 ㅇㅇ친구 나와주세요. T : 두 친구가 약속을 잘 지켜서 게임을 해 주었나요? T : 빨간색 신발에 반짝이 하트가 있는 신발을 꺼내면 신발장의 어떤 신발 옆에 붙여야 할까요? C : 빨간색 신발 옆에 붙여요~ T : 오늘은 약속을 지켜서 먼저 들어온 팀에게 승리점수를 올려줍니다. 무지개 점수판에 발자국도 무지개판을 따라 길게 찍어줄 거예요. 그리고 응원도 열심히 하고 바르게 앉아 약속을 지킨 팀에게는 발바닥 모양 약속 점수를 줄 거예요. • 약속 정하기 T : 게임을 재미있게 하려면 어떤 약속을 지킬 수 있을까요? C : 친구가 지나가는 데 불편하게 하지 않아요. 응원해요. 약속을 지켜요. • 게임 평가하기
	T : 어느 팀의 승리점수가 더 높은가요? 함께 숫자를 세어볼까요? T : 약속을 잘 지킨 팀은 어느 팀일까요? 〈마무리〉 • 게임을 하고 난 뒤의 기분을 평가한다. T : 게임을 하고 나니 어떤 기분이 드나요? C : 감탄하는 기분이 들었어요. T : 어떤 부분이 제일 재미있었나요? C : 신발 붙이고 오는 게 재미있었어요. • 게임 자료의 활용 방법에 대해 이야기를 나눈다. T : 게임 자료는 어떻게 사용할 수 있을까요? C : 음…… 교실에서 같이 붙여요. T : 그러면 수 · 조작놀이영역에서 친구들과 함께 놀이해 보도록 해요. T : 이름을 부르는 친구는 차례대로 문 앞에 줄을 서 주세요.

사진 자료

〈활동자료 및 활동의 예〉

• 신발장의 신발들을 정리해 주세요.

어지러진 신발장 그림을 통해 규칙적으로 배열할 수 있는 동기를 부여한다.

• 여러 신발들이 신발장에 있어요.

일대일 대응 및 분류 개념을 이해할 수 있도록 교구를 제시한다.

• 어느 팀의 점수가 더 높은가요?

게임 점수판의 높이를 살펴보며, 수의 많고 적음을 이해하고 활동을 평가해 본다.

• 같은 모양을 찾을 수 있어요.

같은 신발 그림을 찾아 붙이고 돌아오는 게임을 해 본다.

수학활동 계획안 2-1

생활주제	나와 가족-1	활동유형	자유선택활동(수 · 조작놀이영역)
활동명	가족 퍼즐	집단형태	개별 활동/대집단
활동목표	• 전체의 모습과 부분 모습을 비교하며 퍼즐을 맞춘다. • 위, 아래, 옆의 개념에 대해 이해한다.		
활동자료	퍼즐 자료		
활동방법	① 가족 그림 자료의 전체 그림과 부분 그림을 비교해 제 자리에 놓는다. - 할아버지의 얼굴이 있는 퍼즐은 어느 곳에 놓을 수 있을까요? - 엄마 아래에는 누가 계시나요? - 할머니 옆에는 누가 있나요? ② (대집단 활동 시) 친구들과 모여 앉아 내 자리는 어디인지 함께 찾아본다. - 나는 누구 옆에 있을까요? - 내 앞에는 누가 있을까요? - ㅇㅇ친구 뒤에는 누가 앉아 있나요? - ㅇㅇ친구 앞에는 누가 앉아 있나요? - ㅇㅇ친구 옆에는 누가 앉아 있나요? **＊대부분의 유아들은 퍼즐을 제자리에 맞추고 위, 아래, 옆의 개념에 대해 이해했으나 어려워하는 유아들이 있어 조각 퍼즐과 완성 그림에 도형을 넣어주어 같은 도형을 찾도록 했다.**		

사진자료

〈활동사진〉

만 3세 유아가 퍼즐의 조각 모양을 비교하며 전체 모습을 완성해 간다.

〈결과물 사진〉

퍼즐을 완성하고 가족의 위치를 통해 위, 아래, 옆의 개념을 알아본다.

수학활동 계획안 2-2

생활주제	나와 가족-2	활동유형	이야기 나누기
활동명	가족의 물건을 분류해요	집단형태	중집단
활동목표	• 가족 구성원에 대해 안다. • 가족이 사용하는 물건에 관심을 가지고 분류한다.		
활동자료	가족 얼굴 그림, 가족물건(화장품, 면도기, 넥타이, 장난감, 젖병, 딸랑이 등)		
활동방법	① 가족 구성원에 대해 알아본다. – 우리 집에는 누가 함께 살고 있나요? – 할아버지, 할머니와 같이 사는 친구도 있나요? ② 유아들이 집에서 가지고 온 가족의 물건을 소개한다. ③ 물건에 대해 알아보고 가족의 물건을 분류한다. – 이 물건은 어떻게 사용할 수 있을까요? – 이것은 누가 사용할 수 있는 물건일까요? *각 물건을 분류함에 있어 편견을 갖지 않도록 각 물건을 사용할 수 있는 가족 구성원은 누가 있을지 찾아보고, 한 쪽 성(性)에만 국한되지 않도록 발문에 신경을 썼다. 명확하게 떨어지는 분류가 아니었으므로 그만큼 조금 애매한 부분도 있었던 것 같다. 한 물건을 두고 가족 구성원으로 분류해 보는 것도 방법이 될 수 있다.		

사진자료

〈활동사진〉

유아들과 가족 구성원의 물건을 소개하고 물건을 분류하는 활동을 해 본다.

〈결과물 사진〉

가족 구성원과 물건 알아보기를 통해 각 구성원에게 필요한 물건을 분류하는 경험을 나누어 본다.

수학활동 계획안 2-3

생활주제	나와 가족-3	활동유형	자유선택활동(수 · 조작놀이영역)
활동명	우리 가족은 몇 명일까요?	집단형태	개별 활동/대집단
활동목표	• 가족 구성원에 관심을 가진다. • 우리 가족은 몇 명이 있는지 알아보고 그래프 활동에 참여한다.		
활동자료	색연필, 종이, 그래프 판		
활동방법	① 우리 가족은 누가 있는지 알아본다. - 우리 가족에는 누구누구가 있나요? - 그럼 모두 몇 명이 있나요? ② 그림으로 그린 가족 얼굴 그래프를 붙여본다. - ○○의 가족은 모두 몇 명일까요? ③ 그래프를 보며 어떤 가족이 제일 적은지, 많은지를 알아본다. - 어떤 친구의 가족이 제일 많아 보이나요? 왜 그런가요? - 몇 명인지 함께 세어볼까요? ④ 두 가족을 합하면 몇 명이 될까요? - ○○와 ○○이의 가족을 합치면 모두 몇 명일까요? *어린 연령의 유아들이기에 자신의 가족 구성원 수에 대해 정확하게 알지 못하는 경우도 있어 교사가 미리 각 가정의 가족 수를 파악하고 있어야 활동이 정확하게 진행될 수 있다. 가족 구성원에 대해 알아본 후라서 구성원의 그림을 그려 그래프로 활용해 보았다.		

사진자료

〈활동사진〉

유아가 가족 구성원에 대해 알아본 뒤 가족 수 그래프 활동을 해 본다.

〈결과물 사진〉

그래프 활동을 통해 나의 가족과 친구 가족의 구성원을 알아보고 비교하며 결과를 살펴본다.

수학활동 계획안 2-4

생활주제	나와 가족-4	활동유형	게임
활동명	양말을 널어요.	집단형태	중집단
활동목표	• 게임을 통해 기초적인 수 개념에 관심을 가진다. • 구체물을 탐색하고 게임 활동에 참여한다.		
활동자료	빨래집게, 빨래 건조대(집게로 집을 수 있는 것), 신고 있던 양말		
활동방법	① 팀을 나누고 인원수를 알아본다. - 서로 만나서 악수를 해 볼까요? - 한 명의 친구씩 만날 수 있었나요? ② 빨래하는 모습에 대해 이야기를 나누고 함께 빨래를 해 보기로 한다. ③ 게임 자료를 탐색하고 무슨 게임을 할 수 있을지 생각해 본다. ④ 우리가 신고 있던 양말에 대해 이야기한다. - 우리가 신고 있는 양말로 게임을 해 볼 수 있을까요? - 우리 발은 모두 몇 개 인가요? 함께 세어볼까요? - 우리가 신고 있는 양말은 모두 몇 개 인가요? - 양말을 벗어서 함께 빨아볼까요? ⑤ 양말을 벗어서 빨래하는 모습을 흉내내어 본다. - 조물조물~ 비누칠은 몇 번 해 볼까요? 세 번 해 볼까요? - 위에서 주물러 볼까요? 아래에서 주물러 볼까요? - 이제 물로 다섯 번 헹구고~ 한 번, 두 번…… 빨래를 널러 출발할까요? ⑥ 집게로 빨래를 널고 돌아온다. ⑦ 빨래를 널고 돌아온 친구들에게는 빨래집게를 점수로 옷에 집어준다. ⑧ 게임이 끝난 뒤 평가한다. * 직접 관련이 있는 구체물을 통한 게임이라 유아들 모두 흥미롭게 참여한 게임이었다. 게임을 통해 기초적인 수 개념과 일대일 대응의 발문에 신경을 써 게임을 진행했고, 체험을 통해 수 개념을 습득할 수 있는 좋은 기회가 된 것 같다.		

사진자료

〈활동사진〉	〈결과물 사진〉

양 팀의 인원수를 알아보고 게임 자료를 살피며 일대일 대응 및 기초적인 수개념 이해를 도모해 본다.	구체물을 통한 게임 진행으로 수에 대해 쉽게 접근해 본다.

16 조형활동을 통한 수학개념 조직망

미술
그랑드자트섬의 일요일 오후

수 감각 기르기

〈수 세기〉

명화에 나오는 것(사람, 나무, 동물, 양산 등)

〈수의 비교〉

- 앉아 있는 사람과 서 있는 사람
- 더하기 빼기 그림에 더 넣고 싶은 것 그려보기
- 부분과 전체: 명화 퍼즐

공간 및 도형에 대해 알아보기

〈공간〉

- 점으로 면 채우기
- 명화 재배치

〈도형〉

그림자 찾기

자료 정리 및 결과 나타내기

〈실물 분류〉

- 남자와 여자
- 바지 입은 어린이와 치마 입은 어린이

〈그래프〉

그림을 감상한 후 나의 느낌

〈조사〉

주말에 가족과 하고 싶은 일

기초적인 측정해 보기

〈측정〉

- 내 키 그림자 길이(서 있는 모습, 앉아 있는 모습 등)
- 그림자의 길이(가까이, 멀리)
- 손수건을 말리는 데 걸리는 시간은?
- 옷의 종류에 따라 무게 재어보기

〈순서 짓기〉

(명화 속 자료 활용) 크기대로 놓아보기

규칙성 이해하기

〈실물 패턴〉

우산, 모자, 색깔

〈상징 패턴〉

우산, 동물, 사람

수업활동 계획안 3

<table>
<tr><td>활동명</td><td>그랑드자트섬의 일요일 오후</td><td>활동유형</td><td>명화감상</td></tr>
<tr><td>활동목표</td><td colspan="3">• 그림을 감상하고 느낌을 표현한다.
• 그림 속에 나타난 것들을 수 세기 할 수 있다.</td></tr>
<tr><td>수학적 개념</td><td colspan="3">• 수 감각 기르기
• 자료 정리 및 결과 나타내기</td></tr>
<tr><td>준비물</td><td colspan="3">명화, 활동지, 그래프, 사인펜 등</td></tr>
<tr><td>수업 전개</td><td colspan="3">〈도입〉
• 그림의 내용을 이야기로 듣고 상상해 본다.
T : 선생님이 하는 이야기를 잘 듣고 생각주머니로 생각해 볼까요?
– 햇살이 따뜻한 날이에요. 한쪽에는 물이 흐르고 배를 타고 물 아래를 바라보며 이야기 나누는 사람들이 있어요. 다른 한쪽에는 공원이에요. 여러 그루의 나무가 있고 모자를 쓴 남자, 여자 어른들이 쉬고 있어요.
T : 생각주머니 속에 그림이 그려졌나요? 어떤 느낌이 드나요?
C : 배를 타는 것이 재미있을 것 같아요.
C : 나무 그늘 아래에 있으면 시원할 것 같아요.

〈전개〉
• 그랑드자트섬의 일요일의 오후 명화를 소개한다.
T : 선생님이 이야기한 내용을 그대로 그려 놓은 그림이 있어 소개하려고 해요. 함께 그림을 볼까요?
C : 네.
T : 선생님의 이야기를 듣고 ♡♡반 친구들이 생각한 그림과 여기 있는 그림이 비슷한가요?
• 그림의 내용을 감상한다.
T : 무엇을 하고 있는 그림인 것 같나요?
C : 쉬고 있는 것 같아요.
• 작가와 점묘법을 이용한 그림을 이야기한다.
T : 이 그림을 그리신 분의 이름은 '조르주 피에르 쇠라' 예요. 프랑스 파리에서 태어났어요. 이 그림은 프랑스에 있는 센 강변에서 일요일을 즐기는 파리 시민들을 모습이에요. 이 그림은 어떻게 그린 것 같나요?
C : 물감으로 색칠한 것 같아요.
T : 선으로 그린 것이 아니라 점을 찍어서 그렸대요. 이 그림을 완성하는데 2년이라는 시간이 걸렸대요.</td></tr>
</table>

수업 전개

C : 와~ 정말 힘들었겠다.

• 명화 속에 나타난 등장인물들의 특징을 알아본다.

T : 그림 속에 숨은 그림들이 있는데 함께 찾아볼까요?

C : 원숭이가 있어요.

T : 그림 속에 동물들이 숨어 있었네요. 모두 몇 마리인지 세어볼까요? 또 무엇이 있을까요?

C : 나무도 세어 봐요.

T : 나무는 모두 몇 그루일까요?

C : 하나, 둘, 셋…….

C : 모두 열네 그루예요.

T : 모두 열네 그루네요. 그림 속에 있는 사람은 모두 몇 명일까요?

C : 사람이 너무 많아요.

T : 선생님이랑 함께 세어볼까요?

C : 삼십일이에요.

T : 손가락을 모두 펴면 몇 개일까요?

C : 십이요.

T : 그것을 모두 세 번하고도 한 명이 더 있군요. 많은 사람들이 편하게 쉬고 있네요.

C : 네. 우산을 쓴 사람도 있어요.

T : 우산은 언제 쓰는 걸까요?

C : 비가 올 때요.

T : 그림 속에서 날씨는 어떤 날씨인 것 같나요?

C : 해가 떴어요.

T : 해가 뜬 날 쓰는 우산을 '양산' 이라고 해요. 양산을 쓴 사람 옆에는 무엇이 있나요?

C : 여자 두 명이 앉아 있어요.

T : 나무 아래에 앉은 사람들은 무엇을 할까요?

• 그림자를 찾아본다.

T : 그림 속의 사람들 아래에는 무엇이 있나요?

C : 검은색 그림자예요.

〈마무리〉

• 그림을 감상한 느낌에 대해 이야기를 나눈다.

T : 그림을 감상해 보았는데요. 어떤 느낌을 들었나요?

C : 쉬는 모습을 보니까, 편안한 느낌이 들었어요.

C : 양산을 쓴 사람들이 있어서 더울 것 같아요.

• 내가 느낀 감정을 그래프로 표현해 볼 것임을 알리고, 방법에 대해 이야기를 나눈다.

T : 그림을 감상하고 느낀 감정을 친구들과 함께 그래프에 표시해 보고, 어떤 느낌이 제일 많이 들었는지 찾아볼 수 있을까요?

사진 자료

〈활동자료 및 활동의 예〉

• 명화감상 속에 나오는 인물 표현

명화를 감상하고 등장인물을 몸으로 표현해 본다.

• 명화감상을 통해 느낀 정서를 그래프로 표현

명화감상 후 느낀 감정을 그래프로 표시한 후 비교한다.

• 그림 속에 나타난 것을 나누어 보기

• 그림 속에 나타난 것을 수로 세어보기

그림 속에 나타난 것을 사람, 나무, 동물로 나누어 보고, 수를 세어본다.

수학활동 계획안 3-1

생활주제	봄의 생활-1	활동유형	자유선택활동(조형활동)
활동명	점으로 면 채우기	집단형태	개별 활동
활동목표	• 기본 평면 도형의 생김새를 구별한다. • 그림을 보고 구성물을 꾸며본다.		
활동자료	요플레 통, 여러 가지 색깔 물감, 면봉, 활동지		
활동방법	① 봄을 나타내는 그림이 그려져 있는 활동지를 준비한다. ② 작업판을 깔고 활동지를 위에 올려놓고 활동지를 탐색한다. – 어떤 그림이 그려져 있나요? ③ 화가처럼 점으로 찍어 색을 나타낼 것임을 알린다. – 화가가 어떤 방법으로 그림을 표현했나요? ④ 활동지 위에 원하는 색깔과 크기의 점을 찍을 수 있도록 이야기한다. – 점으로 색칠하는 것이 아니라 점을 찍어서 표현해 보도록 해요. ⑤ 색칠한 것이 마르면 모양 속에 찍힌 점의 개수에 대해 이야기한다. – 나비 모양 속에 있는 노란색 점은 모두 몇 개인가요? – 점이 제일 많이 찍혀있는 것은 무엇인가요? – 점이 제일 적게 찍혀있는 것은 무엇인가요? – 큰 점으로 찍었을 때와 작은 점으로 찍었을 때 개수가 다른가요? – 어떤 것으로 찍으면 빨리 면을 채울 수 있을까요?		

사진자료

〈활동사진〉

화가의 그림 그리는 방법에 대해 이야기를 나누고 직접 화가가 되어 그림으로 표현해 본다.

〈결과물 사진〉

점의 크기를 달리하여 그림을 표현하고 점의 개수와 그림이 완성된 시간을 비교한다.

수학활동 계획안 3-2

생활주제	봄의 생활-2	활동유형	실외 활동
활동명	그림자 찾기	집단형태	소집단
활동목표	• 주변 물체의 여러 가지 측정 가능한 길이를 탐색한다. • 나를 중심으로 위, 아래, 앞, 뒤, 옆을 알아본다.		
활동자료	유아가 들 수 있는 정도의 소품(모래놀이 도구, 공 등), OHP기계		
활동방법	① 명화 속에서 나타난 그림자를 찾아볼 것임을 소개한다. - 내 그림자를 알아보려고 해요. 어디에서 하면 좋을까요? ② 그림자를 탐색한다. - 그림자의 모습이 어떠한가요? - 그림자의 길이를 작게 만들 수 있는 방법은 무엇일까요? ③ 소품을 이용하여 그림자의 변화를 탐색한다. - 물건을 들고 있을 때 그림자는 어떻게 변할까요? - 햇빛 앞에 서서, 물건(공)을 내 몸 밖으로 들어볼까요? ④ 햇빛 이외에 그림자를 나타낼 수 있는 것에 대해 이야기한다. - 햇빛 아래에서만 우리의 그림자를 볼 수 있나요? - 그림자가 생기려면 무엇이 필요할까요? ⑤ OHP기계로 그림자를 나타내 보고, 그림자의 크기에 대해 알아본다. - 빛으로 그림자를 나타낼 수 있다면, 빛을 내는 것은 무엇이 있나요? - 그림자가 내 모습보다 커 보이게 하려면 어떻게 해야 할까요? - 그림자가 작아 보이려면 몇 걸음 앞으로 가야할까요?		

사진자료

〈활동사진〉

그림 속에 나타난 그림자를 표현하기 위해 햇빛이 있는 실외 놀이터에서 그림자를 관찰해 본다.

〈결과물 사진〉

빛의 거리에 따라 그림자의 크기가 크게 또는 작게 나타나는 것을 확인해 본다.

수학활동 계획안 3-3

생활주제	봄의 생활-3	활동유형	자유선택활동(조형활동)
활동명	그림에 더 넣고 싶은 것	집단형태	개별 활동
활동목표	• 구체물을 가지고 더하고 빼는 경험을 해 본다. • 기본 평면 도형을 합하거나 나누어서 여러 가지 모양을 구성해 본다.		
활동자료	조각 그림, 명화 활동지, 풀, 가위		
활동방법	① 그림을 복사해 활동지를 준비하고, 작게 출력하여 작은 그림들을 오려 놓거나 오릴 수 있도록 준비한다. ② 그림 속에 더 필요한 것에 대해 이야기를 나눈다. – 그림 속에 더 있었으면 하는 것은 무엇이 있나요? – 어디 옆에 있으면 좋을 것 같나요? – 나무는 강가 옆에 있는 것이 좋을까요? ③ 조각 그림들을 이용해서 붙여 본다. ④ 다른 친구들이 완성한 그림을 보면서 감상해 본다. ⑤ 그림에서 없어도 되는 것에 대해 이야기하고 가위를 이용해 오려본다. – 그림에서 없어도 되는 것은 무엇인가요? – 나무 아래에 양산을 쓰고 앉아있는 사람은 어떤가요?		

사진자료

〈활동사진〉

그림 속에 더 넣고 싶은 것과 빼고 싶은 것에 대해 생각해 보고 그림을 출력하여 붙이거나 그림을 오려 완성한다.

〈결과물 사진〉

그림을 완성한 후 교실에 전시하고 자신의 작품을 친구들에게 소개한다.

수학활동 계획안 3-4

생활주제	봄의 생활-4	활동유형	자유선택활동(수 · 조작놀이영역)
활동명	그림 속에 숨은 그림 찾기	집단형태	개별 활동
활동목표	• 주변의 물체를 10까지 세고 숫자와 연결해 본다. • 생활 속에서 수량의 많고 적음을 비교한다.		
활동자료	명화 그림 자료, 활동지, 사인펜		
활동방법	① 명화 속에서 숨은 그림을 찾아 볼 것임을 알린다. – 우리가 감상해 본 그림 속에는 숨어 있는 것들이 있대요. 함께 찾아볼까요? ② 수를 세는 단위에 대해 알아본다. – 사람(동물, 나무, 우산 등)은 셀 때 어떻게 세나요? ③ 사람, 동물 등을 세어본다. – 동물은 모두 몇 마리일까요? – 나무는 모두 몇 그루일까요? – 한 번 세어본 것은 어떻게 하면 다시 세지 않을 수 있을까요? ④ 수의 많고 적음을 비교한다. – 그림 속에서 제일 많은 수를 나타내는 것은 무엇인가요? – 그림 속에서 가장 적은 수는 무엇인가요?		

사진자료

〈활동사진〉

그림을 감상하고 그림 속에 숨은 재미있는 부분을 찾아보며 수를 세어보고 기록한다.

〈결과물 사진〉

그림 속에 있는 사람, 동물, 나무, 우산을 찾아보고 수를 세어본 후 제일 많은 수와 적은 수를 비교한다.

수학활동 계획안 3-5

생활주제	봄의 생활-5	활동유형	자유선택활동(수 · 조작놀이영역)
활동명	그림을 감상한 나의 느낌은?	집단형태	대집단
활동목표	• 그림을 감상한 후의 나의 느낌을 표현한다. • 그래프를 보며 수 세기를 할 수 있다.		
활동자료	정서 카드, 그래프, 교실에 있는 블록(벽돌 블록, 우레탄 블록 등)		
활동방법	① 그림을 감상한 후의 느낌에 대해 이야기를 나눈다. – 그림을 감상한 느낌을 말로 표현해 볼 수 있을까요? ② 내가 느낀 감정을 그래프에 쓴다. – 기쁨, 행복, 슬픔 등 여러 감정 중에서 내가 느낀 감정에 이름을 써서 그래프로 표현해 보도록 해요. ③ 그래프를 비교하는 방법을 이야기한다. – 그래프에 내가 느낀 감정을 써 보았는데요. 어떤 기분이 가장 많은가요? – '많다' 는 것을 어떻게 알 수 있을까요? ④ 그래프를 한 눈에 알아볼 수 있도록 교실에 있는 블록을 쌓아 수를 나타내 본다. – '1, 2, 3' 이렇게 수를 세어 보는 방법 말고, 다른 방법은 또 무엇이 있을까요? – 그래프에 나타난 수를 세어 보고, 세어 본 만큼 우레탄 블록을 쌓아 나타내 볼까요?		

사진자료

〈활동사진〉

그림을 감상한 나의 느낌을 그래프로 나타내고 수를 세어본다.

〈결과물 사진〉

그래프를 한 눈에 볼 수 있도록 작은 벽돌 블록을 그래프의 수만큼 높이 쌓아 나타낸다.

수학활동 계획안 3-6

생활주제	봄의 생활-6	활동유형	자유선택활동(수 · 조작놀이영역)
활동명	크기대로 놓아보기	집단형태	개별 활동
활동목표	• 주변 물체의 여러 가지 측정 가능한 속성(크기)을 탐색한다. • 크기를 비교하여 순서지어 본다.		
활동자료	명화 속 조각 그림, 활동지, 사인펜, 풀		
활동방법	① 그림 속의 사물들을 크기별로 비교해 본다. – 그림 속에 있는 것들은 모두 같은 크기인가요? – 제일 커 보이는 것은 무엇인가요? – 제일 작게 보이는 것은 무엇인가요? ② 그림 속의 사물들을 오려 순서대로 비교해 볼 수 있음을 소개한다. – 그림 속의 사물들을 가위로 오려보세요. – 그림 조각을 비교해 보세요. – 우리의 생각과 같았는지, 다른지 알아볼까요? ③ 활동지를 소개하고 크기대로 놓아본 후, 숫자를 써 본다. – 그림 조각을 활동지의 빈칸에 놓아보세요. – 어떻게 놓아볼 수 있을까요? – 그림의 크기가 큰 것부터 또는 작은 것부터 순서를 정하고 싶은 대로 해 볼까요? – 그림 조각을 놓은 후에는 번호를 적어 보세요.		

사진자료

〈활동사진〉

그림 속에 나타난 사물이나 인물을 오려서 크기를 비교한다.

〈결과물 사진〉

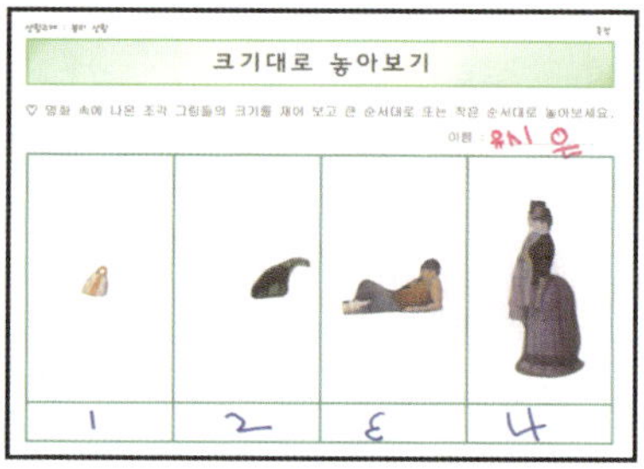

그림 조각을 크기가 큰 것부터(○ ○ ○ ○) 또는 작은 것부터(○ ○ ○ ○) 순서를 정해보고 숫자를 적어 본다.

수학활동 계획안 3-7

생활주제	봄의 생활-7	활동유형	실외 활동
활동명	내 키 그림자 길이 재기	집단형태	개별 활동
활동목표	• 신체의 변화를 통해 그림자의 모양도 변함을 안다. • 임의 측정 단위를 사용해서 길이를 측정하는 경험을 한다.		
활동자료	줄자, 활동지, 사인펜, 소품(모래놀이 도구)		
활동방법	① 내 키와 그림자의 길이를 비교한다. – 내 키와 그림자의 길이는 같을까요? 다를까요? – 무엇이 더 클 것 같나요? – 어떻게 하면 어떤 것이 더 길은 지 정확하게 알 수 있을까요? ② 신체의 변화에 따라 그림자의 모양도 달라짐을 알아본다. – 내 그림자는 항상 같은 모양일까요? – 내가 앉거나 누우면 그림자는 어떻게 될까요? – 내가 그림자를 가장 작게 만들려면 몸을 어떻게 움직여야 할까요? ③ 사물도 그림자가 생김을 안다. – 사람만 그림자가 생기는 것일까요? – 우리가 가지고 놀이하는 도구도 그림자가 생길까요? – 그림자를 그림으로 표현해 볼 수 있을까요?		

사진자료

〈활동사진〉

내 키의 그림자를 알아보기 위해 서 있을 때, 앉아 있을 때, 누워 있을 때의 그림자 크기를 비교한다.

〈결과물 사진〉

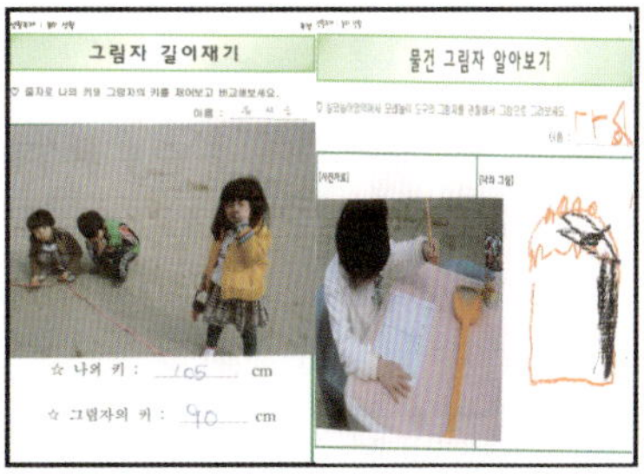

내 키와 그림자의 길이가 같은지 리본 끈을 이용해서 길이를 재본다.

17 문학활동을 통한 수학개념 조직망

문학 끼리끼리 빨래방

수 감각 기르기

〈수 세기〉

동화에 나온 동물 수 세기

〈일대일 대응〉

물건 값은 얼마일까요?

〈부분과 전체〉

바지 한 쪽 면 구성해 보기

공간 및 도형에 대해 알아보기

〈공간〉

우리 동네 그림 그려보기

〈도형〉

- 내 옷에 있는 모양 찾기
- 모양이 그려져 있는 옷 소개하기
- 똑같은 모양 친구 만나기

자료 정리 및 결과 나타내기

〈분류〉

- 같은 옷끼리 분류
- 짝 맞추기

〈그래프〉

좋아하는 옷(티셔츠, 바지, 원피스, 치마 등)

〈조사〉

- 몇 개의 옷을 입었을까?
- 제일 좋아하는 옷은?

기초적인 측정해 보기

〈신체 측정〉

원복 사이즈 비교

〈비표준화〉

바지 길이 재어보기

규칙성 이해하기

〈패턴〉

- 옷(티셔츠, 바지, 양말)
- 옷의 색깔

〈순서 짓기〉

- 빨래방에 온 동물 순서 짓기
- 빨래하는 순서

수업활동 계획안 4

활동명	끼리끼리 빨래방	활동유형	문학활동
활동목표	• 동화를 감상하고 느낌을 표현한다. • 동화 속에 나타난 것들을 수 세기 할 수 있다.		
수학적 개념	• 수 감각 기르기 • 자료 정리 및 결과 나타내기		
준비물	TV동화, 동화책, 풀, 가위, 사인펜		
수업 전개	〈도입〉 • 빨래를 해 본 경험에 대해 이야기를 나눈다. T : 집에서 엄마를 도와 빨래를 해 본 적이 있나요? C : 네. T : 빨래하는 순서도 알고 있겠네요? 빨래는 어떻게 하는 건가요? C : 빨래에 비누칠을 하고 쓱쓱 문질러요. T : 빨래를 해 보니 어떤 기분이 들었나요? C : 비누거품이 미끌미끌 했어요. C : 빨래를 할 때 물이 너무 차가웠어요. 〈전개〉 • TV를 통해 동화를 듣는다. ♣ 끼리끼리 빨래방 숲 속 마을에 이상한 가게가 문을 열었어요. '끼리끼리 빨래방'이라는 가게였어요. 동물들은 몹시 궁금했어요. '끼리끼리 빨래방이라고? 어떻게 끼리끼리 빨래를 하지?' 호기심 많은 토끼가 맨 처음 빨래방을 찾아왔어요. '어? 아무도 없네!!' 빨래방에 주인은 없고, 글씨만 커다랗게 쓰여 있었어요. '끼리끼리 모아 넣으세요.' "안녕, 토끼야. 너도 빨래하러 왔구나." 여우가 반갑게 인사했어요. 그 때까지도 토끼는 고개만 갸웃거리고 있었어요. 끼리끼리 모아 넣는 방법을 생각하면서요. "어떻게 끼리끼리 모아 넣지?" 토끼가 물었어요.		

수업 전개	"아주 간단해. 같은 것끼리 모아 넣으면 돼. 속옷은 속옷끼리!" 여우가 대답했어요. "안녕, 얘들아!" 이번에는 멋쟁이 얼룩말이 찾아왔어요. 하지만 얼룩말도 끼리끼리 모으는 방법을 몰랐어요. "어떻게 끼리끼리 모아 넣지?" 얼룩말이 물었어요. "아주 간단해. 같은 것끼리 모아 넣으면 돼. 윗도리는 윗도리끼리!" 토끼가 으스대며 대답했어요. "안녕, 얘들아!" 코끼리가 문을 열며 큰 소리로 인사했어요. 하지만 코끼리도 빨래를 바닥에 쏟아 놓고는, 머리만 긁적였어요. "어떻게 끼리끼리 모아 넣지?" 코끼리가 물었어요. "아주 간단해. 같은 것끼리 모아 넣으면 돼. 아랫도리는 아랫도리끼리!" 얼룩말이 대답했어요. 토끼, 여우, 얼룩말, 코끼리가 신나게 빨래를 나누고 있을 때였어요. "이건 어떻게 나누는 거야?" 언제 왔는지, 지네가 물었어요. 지네의 빨래는 양말과 장갑 뿐 이었어요. "짝을 맞춰 끼리끼리, 짝을 맞춰 끼리끼리." 토끼, 여우, 얼룩말, 코끼리가 한 목소리로 노래했어요. "양말도 짝을 맞춰, 장갑도 짝을 맞춰, 끼리끼리 모아요, 끼리끼리 빨아요." "우리 마을 빨래방은 이상한 빨래방, 끼리끼리 모아모아 빨래를 하지. 우리 마을 빨래방은 신나는 빨래방, 끼리끼리 모아모아 빨래를 하지." 삐익-, 삐익- 소리를 내며 세탁기가 멈추었어요. 신나는 노랫소리도 멈추었어요. 동물 친구들은 각자 옷을 모아 모아 집으로 돌아갔답니다. T : 숲 속 동물나라에 "빨래방"이 생겼대요. 빨래방이 무엇을 하는 곳인가요? C : 빨래하는 곳이요. T : 정말 그럴까요? 빨래방이 어떤 곳인지 동화로 함께 들어보세요. C : 네. • 동화를 듣고 난 느낌을 이야기한다. T : 동화를 들어보니 어떤 느낌이 드나요? C : 지네는 장갑이랑 신발만 있어서 재미있었어요. C : '끼리끼리' 라는 말이 재미있어요. C : 우리 동네에도 빨래방이 있어요.

• 동화 속에 내용을 회상한다.
  T : 숲 속 마을에 이상한 가게가 하나 생겼는데, 어떤 가게였나요?
  C : 빨래방이요.
  T : 끼리끼리 빨래방은 무엇을 하는 곳이었나요?
  C : 끼리끼리 모아서 빨래하는 곳이요.
  C : 윗도리는 윗도리끼리, 바지는 바지끼리
  T : 제일 처음 누가 찾아왔나요?
  C : 토끼요.
• 동화 속의 내용처럼 분류해 본다.
  T : 동화 속의 동물들은 어떻게 빨래를 나누었나요?
  C : 윗도리는 윗도리끼리, 바지는 바지끼리
  T : 그래요. 윗도리는 윗도리끼리 바지는 바지끼리 나누었어요. 그런데 지네가 가져온 것은 장갑과 신발뿐이었는데, 장갑과 신발은 어떻게 나눌 수 있을까요?
  C : 똑같은 것끼리 짝을 맞췄어요.
  T : 아, 그런 방법이 있었군요.
• 동화 속 등장인물을 수를 세어본다.
  T : 동화 속에 나온 동물은 누구누구였나요?
  C : 토끼, 여우, 얼룩말, 코끼리, 지네요.
  T : 모두 몇 마리인지 세어볼 수 있을까요?
  C : 하나, 둘, 셋…… 모두 다섯 마리요.
• 수 세기 그림 자료와 활동지를 소개한다.
  T : 동화 속에 나온 동물들을 찾아 ○표 해 보도록 하세요.
  C : 네.
  T : 자유선택활동시간에 해 보면 좋을 것 같아요. 어느 영역에서 하면 좋을까요?
  C : 수 · 조작놀이영역이요.

〈마무리〉

• TV동화를 본 '끼리끼리 빨래방' 을 동화책으로 볼 수 있음을 소개한다.
  T : 오늘 본 동화는 동화책으로도 되어 있어요. 자유선택활동 시간에 어느 영역에서 친구들과 함께 보면 좋을까요?

사진 자료

〈활동자료 및 활동의 예〉

• TV동화 듣기

빨래에 대한 경험을 소개하고 '끼리끼리 빨래방' 이야기를 TV동화로 듣고 느낀점에 대해 이야기를 나누어 본다.

• 언어영역에서 그림동화 읽기

TV동화로 들었던 이야기 책을 스스로 읽어보는 경험을 가진다.

• 동화 속에 나타난 동물의 수 세어보기

수 · 조작놀이영역에서 동화 속에 나온 동물들에 ○표 해 본다.

• 수 세기 활동지

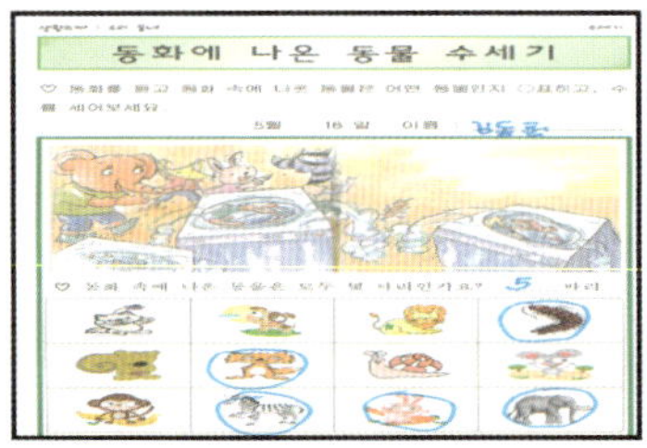

동화에 나온 동물을 ○표하고 모두 몇 마리인지 기수와 서수로 세어본다.

수학활동 계획안 4-1

생활주제	우리 동네-1	활동유형	현장학습
활동명	우리 동네 돌아보기	집단형태	중집단
활동목표	• 유치원 주변을 안전하게 둘러본다. • 위치나 경로를 여러 가지 방법으로 나타내 본다.		
활동자료	사진기, 컴퓨터, TV, 지도, 활동지, 사인펜		
활동방법	① 유치원 주변을 둘러본다. – 우리 유치원 주변에는 무엇이 있는지 둘러보려고 해요. 안전하게 둘러보려면 어떻게 해야 할까요? ② 유치원 주변을 둘러볼 때 찍은 사진을 보면서 회상한다. – 유치원 주변에 무엇이 있었나요? – 무엇을 보았는지 사진으로 살펴 볼까요? – 유치원 주변에는 빨래방이 어디에 있을까요? ③ 유치원 주변에 있는 것들에 대해 이야기를 나눈다. – 유치원 실외 놀이터 옆에는 무엇이 있었나요? – 미용실 옆에는 무엇을 하는 곳이었나요? – 문구점은 어느 건물 앞에 있었나요? – 4거리에서 오른쪽 방향으로 돌아가면 무엇이 나왔나요? – 교회에서 가장 가까운 거리에는 무엇이 있었나요? ④ 우리가 둘러본 유치원 주변을 그림으로 표현해 보도록 한다. – 우리가 둘러본 유치원 주변을 그림으로 표현해 볼까요? – 길을 그리고 우리가 본 문구점, 미용실, 교회를 그려 볼까요? ⑤ 다 그린 후 실제 지도와 비교해 보고 무엇이 다른지 이야기를 나눈다. – 사랑반 친구들이 그린 그림과 실제 지도는 무엇이 다른가요?		

사진자료

〈활동사진〉

유치원 주변의 모습을 알아보기 위해 약속을 정하여 함께 둘러본다.

〈결과물 사진〉

유치원 주변의 모습을 관찰하고 어떤 모습인지 그림으로 표현한다.

수학활동 계획안 4-2

생활주제	우리 동네-2	활동유형	자유선택활동(수 · 조작놀이영역)
활동명	바지 길이 재어보기	집단형태	개별 활동
활동목표	• 주변 물체의 여러 가지 측정 가능한 속성(길이)을 탐색한다. • 임의 측정 단위에 관심을 가진다.		
활동자료	여러 가지 종류의 바지, 요플레 숟가락, 나무젓가락, 사인펜, 활동지		
활동방법	① 바지의 길이를 재어 볼 것임을 알린다. – 바지의 길이가 짧은지 긴지 눈으로 살펴보는 방법 말고, 다른 방법은 없을까요? – 어떻게 하면 바지의 길이를 재어볼 수 있을까요? ② 바지 길이를 잴 수 있는 방법들을 생각해 본다. – 무엇으로 바지 길이를 잴 수 있을까요? – 책으로 재어보면 어떨까요? – 책의 크기가 조금씩 다르면 어떻게 해야 할까요? – 크기가 같고 여러 개가 있는 것은 교실에서 무엇일까요? ③ 바지 위에 요플레 숟가락, 나무젓가락, 사인펜으로 길이를 재어보고 수를 비교한다. – 요플레 숟가락으로 재었을 때에 숟가락은 몇 개가 필요한가요? – 나무젓가락으로 재었을 때에는 몇 개였나요? – 왜 수가 다를까요?		

사진자료

〈활동사진〉

우리들이 입는 바지의 길이를 교실에 있는 물건을 활용해서 재어본다.

〈결과물 사진〉

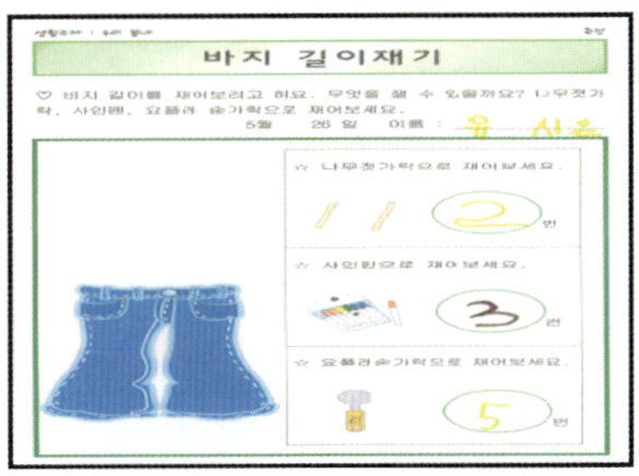

바지의 길이를 다양한 재료로 재어보고 제일 많이 그리고 적게 사용된 재료를 비교하여 나타내 본다.

수학활동 계획안 4-3

생활주제	우리 동네-3	활동유형	자유선택활동(역할놀이영역)
활동명	빨래하는 순서	집단형태	소집단
활동목표	• 생활 주변에서 반복되는 규칙을 알고 다음에 올 것을 예측해 본다. • 일상생활에서 사용하는 도구와 기계에 관심을 가진다.		
활동자료	큰 양푼, 비누, 여러 가지 옷, 활동지, 사인펜, 빨래하는 동영상		
활동방법	① 빨래를 해 본 경험에 대해 이야기를 나눈다. - 엄마가 빨래하시는 모습을 본 적이 있나요? - 엄마께서 빨래를 어떻게 하셨나요? ② 역할놀이에서 세탁소 놀이를 하면서 빨래를 해 보는 경험을 가진다. - '옷이 더러워졌어요. 빨래해 주세요.' - '네. 손님. 내일 찾으러 오세요.' ③ 빨래하는 방법을 생각해 본다. - 더러워진 옷을 깨끗하게 하려고 빨래를 하는데요. - 빨래를 할 때 필요한 방법은 무엇이 있을까요? ④ 빨래하는 방법의 순서를 짓는다. - 어떻게 하면 빨래가 깨끗해질까요? - 빨래하는 순서로 패턴을 만들어 볼까요?		

사진자료

〈활동사진〉

"세탁기가 없던 옛날에는 손으로 빨래를 했대요." 동화 속 인물이 되어 빨래놀이를 해 본다.

〈결과물 사진〉

역할놀이영역에서 '세탁소' 놀이를 하고 나서 빨래를 하는 순서를 알아보고 순서짓기를 해 본다.

수학활동 계획안 4-4

생활주제	우리 동네-4	활동유형	이야기 나누기
활동명	내 옷에 있는 모양 찾기	집단형태	중집단
활동목표	• 평면 도형의 생김새를 구별하고, 이름을 알아본다. • 경험한 것, 생각한 것, 느낀 것을 친구들에게 소개할 수 있다.		
활동자료	정서 카드, 유아 티셔츠, 활동지, 사인펜		
활동방법	① 내 옷에 있는 무늬를 살펴보고, 어떤 무늬인지 모양을 이야기한다. – 지금 입고 있는 옷을 살펴보세요. 무늬가 그려져 있나요? – 어떤 무늬인가요? ② 내가 좋아하는 무늬의 옷을 친구들에게 소개하는 시간을 가진다. – 내가 어떤 무늬의 옷을 좋아하는지 친구들에게 소개할 수 있나요? – 그 무늬의 옷을 입으면 어떤 기분이 드는지 함께 이야기해 볼까요? ③ 옷의 무늬를 그림으로 표현해 볼 수 있음을 소개한다. – 내 옷에 있는 무늬를 그림으로 표현해 볼까요? – 티셔츠 무늬가 그려져 있는 활동지에 내 옷에 있는 무늬를 그림으로 그려볼 수 있나요? ④ 내가 만약 옷을 만든다면 어떤 무늬를 넣어서 만들 수 있을지 소개한다.		

사진자료

〈활동사진〉

우리가 입는 옷에는 여러 가지 모양이 있으므로 내가 좋아하는 모양의 옷을 입고 친구들에게 소개하는 시간을 가져본다.

〈결과물 사진〉

내가 입고 있는 옷이나 입고 싶은 옷의 모양을 직접 그려보고 모양의 이름을 알아본다.

수학활동 계획안 4-5

생활주제	우리 동네-5	활동유형	실외 활동
활동명	같은 무늬 옷 친구 찾기	집단형태	중집단
활동목표	• 평면 도형의 생김새를 구별한다. • 한 가지 기준에 따라 자료를 분류하고 설명한다.		
활동자료	훌라후프 여러 개		
활동방법	① 같은 무늬의 옷을 입은 친구를 찾아본다. – ♡♡반 친구들을 둘러보세요. 어떤 옷을 입고 있나요? – 나와 같은 무늬의 옷을 입은 친구를 찾아보세요. ② 기준에 따라 나누어 볼 것임을 이야기 하고, 방법을 생각해 본다. – 비슷한 옷을 입은 친구들끼리 짝을 지어보려고 해요. 어떤 방법으로 나누어 볼 수 있을까요? ③ 원복, 평상복으로 나누어 본다. – 유치원 옷을 입은 친구와 평상복을 입은 친구끼리 짝을 지어볼까요? – 어느 쪽의 친구가 많은가요? – 유치원 옷을 입은 친구들은 오른쪽에 있는 초록색 훌라후프 속에 그리고 평상복을 입은 친구들은 왼쪽에 있는 빨간색 훌라후프 속에 서 보세요. – 초록색 훌라후프에 있는 친구들이 빨간색 훌라후프에 있는 친구들보다 몇 명 더 많을까요? ④ 평상복의 무늬를 나누어 본다. – 평상복을 입은 친구들 중에서 무늬가 있는 옷과 무늬가 없는 옷을 입은 친구를 나누어 보도록 할까요?		

사진자료

〈활동사진〉

비슷한 옷을 입은 친구들끼리 짝을 지어보고 유치원 옷을 입은 친구와 평상복을 입은 친구로 나누어 본다.

〈결과물 사진〉

옷은 색깔도 모양도 다르기 때문에 옷에 무늬가 있는 친구와 없는 친구로 나누고 인원수를 세어본다.

수학활동 계획안 4-6

생활주제	우리 동네-6	활동유형	자유선택활동(수 · 조작놀이영역)
활동명	물건 값은 얼마일까요?	집단형태	개별 활동
활동목표	• 구체물을 가지고 더하고 빼는 경험을 해 본다. • 생활 속에서 익숙한 큰 수를 세는 경험을 한다.		
활동자료	돈 실물자료, 계산대, 활동지, 풀, 가위		
활동방법	① 역할놀이(끼리끼리 세탁소)를 할 때에 돈이 필요한 경우가 있어 돈을 사용해 본 경험을 이야기한다. – 슈퍼나 문구점에 갔을 때 물건을 사려면 무엇이 필요할까요? ② 놀이할 때 사용할 수 있도록 가짜 돈을 소개한다. – 100원짜리 동전 5개가 모이면 얼마일까요? – 500원짜리 동전 2개가 모이면 얼마일까요? ③ 구체물을 가지고 이야기를 나누어 본다. – 1000원짜리 사과 2개를 사려면 얼마가 필요할까요? – 옷 1개를 다림질할 때 필요한 돈은 500원이래요. 옷 2개를 다림질하려면 얼마가 필요할까요? ④ 역할놀이영역에서 활용할 수 있음을 소개한다. ⑤ 활동지를 소개하고, 수 · 조작놀이영역에서 해 볼 수 있음을 알린다. – 사과와 오렌지는 500원, 인형과 자동차는 1000원이래요. 질문을 잘 보고 필요한 돈을 오려서 붙여 보세요.		

사진자료

〈활동사진〉

역할놀이영역에서 '세탁소' 놀이를 해 본다. 티셔츠 빨래는 1,000원, 바지는 2,000원, 옷을 찾을 때 돈을 내고 거스름돈을 받는다.

〈결과물 사진〉

돈의 종류(지폐, 동전)에 대해 알아보고 물건살 때 필요한 돈을 오려서 붙여보는 활동을 한다.

수학활동 계획안 4-7

생활주제	우리 동네-7	활동유형	자유선택활동(수 · 조작놀이영역)
활동명	몇 개의 옷을 입었을까?	집단형태	개별 활동
활동목표	• 생활 속에서 수량의 많고 적음을 비교한다. • 나를 중심으로 위, 아래, 앞, 뒤, 옆을 알아본다.		
활동자료	사인펜, 색연필, 활동지		
활동방법	① 옷을 몇 개 입었는지 세어보는 활동을 한다. – 옷을 몇 개 입었는지 알 수 있는 방법은 무엇일까요? – 내가 입은 옷의 수를 세어보고 '나는 오늘 옷을 몇 개 입었어요.' 하고 이야기 해 줄 수 있나요? ② 옷을 많이 입은 유아와 적게 입은 유아를 비교한다. – '나는 3개의 옷을 입었어요.' 하는 친구는 손을 들어보세요. – 3개를 입은 친구와 4개를 입은 친구 중에서 옷을 더 많이 입은 친구는 누구일까요? – 4개를 입은 친구가 입은 옷을 1개 벗으면 몇 개의 옷이 남나요?		

사진자료

〈활동사진〉

내가 입고 있는 옷은 모두 몇 개인지 숫자로 써 보고 옷의 개수만큼 빈 칸을 색연필로 색칠해 본다.

〈결과물 사진〉

내가 입은 옷의 개수를 알아보고, 옷을 제일 많이 입은 친구와 적게 입은 친구를 비교하여 어떻게 하면 같아질 수 있는지 숫자로 써 본다.

수학활동 계획안 4-8

생활주제	우리 동네-8	활동유형	실외 활동
활동명	빨래를 말리는 데 걸리는 시간은?	집단형태	소집단
활동목표	• 여러 가지 자료를 모으고 비교해 본다. • 빨래를 말리는 데 걸리는 시간을 탐색한다.		
활동자료	다리미 판, 다리미, 모래시계, 손수건 여러 장, 물, 대야		
활동방법	① 젖은 빨래와 마른 빨래를 만져 본 느낌에 대해 이야기를 나눈다. ② 역할놀이에서 하던 빨래놀이를 실외 활동에서 직접 경험해 본다. – 빨래하는 순서를 생각해 볼까요? – 작은 손수건을 빨아보려고 해요. 제일 먼저 무엇을 해야 할까요? ③ 빨래를 하고 말리는 방법에 대해 생각해 본다. – 우리들이 목욕을 한 다음 몸을 말릴 때 도움을 주는 것은 무엇인가요? – 빨래를 말리는 방법에는 무엇이 있을까요? ④ 빨래를 말리기 위한 장소를 생각하고, 시간을 측정해 본다. – 빨래를 한 다음에는 말려야하는데, 어디에서 말리면 좋을까요? : 나무 밑 책상(음지), 물 그림 영역(양지), 다리미, 드라이기, 수건 – 어디에서(무엇으로) 말릴 때 가장 빨리 마를까요? – 시간을 알기 위해서는 어떻게 하면 좋을까요? – 빨리 마른 순서대로 놓아볼까요?		

사진자료

〈활동사진〉

젖은 빨래와 마른 빨래의 촉감이 다름을 알고 물을 이용해서 빨래놀이를 한다. 그리고 빨래가 빨리 마를 수 있도록 도와주는 것을 찾아본다.

〈결과물 사진〉

빨래가 마르는 데까지 시간이 얼마나 걸리는지 알아보기 위해 다양한 장소에서 시간을 측정해 본다.

18 음악활동을 통한 수학개념 조직망

음률활동
-새 노래-
씨앗

수 감각 기르기

〈수 세기〉

- 씨앗 세어보기
- 씨앗 그림을 붙이며 '씨' 라는 노랫말 세어보기
- 재미있는 노랫말 세어보기
- 하루, 이틀 등의 날짜 알아보기

공간 및 도형에 대해 알아보기

〈도형〉

- 씨앗 모양 알아보기
- 씨앗으로 동그라미, 네모 모양 만들어 보기
- 씨앗을 반으로 잘랐을 때 모양 생각하기

〈공간〉

내 옆, 앞, 뒤에 앉아 있는 친구와 노래를 나누어 부르기

자료 정리 및 결과 나타내기

〈분류〉

큰 씨앗과 작은 씨앗 분류하기

〈그래프〉

내가 심고 싶은 씨앗 조사하기

기초적인 측정해 보기

〈측정〉

- 검지, 손바닥으로 씨앗의 길이를 재어 보기
- 씨앗의 크기 비교하기
- 큰 씨앗 한 컵과 작은 씨앗 한 컵의 무게 비교하기
- 씨를 심고 싹이 자라는 날짜 알아보기
- 씨앗 넣어서 만든 마라카스 소리 비교하기

〈부피〉

어디까지 올라올까요?

규칙성 이해하기

〈패턴〉

- 모양이 다른 씨앗을 패턴대로 놓아보기
- 씨앗 크기 순서대로 배열하기
- 씨앗이 자라는 과정 순서대로 배열하기
- 노래를 부르며 큰 씨앗 박수와 작은 씨앗 손뼉 치기

수업활동 계획안 5

<table>
<tr><td>활동명</td><td>씨앗</td><td>활동유형</td><td>새 노래</td></tr>
<tr><td>활동목표</td><td colspan="3">• 노래를 부르며 익숙한 수를 세는 경험을 한다.
• 생활 속에서 사용되는 수의 여러 가지 의미를 알고 즐겁게 노래를 부른다.</td></tr>
<tr><td>수학적 개념</td><td colspan="3">• 수 감각 기르기 – 수 세기
• 공간 및 도형에 대해 알아보기 – 공간</td></tr>
<tr><td>준비물</td><td colspan="3">페트병, 새싹, 물 조리개, 씨앗 노랫말, 지휘봉, 한소리 주사위, 씨앗 그림</td></tr>
<tr><td>수업 전개</td><td colspan="3">〈도입〉
페트병에 씨를 넣고 물을 부어 싹이 올라오는 모습을 관찰한다.
〈전개〉
• 노래를 들어본다.

• 노랫말을 알아본다.
– (융판에 가사를 붙이며) 그림 함께 가사를 읽어 보도록 해요. 씨라는 글자가 몇 개 나왔는지 한번 세어볼까요? (그림을 붙이면서 세어본다.)</td></tr>
</table>

수업 전개

- 피아노 소리만 들어본다.
  - 노래에 나오는 이틀은 며칠 밤일까요?
- 한소리로 불러본 후 나누어서 불러본다.
  - 그럼 내 옆에 있는 친구랑 나누어서 불러보면 어떨까요?
- 다 같이 불러보고 다양한 방법으로도 불러본다.
  - 노래를 부르며 씨앗 박수를 쳐보면 어떨까요?(큰 씨앗 박수와 작은 씨앗 박수를 친다.)

〈마무리〉

노래를 부르고 난 느낌에 대해서 이야기한다.

사진 자료

〈활동자료 및 활동의 예〉

• 씨앗 노래 노랫말

유아들과 새 노래를 알아보기 위한 노랫말이다.

• 씨앗 그림

노래를 부르며 씨라는 말이 몇 번 나오는지 세어보고 씨앗 그림을 붙여본다.

• 수의 여러 가지 의미(이틀 밤)

노랫말에 나오는 이틀 밤은 며칠 밤일지 유아들의 생각을 들어본다.

• 씨앗 박수

큰 씨앗 박수와 작은 씨앗 박수를 만들어 노래 속에 담긴 박자와 일정한 패턴의 개념을 안다.

수학활동 계획안 5-1

생활주제	봄-1	활동유형	자유선택활동(수 · 조작놀이영역)
활동명	반으로 잘라진 씨앗 완성하기	집단형태	개별 활동 · 소집단
활동목표	반으로 잘라진 씨앗의 부분을 생각해 보고 그림으로 표현해 본다.		
활동자료	부분만 그려진 씨앗 모양 활동지, 색연필, 싸인펜		
활동방법	① 활동지와 색연필, 싸인펜을 준비한다. ② 활동지의 그려진 씨앗의 부분을 탐색한다. – 어떤 모양의 그림이 그려져 있나요? – 나머지 반의 모양은 어떤 모양일까요? ③ 반으로 잘라진 부분을 생각해 보고 그림으로 그려본다. – 씨앗의 모양을 완성했나요? 어떤 모양처럼 보이나요?		

사진자료

〈활동사진〉

반만 그려진 씨앗 그림을 보고 나머지 반의 모양에 대해 생각하고 이야기를 나누어 본다.

〈결과물 사진〉

씨앗의 반쪽 그림을 보고 대칭에 대한 개념에 대해 알고 그림을 그려 완성해 본다.

수학활동 계획안 5-2

생활주제	봄-2	활동유형	자유선택활동(과학영역)
활동명	큰 씨앗 한 줌과 작은 씨앗 한 줌의 무게 비교하기	집단형태	소집단
활동목표	씨앗의 크기에 따라 무게가 다름을 안다.		
활동자료	크기가 다른 씨앗, 양팔저울		
활동방법	① 크기가 다른 씨앗과 양팔저울을 준비한다. ② 양팔저울을 수평으로 맞춘다. – 양팔저울의 두 쪽의 높이가 똑같이 되었나요? – 그렇구나. 똑같은 수평이 되었구나. ③ 유아가 큰 씨앗과 작은 씨앗을 한줌 쥐어 양팔저울에 놓는다. – 그럼 크기가 큰 씨앗을 한 줌 넣어볼까요? – 양팔저울이 어떻게 되었나요? – 작은 씨앗도 한줌 넣어볼까요? – 어느 쪽이 더 무거울까요? – 똑같은 한줌인데 왜 큰 씨앗이 더 무거울까요? ④ 다양한 크기의 씨앗을 준비해서 자유롭게 무게를 잴 수 있도록 한다.		

사진자료

〈활동사진〉

양팔저울에 큰 씨앗 한줌과 작은 씨앗 한줌을 넣어 무게를 비교해 본다.

〈결과물 사진〉

같은 한줌이지만 왜 무게가 다른지 토의하고 씨앗의 수를 세어보고 크기를 비교해 본다.

수학활동 계획안 5-3

생활주제	봄-3	활동유형	자유선택활동(수 · 조작놀이영역)
활동명	큰 씨앗 작은 씨앗 분류하기	집단형태	개별 활동 · 소집단
활동목표	다양한 종류의 씨앗을 크기에 따라 구분한다.		
활동자료	크기가 다른 종류의 씨앗, 교구 바구니		
활동방법	① 크기, 형태, 색깔이 다른 여러 가지 씨앗을 모아 씨앗 분류 상자에 넣어둔다. ② 한 가지 또는 두 가지 준거에 따라 씨앗을 분류해 본다. – 색이 같은 씨앗끼리 모아볼까요? – 크기가 제일 큰 것만 모아볼까요? – 크기가 제일 작은 것만 모아볼까요? ③ 유아들 나름대로 씨앗을 분류해 보도록 하고, 어떤 방법으로 분류했는지 이야기를 나눈다. – 이건 어떻게 분류한 것인가요? – 또 어떤 방법으로 씨앗을 분류할 수 있을까요?		

사진자료

〈활동사진〉

크기가 다양한 씨앗을 보고 같은 크기의 씨앗을 분류해 본다.

〈결과물 사진〉

크기가 같은 씨앗을 분류하여 정해진 그릇에 담아본다.

수학활동 계획안 5-4

생활주제	봄-4	활동유형	자유선택활동(수 · 조작놀이영역)
활동명	모양과 크기가 다른 씨앗 패턴대로 놓아보기	집단형태	개별 활동 · 소집단
활동목표	모양과 크기가 다른 여러 가지 씨앗으로 패턴을 구성한다.		
활동자료	여러 가지 크기의 씨앗, 패턴 카드		
활동방법	① 여러 가지 크기의 씨앗과 패턴 카드를 준비한다. ② 패턴자료를 보고 규칙성을 찾는다. – 큰 씨앗과 작은 씨앗이 있어요. 큰 씨앗 다음에는 어떤 씨앗이 올까요? – 그럼 그다음에는 무엇이 와야 할까요? ③ 유아들이 직접 해 보게 하고, 흥미 있어 하면 각자 패턴을 만들어 보게 한다. – 우리가 직접 씨앗 패턴을 만들 수 있을까요? – 씨앗의 순서를 어떻게 정할까요? – ○○은 큰 씨앗을 두 개 놓고 작은 씨앗을 하나 놓는 패턴을 만들었구나. 정말 잘했다. – 이번에는 작은 씨앗 두 개와 큰 씨앗을 번갈아 가며 패턴을 만들었구나.		

사진자료

〈활동사진〉

크기가 다양한 씨앗을 가지고 다양한 패턴 만들기를 해 본다.

〈결과물 사진〉

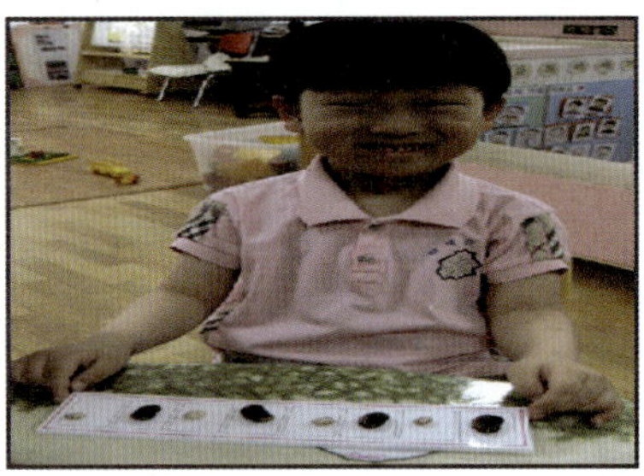

스스로 씨앗의 크기를 관찰하여 순서를 정하는 패턴 만들기 활동을 한 유아의 모습

수학활동 계획안 5-5

생활주제	봄-5	활동유형	자유선택활동(수 · 조작놀이영역)
활동명	씨앗이 자라는 과정 순서대로 배열하기	집단형태	개별 활동
활동목표	씨앗이 자라는 순서를 안다.		
활동자료	씨앗이 자라는 순서, 풀, 가위, 싸인펜		
활동방법	① 씨앗이 자라는 순서에 대해서 이야기를 나눈다. – 씨앗을 심으면 첫 번째로 무엇이 나올까요? – 두 번째는 무엇이 나올까요? – 잎이 생긴 다음 세 번째는 무엇이 나올까요? ② 씨앗이 자라는 순서 활동지와 풀, 가위, 싸인펜을 준비한다. – 오늘은 우리 친구들이 씨앗을 심고 씨앗이 어떻게 자라는지 순서를 짓는 활동을 해 볼 거예요. ③ 순서 짓기를 하고 나면 다시 한 번 씨앗이 자라는 순서를 생각해 본다.		

사진자료

〈활동사진〉

씨앗이 자라는 순서에 대해 숫자로 나타내어 본다.

〈결과물 사진〉

시간 순서대로 씨앗이 자라는 과정을 놓아보며 패턴활동을 진행해 본다.

수학활동 계획안 5-6

생활주제	봄-6	활동유형	자유선택활동
활 동 명	씨앗으로 여러 가지 모양 만들어 보기	집단형태	개별 활동 · 소집단
활동목표	도형의 생김새 및 이름을 알고 다양한 도형을 만들어 본다.		
활동자료	여러 가지 크기의 씨앗, 도형 모양, 싸인펜, 오공본드		
활동방법	① 활동지와 본드, 여러 가지 크기의 씨앗을 준비한다. ② 유아들과 모양에 대해서 이야기한다. – 그럼 이제부터 모양을 씨앗으로 만들어 볼 거예요. 이 모양은 어떤 모양일까요? – 그럼 이건 어떤 도형일까요? – 세모는 뾰족한 부분이 몇 개가 있을까요? – 뾰족한 부분이 하나, 둘, 셋, 넷, 선이 하나, 둘, 셋, 네 개가 있는 모양은 어떤 모양일까요? ③ 모양 위에 씨앗을 붙여 모양 그림을 완성한다. – 그럼 이곳에 우리가 씨앗을 붙여서 여러 가지 모양을 만들어 보도록 해요. ④ 다른 모양을 만들고 싶은 유아들은 자신이 생각한 모양을 구성해 본다.		

사진자료

〈활동사진〉

여러 가지 다양한 모양에 대해 알아보고 하고 싶은 모양을 골라 씨앗을 붙여 본다.

〈결과물 사진〉

다양한 크기의 씨앗으로 여러 가지 도형을 만들어 본다.

수학활동 계획안 5-7

생활주제	봄-7	활동유형	자유선택활동(수 · 조작놀이영역)
활동명	씨앗 크기 순서대로 배열하기	집단형태	소집단
활동목표	다양한 종류의 씨앗을 큰 것부터 작은 것까지 순서 지을 수 있다.		
활동자료	크기가 다른 종류의 씨앗, 본드, 순서 활동지		
활동방법	① 크기가 다른 종류의 씨앗과 본드, 활동지를 준비한다. ② 씨앗의 크기에 대해 이야기 하고, 유아들이 큰 것부터 작은 것까지 순서대로 나열해 보게 한다. – 씨앗을 보자. 몇 가지의 씨앗이 있는지 한 번 세어볼까요? – 이 씨앗을 가지고 우리가 순서대로 놓아보면 어떨까요? 어떤 순서대로 놓아볼까요? – 어떤 씨앗이 제일 클까요? – 가장 큰 씨앗은 몇 번에 놓으면 될까요? – 어떤 씨앗이 가장 작은 가요? – 가장 작은 씨앗은 몇 번에 놓아야 할까요? ③ 유아들이 쉽게 할 수 있게 되면 씨앗의 개수를 늘려준다. – 1번 씨앗 보다 좀 더 큰 씨앗이 있다면 1번 씨앗은 몇 번 씨앗이 될까요?		

사진자료

〈활동사진〉

크기가 다양한 씨앗을 관찰하고 다양한 재료로 씨앗의 크기를 재어본다.

〈결과물 사진〉

씨앗의 크기를 재어보고 활동지에 가장 큰 씨앗부터 가장 작은 씨앗을 정해 순서대로 나열해 본다.

수학활동 계획안 5-8

생활주제	봄-8	활동유형	자유선택활동(수 · 조작놀이영역)
활동명	심고 싶은 씨앗 조사하기	집단형태	개별 활동 · 대집단
활동목표	심고 싶은 씨앗을 생각하여 그래프를 만들어 보고 이야기한다.		
활동자료	이름표, 그래프		
활동방법	① 유아들이 좋아하는 씨앗, 좋아하는 이유에 대해 간단히 조사해 보는 시간을 갖는다. ② 자유선택활동시간에 '심고 싶은 씨앗 그래프'에 이름표를 붙여 막대그래프를 만든다. ③ 그래프를 보며 씨앗에 따른 유아의 수를 알아본다. – 몇 명의 친구가 봉선화 씨앗을 심어보고 싶어 했나요? ④ 다양한 방법으로 그래프를 비교한다. – 우리 친구들은 어느 씨앗을 가장 많이 심고 싶어 했나요? – 어느 씨앗을 가장 조금 심고 싶어 했나요? – 해바라기 씨앗은 몇 명의 친구가 심고 싶다고 했나요?		

사진자료

〈활동사진〉

가장 심고 싶은 씨앗에 자신의 이름을 붙여 그래프를 만들어 본다.

〈결과물 사진〉

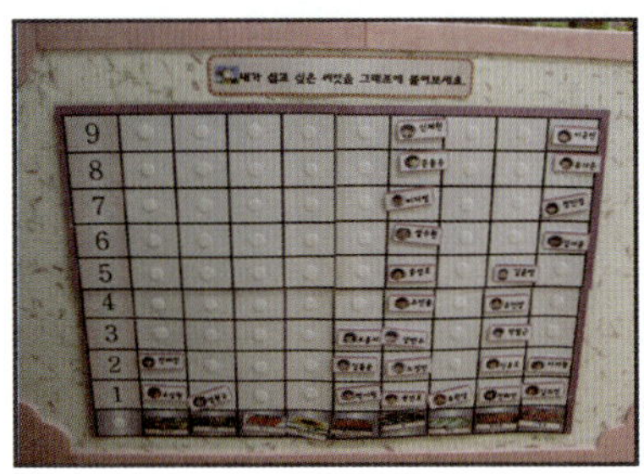

친구들과 함께 그래프 만들기를 한 결과 해바라기 씨앗이 9명으로 가장 많았으며, 나팔꽃과 맨드라미가 0명으로 가장 적게 나타났다.

수학활동 계획안 5-9

생활주제	봄-9	활동유형	자유선택활동(과학영역)
활동명	씨앗 모양 알아보기	집단형태	개별 활동 · 소집단
활동목표	씨앗의 모양을 관찰하고 관찰한 것을 그림으로 표현한다.		
활동자료	여러 가지 씨앗, 돋보기, 현미경, 싸인펜, 활동지		
활동방법	① 샬레에 여러 종류의 씨앗을 넣어 둔다. ② 돋보기로 씨앗을 관찰한 후 관찰한 모양을 이야기한다. – 씨앗은 어떤 모양인가요? – 길쭉한 모양의 씨앗은 무엇인가요? – 모양이 비슷한 씨앗은 무엇, 무엇인가요? ③ 관찰한 씨앗의 모양을 그림으로 표현한다. – 어떤 씨앗인가요? – 어떤 모양인가요?		

사진자료

〈활동사진〉

돋보기를 이용하여 다양한 씨앗의 모양을 관찰해 본다.

〈결과물 사진〉

씨앗의 모양을 관찰하고 활동지에 다양한 씨앗의 모양을 그림으로 나타내어 다양한 도형의 개념을 형성해 본다.

수학활동 계획안 5-10

생활주제	봄-10	활동유형	자유선택활동(수 · 조작놀이영역)
활동명	씨앗을 반으로 잘랐을 때의 모양 생각하기	집단형태	개별 활동 · 소집단
활동목표	반으로 잘라진 씨앗을 관찰해 보고 그림으로 나타낸다.		
활동자료	반으로 잘라진 씨앗, 씨앗 그림, 색연필, 싸인펜		
활동방법	① 활동지와 색연필, 싸인펜을 준비한다. ② 잘라진 씨앗을 탐색한다. - 씨앗을 반으로 잘라 볼까요? - 가로로 자르면 어떤 모양일까요? - 세로로 자르면 어떤 모양일까요? - 잘라보니 어떤 모양이 되었나요? ③ 반으로 잘린 씨앗을 관찰하고 그림으로 그려본다. - 씨앗을 관찰하고 어떤 모양인지 그림으로 그려 볼까요?		

사진자료

〈활동사진〉

씨앗을 반으로 잘라보고 자른 방향에 따라 모양이 다름을 관찰해 본다.

〈결과물 사진〉

반으로 잘린 씨앗을 보고 그림을 그려 씨앗을 완성해 본다.

수학활동 계획안 5-11

생활주제	봄-11	활동유형	자유선택활동(수 · 조작놀이영역)
활동명	내 손, 발에는 씨앗이 얼마나 들어갈까요?	집단형태	소집단
활동목표	씨앗의 크기에 따라 내 손에 들어가는 씨앗의 수가 많고 적음을 안다.		
활동자료	여러 가지 크기의 씨앗, 활동지, 싸인펜, 오공본드		
활동방법	① 활동지와 본드, 여러 가지 크기의 씨앗을 준비한다. ② 활동지에 손을 대고 그린다. - 손을 한번 대고 그려볼까요? 어떤 모양인가요? - 양쪽 손의 크기는 어떤가요? ③ 본드를 가지고 각각의 손모양 그림에 다른 크기의 씨앗을 붙인다. - 왼쪽 손과 오른쪽 손에 각각 몇 개의 씨앗이 들어갔는지 한번 세어볼까요? - 왼쪽 손에는 씨앗이 몇 개가 들어갔나요? - 오른쪽 손에는 씨앗이 몇 개가 들어갔나요? - 왜 오른쪽 손에 씨앗이 더 많이 들어갔을까요? ④ 세어본 씨앗의 숫자는 아래 칸에 적어본다. - 그럼 씨앗이 얼마나 들어갔는지 아래 칸에 적어볼까요?		

사진자료

〈활동사진〉

나의 손 크기를 임의의 재료로 재보고 씨앗이 몇개 들어 갈지 예측해 본다.

〈결과물 사진〉

손바닥에 크기가 다른 씨앗을 붙이고 씨앗의 크기에 따라 개수가 다른지 알아본다.

19 게임활동을 통한 수학개념 조직망

게임활동 발자국 따라 동물 먹이 가져오기

수 감각 기르기

〈수 세기〉

- 동물과 먹이의 숫자 각각 세어보기
- 게임 인원수 세어보기
- 발자국 수 세어보기

〈더하기와 빼기〉

한 명씩 더하거나 빼면서 양쪽팀 인원수 맞추기

〈부분과 전체〉

- 부분 그림을 보고 동물 그림 맞추기
- 동물의 다리 수 알아보기
- 동물 발자국 맞추기

공간 및 도형에 대해 알아보기

〈공간〉

- 왼쪽(왼발)과 오른쪽(오른발) 용어에 관심 가지기
- 내 앞에 앉아 있는 유아가 누구인지 알아보기
- 내 옆에 앉은 같은 팀 친구 찾아보기

〈도형〉

- 발자국 모양에 따라 이동하기
- 그림자를 보고 동물 모양 맞추기

자료 정리 및 결과 나타내기

〈분류〉

- 같은 종류, 같은 색 먹이끼리 분류하기
- 게임 도구 분류하여 정리하기

〈그래프〉

게임 결과 확인하며 그래프 만들기

기초적인 측정해 보기

〈측정〉

- 먹이 있는 곳까지의 거리를 발걸음으로 알아보기
- 먹이를 찾아 돌아오는 길까지의 거리를 블록으로 알아보기
- 먹이의 무게 비교하기

규칙성 이해하기

〈패턴〉

- 왼발, 오른발, 두발 등 발자국 모양을 다르게 반복하여 배열한 후 모양에 따라 이동하기
- 동물 발자국으로 패턴 만들기

수업활동 계획안 6

<table>
<tr><td>활동명</td><td>발자국 따라 동물 먹이 가져오기</td><td>활동유형</td><td>게임</td></tr>
<tr><td>활동목표</td><td colspan="3">• 게임을 하며 익숙한 수를 세는 경험을 한다.
• 생활 속에서 사용되는 수의 여러 가지 의미를 알고 즐겁게 게임을 한다.</td></tr>
<tr><td>수학적 개념</td><td colspan="3">• 수 감각 기르기
• 공간 및 도형에 대해 알아보기</td></tr>
<tr><td>준비물</td><td colspan="3">비밀상자, 당근, 호랑이 · 토끼 막대그림, 먹이, 종</td></tr>
<tr><td>수업
전개</td><td colspan="3">〈도입〉
• 비밀상자에 있는 것을 촉감을 통해 알아본다.
T : (상자를 보이며) 이 속에 무엇이 들어있을까요? 누가 나와서 만져보고 어떤 느낌이 드는지 이야기해 주세요.
T : 어떤 느낌이 들어요?
C : 딱딱해요.
T : 딱딱한 느낌도 들고 또 어떤 느낌이 들어요?
C : 울퉁불퉁해요.
T : 그렇구나, 이야기 잘해 준 친구에게 박수 주세요.
T : 울퉁불퉁하고 딱딱한 느낌이 든대요. 무엇일까요?
〈전개〉
• 두 팀으로 나누고 양 팀의 인원을 확인한다.
T : 우리가 오늘은 이 당근을 가지고 게임을 해 보려고 해요. 게임을 하려면 제일 먼저 무엇을 알아봐야 할까요?
C : 팀이 몇 명인지 알아봐야 해요.
T : 그럼 몇 명인지 인원수를 알아보아요. 선생님이 오늘은 몇 명인지 알아보기 위해서 이렇게 종을 가지고 왔어요. 어떤 방법으로 알아보면 될까요?
C : 선생님이 종을 치면 악수를 해요.
T : 그럼 선생님이 종을 치면 각 팀의 친구가 한명씩 나와서 악수를 하고 들어가도록 해요.
T : 그럼 몇 명인지 알아볼까요?(종을 친다.)
C : (순서대로 악수를 하고 제자리로 들어간다.)
• 팀 이름과 응원구호를 정한다.
T : 그럼 지금부터 팀 이름과 응원구호를 정해 볼거예요. 선생님의 오른쪽에 앉은 친구들 중 생각 모으는 친구는 어떤 친구가 해 줄 수 있을까요?</td></tr>
</table>

수업 전개	C : 제가 할 수 있어요. T : 선생님의 왼쪽에 앉아 있는 친구들 중 어떤 친구가 생각 모으는 친구를 도와 줄 수 있을까요? 팀 이름은 동물하면 생각나는 것들 중에서 정해 볼거예요. 자, 친구들과 함께 손을 잡아 볼까요? 맨 앞에 있는 친구와 맨 뒤에 있는 친구가 손을 잡고 동그랗게 앉아 함께 토의해 보세요(팀 이름과 응원구호를 정하면 다시 자리로 가 앉는다). T : 선생님의 오른쪽 친구들은 팀 이름을 무엇이라고 정했나요? C : 토끼팀이요. T : 응원은 어떻게 정했는지 한번 들어볼게요. 응원준비 얍! C : 토끼 잘해라! 토끼 잘해라! T : 선생님의 왼쪽 친구들은 팀 이름을 무엇이라고 정했나요? C : 호랑이팀이요. T : 응원은 어떻게 정했는지 한번 들어볼게요. 응원준비 얍! C : 호랑이 힘내라! 호랑이 힘내라! • 게임 자료를 소개하고 게임 방법을 예측해 본다. T : 우리가 팀 이름도 정하고 응원구호도 정해 보았어요. 이제 우리 친구들 앞을 한번 볼까요? 무엇이 있나요? C : 발자국이 있어요. C : 먹이가 있어요. T : 이것을 가지고 어떤 게임을 할 수 있을까요? C : 발자국을 따라서 먹이를 가져와요. T : 그래요. 우리 친구가 이야기한 것처럼 토끼팀은 당근을, 호랑이팀은 고기를 가지고 오면 되요. 바닥에 오른발, 왼발, 두발 등 발자국 모양이 놓여 있어요. 발에 맞게 걸어서 지나가 볼까요? 그림으로 나타나 있는 발자국 중 왼쪽 발은 어느 발일까요? 오른 발은 어느 발일까요? 발을 한번 대 볼까요? C : 제가 할 수 있어요. T : 토끼의 먹이는 몇 개인지 세어볼까요? 호랑이의 먹이는 몇 개인지 함께 세어볼까요? C : (유아들이 함께 세어본다.) T : 먹이를 찾아 돌아오는 길은 블록이 몇 개가 필요할까요? 한번 놓아볼까요? C : (블록을 가지고 와서 놓는다.) T : 블록이 몇 개인지 한번 세어볼까요? C : 14개예요. T : 14개의 블록이 있는 거리를 우리는 발걸음으로 6번 갈 수 있구나. • 시범을 보인다. T : 그럼 게임을 어떻게 하는 것인지 시범을 보여 줄 친구 있나요? 나와주세요~ (시범을 보인다.)

수업 전개	• 약속을 정한다. T : 오늘 이 게임을 할 때, 우리가 함께 지켜야 할 약속은 무엇이 있을까요? C : 차례를 지켜서 해요. C : 응원을 열심히 해요. T : 이제 게임을 시작 할거예요. 그럼 각 팀의 첫 번째 앉은 친구들 나오세요. • 게임이 끝나면 점수를 확인한다. T : 우리 친구들과 게임을 했는데 결과가 어떻게 되었는지 알아볼까요? C : ㅇㅇ팀이 이겼어요~! T : 오늘의 승리상은 토끼팀! 그럼 응원점수는 몇 점인지 세어볼까요? 오늘의 응원상은 호랑이팀~!! 〈마무리〉 • 게임을 한 후 기분 평가를 한다. T : 게임을 하면서 기분이 어땠는지 이야기해 줄 수 있는 친구가 있을까요? 누가 한번 이야기해 볼까요? C : 먹이를 가지고 오니까 진짜 동물이 된 것 같았어요. • 게임 도구를 정리한다. T : 이제 교실로 돌아갈텐데 게임을 했던 도구의 정리를 도와줄 수 있는 친구 있나요? 토끼의 먹이를 어떤 친구가 가져다 줄 수 있을까요?

〈활동자료 및 활동의 예〉

사진 자료

• 인원 수 확인

일대일 대응을 이용하여 양쪽팀의 인원수를 알아본다.

• 동물 먹이는 각각 몇 개인지 세어보기

게임활동을 전개하며 수 세기에 대한 경험을 해 본다.

• 왼발 오른발에 관심 가지기

왼발과 오른발의 모양을 관찰하고 맞는 모양의 발자국을 따라 걸어본다.

• 먹이찾아 돌아오는 길 블록으로 알아보기

먹이 찾아 돌아오는 길을 잴 수 있는 방법으로 블록을 찾은 유아들. 벽돌 블록으로 길이를 재어 본다.

수학활동 계획안 6-1

생활주제	동물-1	활동유형	자유선택활동(수 · 조작놀이영역)
활동명	동물의 다리 수 알아보기	집단형태	개별 활동 · 소집단
활동목표	동물의 다리 수를 세어보고, 알맞은 자리에 붙일 수 있다.		
활동자료	동물이 그려진 활동지, 색연필, 싸인펜, 풀, 가위		
활동방법	① 그림 카드에 그려진 동물의 다리 수를 세어본다. - 동물이 몇 마리가 있는지 세어보자. 하나. 둘. 셋. 넷. 몇 마리의 동물들이 있나요? - 그럼 동물의 다리는 몇 개인지 세어볼까요? - 다리가 0개인 동물은 몇 마리인가요? - 다리가 2개인 동물은 몇 마리인가요? - 다리가 4개인 동물은 몇 마리인가요? ② 동물이 그려진 활동지와 사인펜, 풀, 가위를 개별적으로 준비한다. ③ 동물의 다리 수를 세어보고, 알맞은 수의 자리에 붙인다. - 그럼 다리의 수가 맞는 자리에 동물 그림을 오려서 붙여 보세요. - 다리가 0개인 동물은 몇 마리인가요? - 다리가 2개인 동물은 몇 마리인가요? - 다리가 4개인 동물은 몇 마리인가요?		

사진자료

〈활동사진〉

동물에 대해 관심을 가지고 다리 수를 세어본다.

〈결과물 사진〉

동물의 다리 수를 세어보고 같은 수대로 붙여보고 부분과 전체에 대한 개념을 형성한다.

수학활동 계획안 6-2

생활주제	동물-2	활동유형	자유선택활동(수 · 조작놀이영역)
활동명	그림자 보고 동물 그림 맞추기	집단형태	개별 활동
활동목표	동물의 그림자의 모양, 형태를 보고 어떤 동물인지 선으로 연결한다.		
활동자료	그림자 동물 그림, 사인펜		
활동방법	① 동물 그림자 그림을 보며 어떤 동물의 모습인지 이야기한다. – 어떤 동물이 제일 긴가요? ② 동물과 그림자의 모양과 형태를 관찰한다. – 사슴은 뿔이 어떤가요? 그림자에도 사슴의 뿔처럼 뾰족한 부분이 있나요? – 돌고래의 꼬리는 어떤 모양인가요? 돌고래의 꼬리처럼 두 갈래로 갈라진 그림자가 있나요? ③ 동물 그림과 동물의 그림자를 연결하도록 이야기한다. – 그럼 같은 모양의 그림자를 선으로 연결해 보도록 해요. – 사슴의 그림자는 첫 번째 그림자였구나. ④ 동물과 그림자 그림, 동물의 그림과 사인펜을 준비한다.		

사진자료

〈활동사진〉

다양한 동물의 그림자를 관찰하고 같은 그림자의 동물을 찾아본다.

〈결과물 사진〉

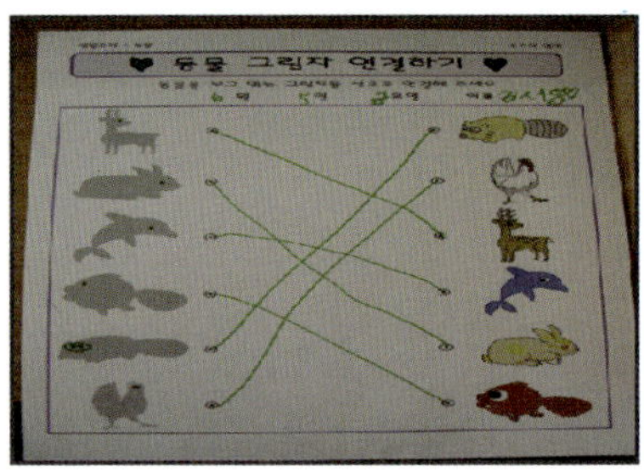

그림자의 형태를 관찰하고 같은 형태의 동물을 찾아 선으로 연결한다.

수학활동 계획안 6-3

생활주제	동물-3	활동유형	자유선택활동(수 · 조작 놀이영역)
활동명	동물 발자국 맞추기	집단형태	개별 활동
활동목표	동물의 발자국 모양을 관찰하고 같은 모양의 발자국을 가진 동물과 연결할 수 있다.		
활동자료	동물의 발자국이 그려진 사진, 사인펜		
활동방법	① 동물의 발자국이 그려진 사진을 준비한다. ② 동물의 발자국을 관찰한다. - 오리의 발자국은 어떻게 생겼을까요? 어떤 모양인가요? - 곰의 발자국은 어떻게 생겼을까요? 어떤 모양인가요? ③ 관찰한 동물의 발자국 사진을 동물 그림에 연결하여 맞추어 본다. ④ 자유선택활동 시간에 개별적으로 활동한다. - 곰의 발자국은 어디에 있나요? 그래, 중간에 있구나. - 염소의 발자국은 어디에 있나요? 그래, 맨 아래에 있구나. - 오리의 발자국은 맨 위에 있구나. 선이 대각선으로 연결되는구나.		

사진자료

〈활동사진〉

동물의 발자국 모양과 특징을 관찰해 본다.

〈결과물 사진〉

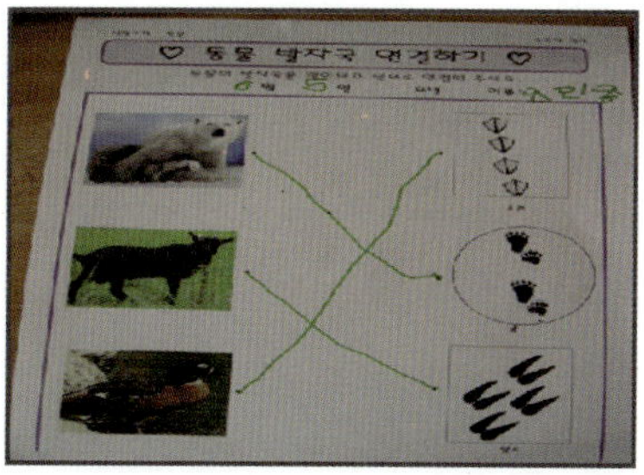

관찰한 동물들의 발자국 모양과 같은 발을 가진 동물들을 연결해 본다.

수학활동 계획안 6-4

생활주제	동물-4	활동유형	자유선택활동(수 · 조작놀이영역)
활동명	동물 발자국으로 패턴 만들기	집단형태	개별 활동 · 소집단
활동목표	동물의 발자국 모양을 관찰하고 다양한 순서의 패턴을 만든다.		
활동자료	동물의 발자국, 패턴 카드		
활동방법	① 동물의 발자국 모양이 그려진 카드와 패턴 카드를 준비한다. ② 카드에 있는 동물의 발자국을 관찰한다. - 오리의 발자국은 어떻게 생겼을까요? 어떤 모양인가요? - 곰의 발자국은 어떻게 생겼을까요? 어떤 모양인가요? ③ 유아에게 패턴 카드 위에 다양한 방법으로 패턴을 만들 수 있음을 이야기한다. ④ 유아들이 직접해 보게 하고, 흥미 있어 하면 각자 패턴을 만들어 보게 한다. - ㅇㅇ은 오리의 발자국을 하나 놓고, 너구리의 발자국을 하나 놓는 패턴을 만들었구나. 정말 잘 했구나.		

사진자료

〈활동사진〉

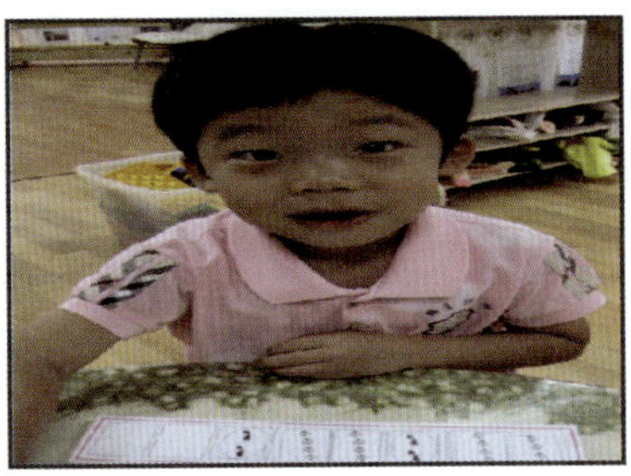

다양한 모양의 발자국을 관찰하고 어떤 동물의 발자국인지 예측해 본다.

〈결과물 사진〉

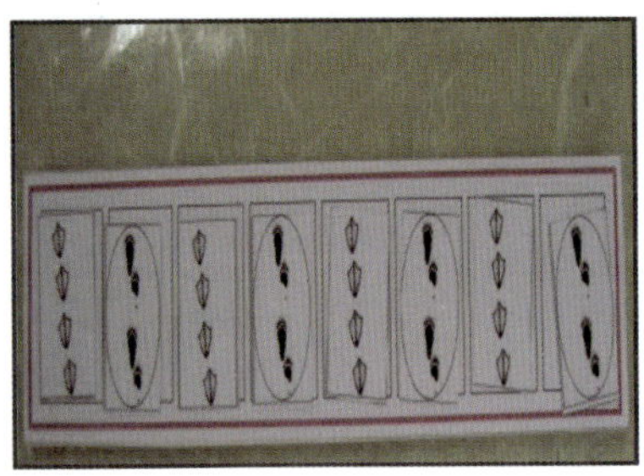

다양한 모양의 발자국을 보고 스스로 순서를 정하여 패턴 만들기 활동을 해 본다.

수학활동 계획안 6-5

생활주제	동물-5	활동유형	자유선택활동(수 · 조작놀이영역)
활동명	같은 종류, 같은 색의 먹이끼리 분류하기	집단형태	소집단
활동목표	같은 종류, 같은 색의 먹이끼리 분류한다.		
활동자료	동물 먹이 교구		
활동방법	① 동물의 먹이 주기 교구를 가지고 자리에 앉는다. ② 두개의 주사위를 던져서 나온 동물과 숫자만큼 먹이를 준다. - 주사위를 던져 볼까요? - 어떤 동물이 나왔나요? - 숫자는 무엇이 나왔나요? - 그럼 무슨 동물에게 어떤 먹이를 몇 개 주어야 할까요? ③ 친구와 주사위를 던져 먹이를 분류한다.		

사진자료

〈활동사진〉

동물이 먹는 먹이에 대해 알고 분류해 본다.

〈결과물 사진〉

순서를 정하여 주사위를 던지고 나온 수 만큼 먹이를 주어 수감각을 길러본다.

수학활동 계획안 6-6

생활주제	동물-6	활동유형	자유선택활동(수 · 조작놀이영역)
활동명	부분 그림을 보고 동물 그림 맞추기	집단형태	개별 활동
활동목표	동물의 부분 그림을 보고 어떤 동물인지 알 수 있다.		
활동자료	동물 수수께끼 카드, 부분 그림 카드		
활동방법	① 동물 수수께끼 카드를 활용하여 여러 종류의 동물의 특징을 알아본다. ② 부분 그림 카드에 그려진 동물의 부분 모양을 관찰한다. – 꼬리는 어떤 모양인가요? – 둥근가요? 뾰족한가요? ③ 유아들에게 부분 그림과 동물의 전체 그림을 연결한다. – 그럼 같은 모양의 꼬리가 어떤 동물인지 그림 카드를 찾아보아요. – 꼬리의 모양이 정말 똑같구나. ④ 자유선택활동 시간에 개별적으로 동물 부분 그림과 전체 그림을 연결한다.		

사진자료

〈활동사진〉

부분 그림의 형태를 관찰하여 부분을 가진 동물을 찾아본다.

〈결과물 사진〉

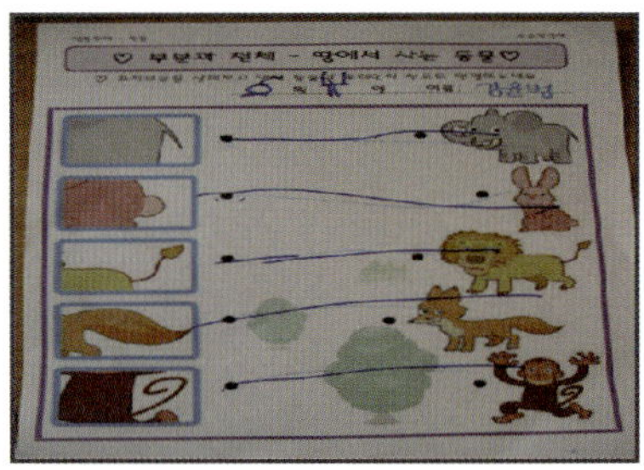

부분 그림을 보고 해당하는 동물을 찾아 선으로 연결하여 부분과 전체의 개념을 형성한다.

수학활동 계획안 6-7

생활주제	동물-7	활동유형	자유선택활동(수 · 조작놀이영역)
활동명	좋아하는 동물 조사하기	집단형태	개별 활동 · 대집단
활동목표	좋아하는 동물로 그래프를 만들어 보고 이야기한다.		
활동자료	이름표, 그래프		
활동방법	① 유아들이 좋아하는 동물, 좋아하는 이유에 대해 간단히 조사해 보는 시간을 갖는다. ② 이야기 나누기가 끝나고 사후 활동으로 '좋아하는 동물 그래프' 에 이름표를 붙여 막대그래프를 만든다. ③ 그래프를 보며 어떤 동물을 좋아하는지 좋아하는 동물에 따른 유아의 수를 알아본다. - 몇 명의 친구가 호랑이를 좋아하나요? - 몇 명의 친구가 사슴을 좋아한다고 했는지 한번 세어 볼까요? ④ 다양한 방법으로 그래프를 비교한다. - 우리 친구들은 어떤 동물을 가장 많이 좋아하나요? - 가장 적게 좋아하는 동물은 어떤 동물인가요? - 가장 많이 좋아하는 동물은 몇 명이고 가장 적게 좋아한 동물은 몇 명이었나요? - 가장 많이 좋아한 동물의 수는 가장 적게 좋아한 동물의 수보다 몇 명이 더 많은가요?		

사진자료

〈활동사진〉

가장 좋아하는 동물에 자신의 이름을 붙여 그래프를 완성해 본다.

〈결과물 사진〉

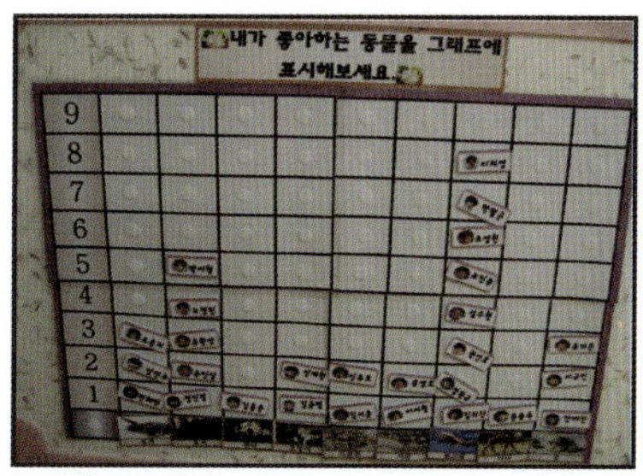

그래프를 만들어 본 결과 코뿔소가 8명으로 가장 많았으며, 사슴과 양이 1명씩으로 가장 적었다.

20 음악활동을 통한 수학개념 조직망

음률활동
-악기연주-
나는 유치원에 갑니다

수 감각 기르기

〈수 세기〉

'짼' '죽' 등 반복적인 노랫말 세어보기

공간 및 도형에 대해 알아보기

〈모양〉

음표의 모양에 따른 길이 게임하기

〈도형〉

악기모양과 같은 모양 찾아보기

자료 정리 및 결과 나타내기

〈분류〉

리듬악기와 가락악기 그림을 분류하기

〈그래프〉

가장 아름다운 소리가 나는 악기로 나타내기

기초적인 측정해 보기

〈측정〉

- 악기소리의 크기 예측하기
- 같은 크기의 소리만들기

규칙성 이해하기

〈패턴〉

- 악기 그림을 이용하여 패턴을 만들어서 연주하기
- 발 구르기와 손뼉치기로 패턴을 만들어 연주하기
- 탑 쌓기 블록을 이용하여 색깔 패턴을 구성하기

수업활동 계획안 7

활동명	나는 유치원에 갑니다	활동유형	음률활동-악기연주
활동목표	• 리듬악기를 연주하는 경험을 가진다. • 박자에 관심을 가지고 악기연주를 통해 패턴을 안다.		
수학적 개념	규칙성 이해하기		
준비물	탬버린, 트라이앵글, 그림 자료, 노랫말		

수업 전개

〈도입〉

• 나는 유치원에 갑니다. 노래를 부른다.

T : 나는 유치원에 갑니다. 노래를 불러보아요.

T : 쨍은 몇 번 부르나요?

C : 하나, 둘, 셋…… 아홉 번이요.

C : '죽' 과 '쌩' 도 아홉 번이에요.

• 박자에 관심을 가진다.

T : 4박자 박수를 쳐 보아요. 4박자 중에 한번 박수를 치고 3번을 쉬면 1박, 2번 박수를 치고 2번을 쉬면 2박, 3번 박수를 치고 1번 쉬면 3박, 4번 모두 박수를 치면 4박자예요.

수업 전개	〈전개〉 • 손뼉치기를 하며 노래를 부른다. T : 손뼉을 치며 노래를 불러보아요. C : 마음대로 손뼉을 쳐요. • 규칙을 정해 손뼉을 친다. T : 아름다운 박수소리를 만들기 위해 어떻게 손뼉을 치면 좋을까요? C : 한번 치고 세 번은 쉬는 박수요. C : 저는 두 번 치고 세 번 쉬는 박수를 쳤으면 좋겠어요. • 규칙을 정해 발 구르기를 하며 노래를 부른다. • 리듬악기를 연주하는 방법을 안다. T : 탬버린, 트라이앵글의 모양을 살펴보아요. T : 탬버린은 어떤 도형인가요? C : 원이요. 그런데 원이 두꺼워요. T : 트라이앵글은 어떤 도형인가요? C : 삼각형이요. T : 탬버린은 어느 곳을 잡고 연주해야 할까요? C : 구멍이 2개 있는 윗부분을 잡고 가운데를 쳐요. T : 트라이앵글은 삼각형 부분의 위쪽을 잡고 채로 삼각형의 아랫부분을 쳐서 연주해요. • 리듬악기를 이용해 패턴을 만들고 악기연주를 한다. T : 탬버린은 한 마디에서 4번 중에 몇 번을 연주할까요? C : 아까 손뼉 쳤던 것처럼 한번 치고 세 번은 쉬어요. T : 한 손뼉 연주를 하고 세 박자를 쉬어요. 〈마무리〉 • 패턴을 만들어 연주할 수 있는 활동을 안다. T : 악기를 이용하여 어떻게 패턴을 만들 수 있을까요? C : 규칙에 맞추어서 그림을 붙이고 연주를 하면 되요. T : 탬버린, 탬버린, 트라이앵글, 트라이앵글은 탬버린과 트라이앵글이 2번씩 반복되는 규칙이 있어요. 다른 패턴은 어떻게 만들 수 있을까요? C : 탬버린, 트라이앵글, 탬버린, 트라이앵글처럼 두 악기를 한 번씩 연주하는 패턴을 만들어요. • 활동영역을 알아본다. T : 이 활동은 어느 영역에서 할 수 있을까요? C : 악기가 있는 음률영역에서 활동을 해요. T : 그래요. 음률영역에서 친구들과 함께 활동해 보아요.

사진 자료

〈활동자료 및 활동의 예〉

• 4박자 박수

4박자 박수 그림을 통해 박자를 익혀 본다.

• 발 구르기와 손뼉치기

발 구르기와 손뼉치기 등 신체를 이용하여 하나, 둘, 셋, 넷 박자를 세어본다.

• 리듬악기 그림을 붙이고 악기연주하기

리듬악기 그림을 붙여 다양한 패턴을 이해하며 악기 연주를 한다.

• 탬버린 연주하기

규칙을 정해 탬버린을 연주하며 여러 가지 박자치기 방법을 찾아본다.

수학활동 계획안 7-1

생활주제	유치원과 친구-1	활동유형	자유선택활동(수 · 조작놀이영역)
활동명	노랫말을 세어보아요	집단형태	개별 활동
활동목표	• 수 감각을 기른다. • 10까지 세고 수를 쓸 수 있다.		
활동자료	활동지, 연필, 지우개		
활동방법	① 활동지에 날짜와 이름을 적는다. 　- 오늘은 몇 월 몇 일인가요? ② 나는 유치원에 갑니다. 노랫말을 회상한다. 　- 나는 유치원에 갑니다에 어떤 날씨가 나왔나요? ③ 반복되는 노랫말 '쨍' 이 몇 번 연주되는지 수 세기를 한다. 　- 쨍은 몇 번이 나올까요? ④ 수를 순서대로 적는다. 　- 노랫말 아래에 숫자를 적어보아요. ⑤ 1에서 9까지의 수를 읽는다. 　- 내가 적은 수를 읽어보아요. ⑥ 4분 음표(♩)와 8분 음표(♪)를 분류한다. 　- ♩ 음표의 쨍은 몇 번 나오나요? 　- ♪ 음표의 쨍은 몇 번 나오나요? 　- 두 음표를 합치면 모두 몇 번 인가요? 　- 2분 음표(𝅗𝅥)와 4분 음표(♩)를 합치면 모두 몇 번 인가요?		

사진자료

〈활동사진〉

유아가 1~9까지의 수를 읽고 반복되는 노랫말이 몇 번이나 연주되는지 세어본다.

〈결과물 사진〉

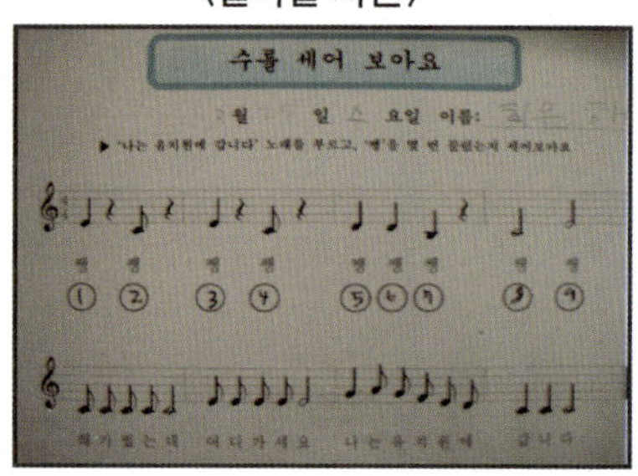

악보, 노랫말 자료를 보며 반복되는 노랫말의 수를 세어 본다.

수학활동 계획안 7-2

생활주제	유치원과 친구-2	활동유형	자유선택활동(음률활동)
활동명	리듬악기를 알아요	집단형태	중집단
활동목표	• 기준에 따라 자료를 분류하고 설명할 수 있다. • 리듬악기에 관심을 가지고 다른 악기와 분류할 수 있다.		
활동자료	활동지, 사인펜, 리듬악기 스티커, 리듬악기(탬버린, 트라이앵글, 마라카스 등)		
활동방법	① 음률영역에서 리듬악기와 가락악기를 찾아본다. – 리듬악기는 무엇인가요? – 음률영역에서 리듬을 만들 수 있는 악기를 찾아보아요. – 도, 레, 미……를 소리 낼 수 있는 악기는 어떤 악기라고 하나요? – 가락악기를 찾아보아요. ② 그림 자료를 탐색한다. – 탬버린은 어떤 악기일까요? – 피아노는 어떤 악기일까요? ③ 리듬악기와 가락악기를 분류하는 경험을 가진다. – 악기 그림을 이용하여 어떤 활동을 할 수 있을까요? ④ 다양한 방법으로 악기를 분류해 본다. – 악기의 모양에 따라서 분류해 보아요. – 색깔에 따라서 분류해 보아요.		

사진자료

〈활동사진〉

모양, 색깔, 특징 등 다양한 방법으로 악기를 분류해 본다.

〈결과물 사진〉

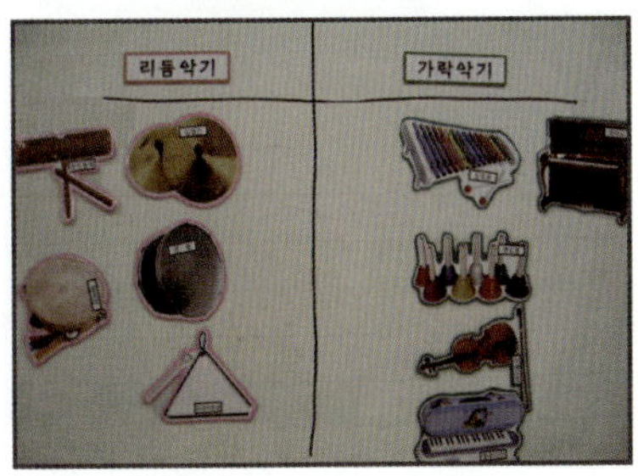

악기의 특징을 알아보고 리듬악기와 가락악기로 나누어 분류한다.

수학활동 계획안 7-3

생활주제	유치원과 친구-3	활동유형	자유선택활동(수 · 조작놀이영역)
활동명	가장 아름다운 소리가 나는 악기	집단형태	대집단
활동목표	• 아름다운 소리가 나는 악기를 선택한다. • 그래프 활동으로 수의 많고 적음을 비교한다.		
활동자료	악기, 그래프, 싸인펜		
활동방법	① 악기의 소리를 듣는다. ② 어떤 느낌이 드는지 이야기한다. ③ 왜 아름다운 소리라고 생각하는지 이야기를 나눈다. ④ 가장 아름다운 소리가 나는 악기를 선택한다. ⑤ 그래프를 보며 수를 비교한다. – 친구들이 가장 아름답다고 생각한 악기는 무엇인가요? – 가장 적은 수를 받은 악기는 무엇인가요? – 두 번째로 친구들이 아름다운 소리가 난다고 생각한 악기는 무엇인가요? ⑥ 그래프를 보며 수를 더하거나 뺀다. – 가장 많이 선택한 악기의 수에서 가장 적게 선택한 악기의 수를 빼면 얼마인가요? – 가장 많이 선택한 악기와 두 번째로 많이 선택한 악기를 더하면 얼마인가요?		

사진자료

〈활동사진〉

다양한 악기 소리를 들어본 후 '가장 아름다운 소리가 나는 악기' 그래프 활동을 한다.

〈결과물 사진〉

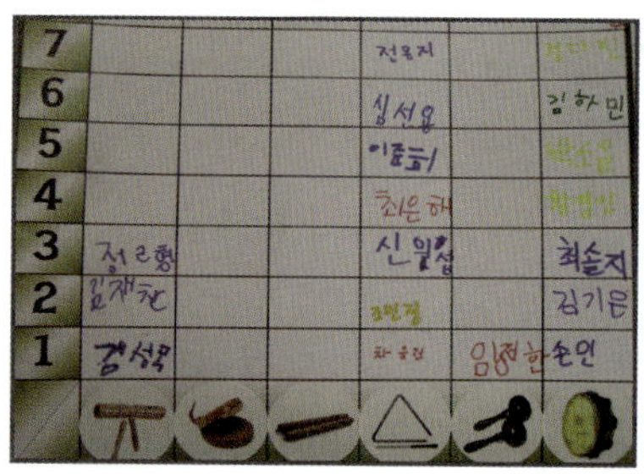

그래프를 보며 '가장 아름다운 소리가 나는 악기' '가장 적은 수를 받은 악기' 등의 비교하기 및 수 세기 활동을 한다.

수학활동 계획안 7-4

생활주제	유치원과 친구-4	활동유형	자유선택활동(수 · 조작놀이영역)
활동명	악기의 모양	집단형태	중집단
활동목표	기본 입체 및 평면 도형을 안다.		
활동자료	리듬악기, 주변의 사물		
활동방법	① 도형에 대해 알아본다. – 어떤 도형이 있나요? – 삼각형(세모 모양), 사각형(네모 모양), 원(둥근 모양)이 있어요. ② 악기의 도형을 탐색한다. – 심벌즈는 어떤 도형인가요? – 심벌즈와 같은 도형의 악기는 무엇이 있나요? – 트라이앵글은 어떤 도형인가요? – 코끼리 코는 어떤 도형인가요? ③ 주변에서 악기와 비슷한 도형을 찾는다. – 탬버린과 같은 원(둥근 모양)을 찾아보아요. ④ 실제 악기와 내가 찾은 물건을 비교한다. – 왜 휴지와 탬버린이 같은 모양이라고 생각했나요?		

사진자료

〈활동사진〉

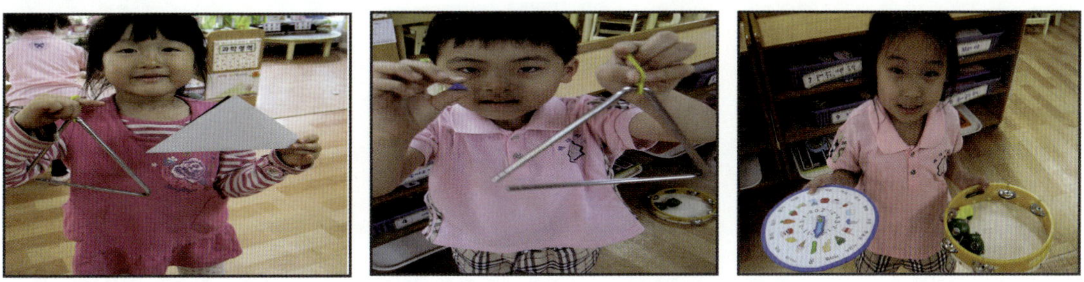

유아들이 여러 종류의 악기를 탐색하며 악기 모양과 비슷한 도형을 찾는다.

수학활동 계획안 7-5

생활주제	유치원과 친구-5	활동유형	자유선택활동(음률활동)
활동명	소리의 크기를 비교해 보아요	집단형태	대집단
활동목표	소리측정 도구를 사용하여 두 악기의 소리를 비교한다.		
활동자료	소리측정기, 리듬악기, 부등호 그림, 리듬악기 그림		
활동방법	① 악기의 소리를 예측한다. - 악기마다 소리가 같을까요? - 연주해 본 악기 중에서 어떤 악기의 소리가 가장 클 것 같나요? - 가장 소리가 작을 것 같은 악기는 무엇인가요? ② 탬버린, 트라이앵글, 계란마라카스, 우드블록 악기를 연주한다. ③ 소리측정기를 탐색한다. - 무엇인 것 같나요? - 무엇을 할 수 있을까요? - 이것은 소리의 크기를 숫자로 알려주는 기계예요. ④ 더 큰 소리가 나는 악기에 부등호로 표시한다. - 탬버린과 계란마라카스 중에서 어떤 소리가 더 클 것 같나요? - 악기를 연주할 때 숫자가 몇까지 올라가는지 보아요. ⑤ 100db 소리를 만든다. - 100db은 어느 정도일 것 같나요? 예측하여 연주해 보아요. - 어떤 악기로 소리를 만들 수 있을까요?		
사진자료			

〈활동사진〉

악기소리의 크기를 측정하여 '수가 크다' '작다'의 개념을 알아보고 이를 상징(부등호)으로 표시한다.

한 유아는 악기소리를 내고 다른 유아가 소리의 크기를 측정한다.

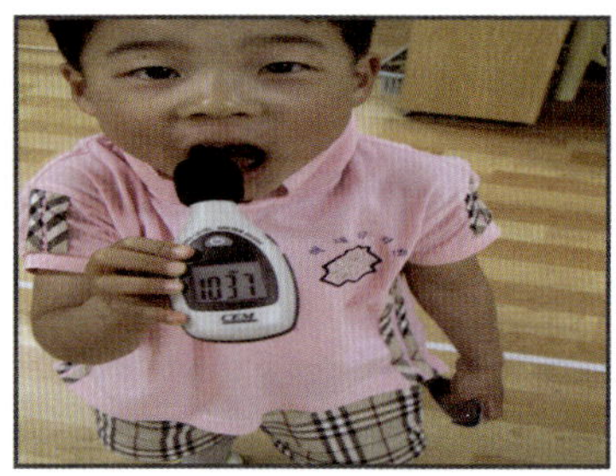

유아가 직접 '큰소리' '작은 소리'를 내어 소리의 크기를 측정하며 비교한다.

수학활동 계획안 7-6

생활주제	유치원과 친구-6	활동유형	자유선택활동(수 · 조작놀이영역)
활동명	음의 길이를 알아보아요	집단형태	소집단
활동목표	음표에 관심을 갖고 박자를 안다.		
활동자료	게임판, 주사위, 말		
활동방법	① 말과 순서를 정한다. ② '꽝' 이 나오면 어떻게 할지 약속을 정한다. ④ 출발 위치에 말을 놓고 음표 주사위를 던진다. ③ ♩(4분음표)가 나오면 한 칸, 𝅗𝅥(2분음표)가 나오면 두 칸 𝅗𝅥.(점2분음표)가 나오면 세 칸, 𝅝(온음표)가 나오면 네 칸 쉼표가 나오면 한번 쉬기, '꽝' 은 결정한 약속(예: 노래 부르기)을 지킨다. ⑤ 주사위에 나온 수만큼 말을 이동한다. ⑥ '도착' 점에 먼저 도착하면 게임이 끝난다.		

사진자료

〈교구사진〉

주사위에서 제시하는 박자만큼 칸을 이동하며 음의 길이를 이해한다.

〈활동사진〉

약속과 순서를 정해 차례대로 게임활동에 참여한다.

수학활동 계획안 7-7

생활주제	유치원과 친구-7	활동유형	자유선택활동(음률활동)
활동명	패턴 만들어 연주하기	집단형태	소집단
활동목표	리듬악기와 손뼉치기로 패턴을 만들어 연주한다.		
활동자료	리듬악기와 손과 발 그림 자료, 화이트보드		
활동방법	① 패턴의 의미를 회상한다. - 패턴은 무엇인가요? - 손뼉과 발 구르기를 규칙적으로 반복해서 연주하는 것이에요. ② 손과 발 그림을 이용하여 패턴을 만들어 연주한다. - 어떤 규칙이 있나요? - 몇 개씩 반복되나요? ③ 악기 그림을 이용하여 패턴을 만들고 연주한다. - 어떤 악기를 연주할까요? - 친구와 함께 연주할 악기를 선택해 보아요. - 규칙을 만들어 연주해요.		

사진자료

〈활동사진〉

유아들이 만든 패턴 그림자료를 보며 악기 연주를 한다.

〈결과물 사진〉

악기, 손, 발의 그림 자료를 이용하여 여러 가지 패턴을 만들어 본다.

21 토의활동을 통한 수학개념 조직망

토의활동 새싹샐러드 만들기

수 감각 기르기

〈수 세기〉

요리활동 모둠을 나누기 위해 반 전체 인원 세어보기

〈부분과 전체〉

요리활동을 함께 할 조를 나누어 보기(몇 명씩 나누어야 할까?)

〈수의 의미와 활용〉

넣고 싶은 재료, 소스를 이야기하고 손을 들어 결정하기

기초적인 측정해 보기 1

〈길이 측정〉

- 표준화, 비표준화 단위를 사용하여 재료의 길이를 측정하기
- 새싹의 길이를 측정할 수 있는 다양한 물건을 주변에서 찾아보기

자료 정리 및 결과 나타내기

〈순서짓기〉

과일과 채소 중 가장 많이 나온 재료 2가지와 소스 1가지를 결정하기

〈그래프〉

가장 맛있었던 샐러드를 선택하는 품평회(그래프)하기

기초적인 측정해 보기 2

〈어림하기〉

무게에 따른 방울토마토의 개수를 예측하기

규칙성 이해하기

〈패턴〉

재료를 활용하여 규칙적으로 꼬지 만들어 보기

수업활동 계획안 8

<table>
<tr><td>활동명</td><td>새싹샐러드 만들기</td><td>활동유형</td><td>토의활동</td></tr>
<tr><td>활동목표</td><td colspan="3">• 요리에 필요한 소스, 과일, 채소를 분류한다.
• 토의활동을 통해 넣고 싶은 재료를 순서지어 결정한다.</td></tr>
<tr><td>수학적 개념</td><td colspan="3">• 수 감각 기르기
• 자료 정리 및 결과 나타내기</td></tr>
<tr><td>준비물</td><td colspan="3">토의 활동지, 조 나누기판, 이름표</td></tr>
<tr><td>수업 전개</td><td colspan="3">〈도입〉
• 과학영역에서 재배하고 있는 새싹을 탐색한다.
T : 언제 새싹 씨앗을 뿌렸나요?
C : 3월 22일에 씨앗을 뿌리고 물을 주었어요.
T : 10일이 지난 오늘은 어떻게 되어 있을까요?
C : 어제 과학영역에서 보았는데 뿌리가 조금 나왔어요.
T : 뿌리는 어느 방향으로 자랐나요?
C : 아래쪽으로 내려갔어요.
C : 잎은 위쪽으로 올라왔어요.
T : 새싹을 어떻게 먹으면 더 맛있을까요?
C : 고추장에 비벼먹어요. 마요네즈를 발라 먹어요.
〈전개〉
• 새싹을 이용하여 샐러드 만들기를 할 것임을 안다.
T: 새싹을 이용하여 요리활동을 해 보아요.
• 필요한 도구와 재료를 예측한다.
T : 새싹샐러드에 어떤 재료를 넣으면 좋을까요?
C : 동그란 방울토마토를 넣어요. 길죽한 새싹도 넣어요.
T : 요리활동에 필요한 도구는 무엇이 있나요?
C : 재료를 썰 수 있는 칼과 접시가 필요해요.
C : 재료를 넣어서 버무릴 수 있는 큰 그릇도 필요해요.
• 조를 나눈다.
T : 우리 반은 전체 26명인데 5조로 어떻게 나눌 수 있을까요?</td></tr>
</table>

수업 전개	C : 한 조에 5명씩 같이 해요. T : 한 조에 한명씩 이동해보니 1명이 남았어요. 1명은 어떻게 하면 좋을까요? C : 한 조에 한명이 더 가면 될 것 같아요. • 토의 활동을 한다. T : 어떤 채소, 과일, 소스를 넣어 새싹샐러드를 만들까요? C : 어떤 채소를 넣고 싶은지 이야기해 봐. C : 방울토마토 C : 오이 C : 당근 C : 딸기 C : 넣고 싶은 재료에 손을 들어. 하나, 둘, 셋…… C : 가장 손을 많이 든 방울토마토를 넣기로 결정하자. • 토의한 내용을 발표한다. C : 우리 조에서는 채소는 방울토마토, 과일은 바나나, 소스는 떠먹는 야쿠르트로 결정했어. 〈마무리〉 • 각 조의 같은 점과 다른 점을 비교한다. T : 가장 많이 넣는 과일은 무엇인가요? C : 방울토마토요. C : 세 개의 조가 방울토마토를 넣기로 했어요. T : 가장 적게 넣는 채소는 무엇인가요? C : 오이요. C : 오이는 한 조만 넣기로 결정했어요. T : 가장 많이 넣기로 한 소스는 무엇인가요? C : 마요네즈요. 마요네즈는 네 개의 조에서 넣기로 했어요. • 요리활동을 준비한다. T : 조에서 토의한 것 중에서 내가 준비해야 할 재료나 도구를 내일 가지고 와서 조별로 분류하여 담아 보아요.

사진 자료	

〈활동자료 및 활동의 예〉

• 새싹샐러드 탐색하기

시간의 흐름에 따라서 자라는 새싹의 변화를 관찰한다.

• 조 나누기

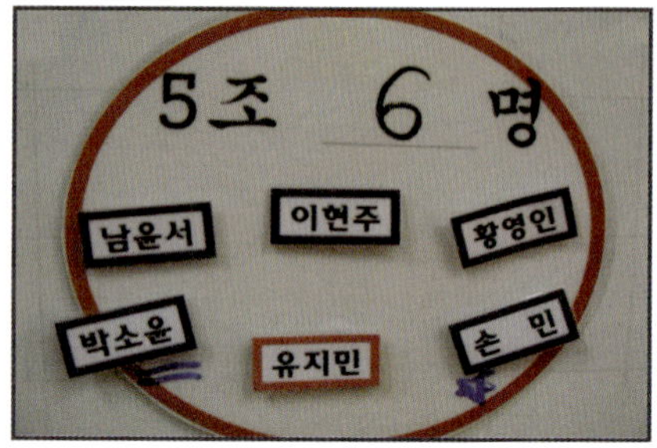

26명의 유아가 다섯 개의 조로 나누는 방법을 찾는다.

• 재료 토의하기

(과학영역에서 재배하는 새싹을 이용한) 요리활동을 계획하며 요리순서를 정하고 필요한 소스, 과일, 채소를 분류한다.

• 토의 활동지(부분)

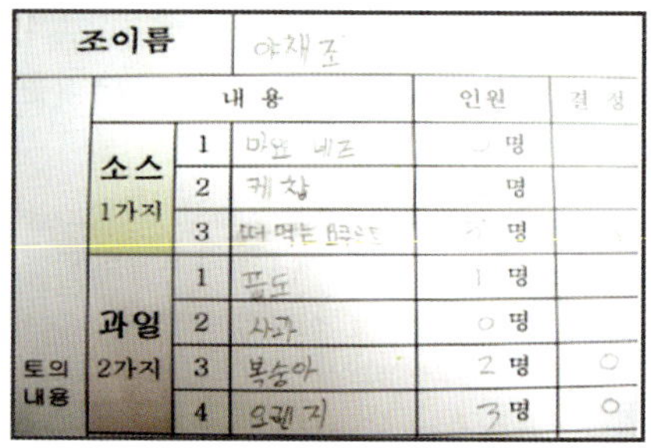

조이름			야채조		
토의 내용	내 용			인원	결정
	소스 1가지	1	마요네즈	[illegible] 명	
		2	케찹	명	
		3	떠먹는 요구르트	[illegible] 명	
	과일 2가지	1	포도	1 명	
		2	사과	0 명	
		3	복숭아	2 명	○
		4	오렌지	3 명	○

토의활동을 통해 넣고 싶은 재료를 순서지어 결정하고 기록한다.

수학활동 계획안 8-1

생활주제	봄의 식물-1	활동유형	요리활동
활동명	꼬치를 만들어요	집단형태	개별 활동
활동목표	• 꼬치 만들기 요리활동을 경험한다. • 채소와 과일을 이용하여 간단한 패턴을 만들 수 있다.		
활동자료	딸기, 방울토마토, 바나나, 꼬치 막대, 접시		
활동방법	① 우리 주변에서 패턴을 찾는다. – 패턴이 무엇인가요? – 주변에서 규칙적으로 반복되는 것을 찾아 보아요. ② 채소와 과일에 대해 이야기를 나눈다. – 봄에 먹는 채소에는 어떤 것이 있나요? – 봄에 먹는 과일에는 어떤 것이 있나요? ③ 채소와 과일을 이용하여 패턴을 만든다. – 과일과 채소를 이용하여 어떻게 패턴을 만들 수 있을까요? – 하나씩 반복되는 패턴이 있어요. – 두개와 하나가 반복될 수 있어요. – 패턴을 다양한 방법으로 만들어 보아요. ④ 요리활동을 소개한다. – 간식영역에 있는 재료와 도구를 이용하여 꼬치를 만들어 보아요. – 방울토마토 2개, 딸기 2개, 바나나 2개를 이용하여 패턴 꼬치를 만들어요. ⑤ 패턴 꼬치를 만들어 맛있게 먹는다.		

사진자료

〈활동사진〉

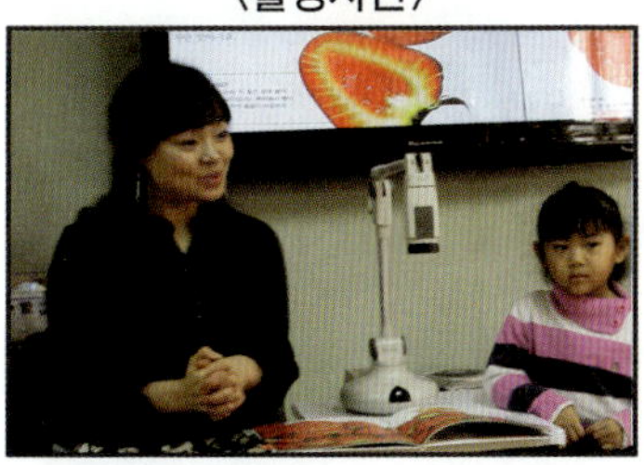

패턴 꼬치 만들기 사전활동으로 봄에 먹을 수 있는 과일과 채소를 알아본다.

〈결과물 사진〉

채소와 과일을 이용한 꼬치 만들기 활동을 통해 유아들이 패턴의 개념을 이해한다.

수학활동 계획안 8-2

생활주제	봄의 식물-2	활동유형	자유선택활동(과학영역)
활동명	새싹 길이 측정하기	집단형태	개별 활동
활동목표	• 새싹을 키우며 변화를 관찰한다.	• 새싹의 길이를 표준화, 비표준화 단위로 측정한다.	
활동자료	새싹, 새싹 재배기, 자, 색연필		
활동방법	① 새싹 재배기에서 자라고 있는 새싹을 관찰한다. - 어떤 새싹이 자라고 있나요? ② 새싹의 길이에 관심을 가진다. ③ 길이를 측정할 수 있는 방법을 이야기한다. - 어떻게 새싹의 길이를 측정할 수 있을까요? ④ 색연필(비표준화 단위)을 이용하여 새싹의 길이를 측정한다. - 색연필로 길이를 재어 보니 어떤 점이 불편한가요? - 더 정확하게 길이를 측정할 수 있는 방법은 무엇일까요? ⑤ 자(표준화 단위)를 이용하여 새싹의 길이를 측정한다. - 자로 어떻게 길이를 측정할 수 있나요? ⑥ 새싹의 길이를 비교한다. - 가장 긴 새싹은 무엇인가요? - 가장 짧은 새싹은 무엇인가요? - 짧은 새싹부터 차례대로 놓아 볼 수 있나요? - 가장 긴 새싹보다 긴 것을 교실에서 찾아 볼 수 있나요? - 가장 짧은 것보다 짧은 것을 교실에서 찾아 볼 수 있나요?			
사진자료			

〈활동사진〉

시간의 흐름에 따라 달라지는 새싹의 변화를 관찰한다.

유아가 표준화 단위를 이용하여 새싹의 길이를 측정한다.

수학활동 계획안 8-3

생활주제	봄의 식물-3	활동유형	자유선택활동(과학영역)
활동명	길이를 어떻게 잴 수 있을까?	집단형태	개별 활동
활동목표	새싹의 길이를 잴 수 있는 다양한 방법을 생각한다.		
활동자료	새싹, 숫자가 있는 주변 물건, 리본테이프, 클립		
활동방법	① 새싹을 탐색한다. - 새싹이 씨앗에서 점점 자라고 있어요. - 새싹의 길이가 어떻게 되었나요? ② 새싹의 길이를 측정할 수 있는 다양한 방법을 생각한다. - 새싹의 길이를 어떻게 측정할 수 있을까요? - 주변에서 새싹의 길이를 측정할 수 있는 것들을 찾아볼까요? ③ 새싹의 길이를 비교한다. - 무엇을 이용하여 길이를 측정하였나요? - 왜 온도계를 이용하여 길이를 재보았나요? ④ 숫자가 있는 물건을 찾고 길이를 측정한다. - 비커와 지구본으로 어떻게 길이를 측정할 수 있을까요? ⑤ 새싹의 길이만큼 리본테이프를 잘라 비교한다. ⑥ 새싹의 길이만큼 클립을 놓아 보고 몇 개의 클립이 필요한지 세어본다.		
사진자료			

〈활동사진〉

새싹의 길이를 측정하기 위해 숫자가 있는 물건을 찾는다.

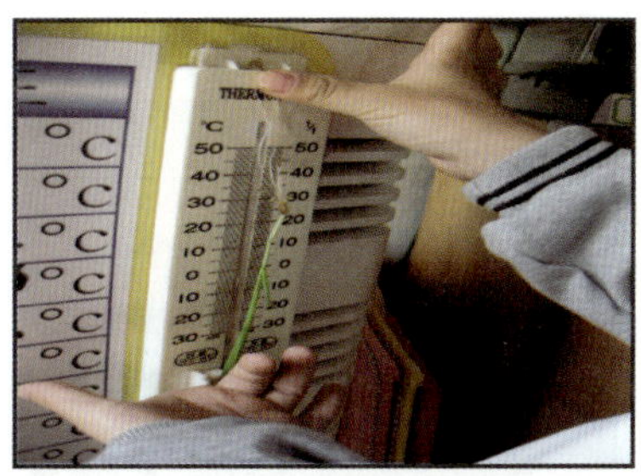

길쭉한 물건인 온도계를 찾아서 새싹의 길이와 비교한다.

수학활동 계획안 8-4

생활주제	봄의 식물-4	활동유형	토의활동
활동명	인원수 세기	집단형태	대집단
활동목표	요리활동을 위해 반 전체의 인원을 세어 본다.		
활동자료	교실 각 영역의 이름표		
활동방법	① 반 전체 인원수를 알아본다. - 우리 반 전체 친구들은 몇 명일까요? ② 수를 셀 수 있는 구체물을 찾는다. - 친구들의 수를 어떻게 세어볼까요? ③ 간식영역, 편지함, 그래프, 이름표 등 수 세기를 한다. - 우리 반 전체 인원수를 세어볼 수 있는 것을 찾아볼까요? - 어느 곳에서 친구들의 인원을 세어볼 수 있을까요? ④ 반 전체의 인원수를 안다. - 몇까지 세었나요? - 우리 반의 전체 인원수는 몇 명인가요? ⑤ 조 나누기를 한다. - 어떤 방법으로 조를 나눌 수 있을까요? - 몇 개의 조로 나누면 요리를 재미있게 할 수 있을까요? - 한 명씩 조로 이동해 볼까요? - 두 명씩 같은 조로 이동을 해서 나누어 볼까요?		

사진자료

〈활동사진〉

요리활동을 위해 한 유아가 반 전체 인원수를 셀 수 있는 방법을 찾는다(편지함에 있는 친구들의 사진을 보며 인원수 세기).

간식영역에 있는 친구들의 이름을 세어본 후 몇 명의 친구가 한 조가 될 수 있는지 인원수를 나누어 본다.

수학활동 계획안 8-5

생활주제	봄의 식물-5	활동유형	요리활동
활동명	새싹샐러드 만들기	집단형태	소집단
활동목표	• 요리활동을 통해 재료의 모양이 변화되는 과정을 탐색한다. • 재료를 넣고 섞으면서 부분과 전체를 안다.			
활동자료	요리순서도, 앞치마, 머리 수건, 요리 재료와 도구		
활동방법	① 내가 준비한 재료를 조별로 분류하여 놓는다. - 나는 어떤 조 인가요? - 내가 준비한 재료를 우리 조 바구니에 분류하여 담아볼까요? ② 새싹샐러드 요리방법을 알아본다. - 새싹샐러드를 만들기 위해 필요한 재료와 도구는 무엇이 있나요? - 각 재료를 몇 등분으로 나누어야 먹기 좋을까요? - 모은 재료를 그릇에 모아 전체를 버무려볼까요? ③ 조별로 친구들과 함께 준비한 재료를 탐색하고 요리활동을 한다. - 우리 조의 재료 중에서 가장 큰 것은 무엇인가요? - 우리 조의 재료 중에서 가장 작은 것을 찾아볼까요? - 동그란 방울토마토를 반으로 자르니 어떤 모양이 나오나요? - 딸기를 두 번 자르니 모양이 어떻게 변하였나요? - 우리가 자른 재료와 소스를 넣고 버무린 후 새싹을 위나 옆에 놓아 볼까요? ④ 품평회에 놓을 새싹샐러드를 접시에 담는다. - 품평회에 놓을 새싹샐러드를 맛있고, 예쁘게 담아 볼까요? ⑤ 우리가 요리한 새싹샐러드를 맛있게 먹는다.		
사진자료			

〈활동사진〉

준비한 재료를 종류별로 분류한 후 재료를 직접 잘라보며 수, 모양의 변화를 찾아본다.

요리활동에 참여한 조별 유아끼리 나누어 사진촬영을 한다.

수학활동 계획안 8-6

생활주제	봄의 식물-6	활동유형	이야기 나누기
활동명	가장 맛있는 새싹샐러드	집단형태	대집단
활동목표	• 가장 맛있었던 새싹샐러드를 선택한다. • 여러 가지 자료를 모으고 비교해 본다.		
활동자료	각 조별 새싹샐러드, 스티커, 품평회 활동지		
활동방법	① 새싹샐러드를 만들었던 경험을 회상한다. – 새싹샐러드를 만들어 보니 기분이 어떤가요? – 가장 재미있었던 것은 무엇인가요? ② 다른 친구들이 만든 새싹샐러드의 맛을 보고 가장 맛있는 샐러드를 선택한다. – 다른 조가 만든 새싹샐러드를 먹고 가장 맛있는 것을 선택해 볼까요? ③ 가장 맛있는 샐러드에 스티커를 붙인다. – 분류되어 있는 품평회 활동지에서 가장 맛있는 샐러드를 만든 조 이름에 스티커를 붙여요. ④ 각 조별로 스티커의 수를 세어본다. – 야채 조에는 몇 개의 스티커가 붙어 있나요? 함께 세어 볼까요? ⑤ 가장 많은 수의 스티커를 받은 팀을 칭찬하고 격려한다. – 스티커를 가장 많이 받은 조는 어느 조인가요? – 몇 개의 스티커를 받았는지 숫자를 뒤로 세어볼까요? – 두 번째로 많은 스티커를 받은 조는 어느 조인가요? – 가장 큰 수에서 작은 수를 빼면 얼마나 차이가 생기나요? – 가장 작은 수를 받은 조는 몇 개의 스티커를 받아야 가장 큰 수를 받은 조와 같아질까요?		

사진자료

〈활동사진〉

각 조별 샐러드를 맛보고 가장 맛있는 샐러드에 스티커를 붙이는 품평회 활동을 한다.

〈활동결과〉

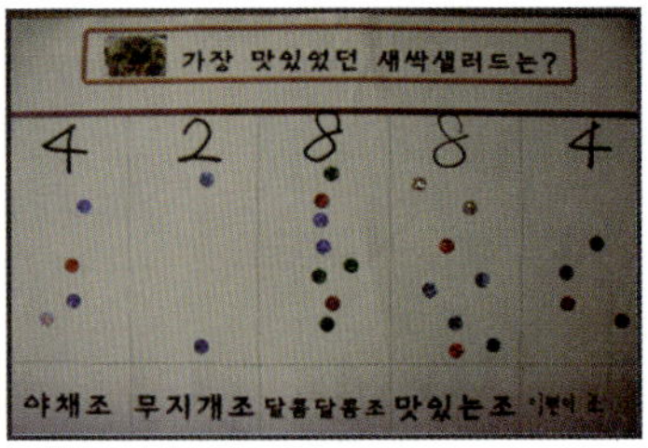

스티커의 수를 세어보고 비교하여 가장 맛있는 샐러드를 찾아본다.

수학활동 계획안 8-7

생활주제	봄의 식물-7	활동유형	자유선택활동(과학영역)
활동명	방울토마토 어림하기	집단형태	개별 활동
활동목표	• 구체물을 이용하여 수 세기를 한다. • 무게를 어림하고 저울을 이용하여 무게를 측정하는 경험을 한다.		
활동자료	방울토마토, 저울, 활동지		
활동방법	① 봄에 먹는 채소를 회상한다. – 봄에는 어떤 채소를 많이 먹나요? ② 접시저울을 탐색한다. – 이것은 무엇을 할 수 있는 것인가요? – 무게가 무거워지면 어떻게 될까요? ③ 활동을 알아본다. – 100g이 되려면 방울토마토가 몇 개가 필요할지 예상해 볼까요? – 바늘이 100g에 갈 때까지 방울토마토를 접시 저울 위에 올려놓아 볼까요? ④ 접시 위에 있는 방울토마토의 개수를 세어본다. ⑤ 친구들의 개수가 다름을 비교한다. – 왜 나와 친구의 방울토마토 개수가 다를까요? – 방울토마토의 크기와 모양이 다르기 때문에 100g을 만들기 위해 서로 다른 개수의 방울토마토가 필요할 수 있어요. ⑥ 200g, 300g, 400g 등 다양한 무게에 따른 방울토마토의 개수를 비교한다. ⑦ 방울토마토의 무게를 측정하고 같은 무게가 나가는 물건을 주변에서 찾아본다. – 우리 교실에서 방울토마토 100g의 무게와 같다고 생각되는 것은 무엇이 있나요?		
사진자료			

〈활동사진〉

유아가 접시저울을 탐색하고 방울토마토의 무게를 측정한다.

100g이 되려면 몇 개의 방울토마토가 필요한지 예측한 후 접시 위에 있는 토마토의 수를 세어본다.

수학활동 계획안 8-8

생활주제	봄의 식물-8	활동유형	자유선택활동(수학영역)
활동명	수만큼 꽃잎 그리기	집단형태	개별 활동
활동목표	10이하의 수를 알고 수 세기를 한다.		
활동자료	활동지, 사인펜		
활동방법	① 활동지에 날짜와 이름을 적는다. ② 꽃잎의 가운데에 있는 수를 알고 읽는다. - 꽃잎의 가운데에 어떤 수가 적혀 있나요? ③ 꽃잎을 그린다. - 수를 세며 꽃잎을 그려 볼까요? - 동그라미에 꽃잎을 모두 그리려면 어떻게 그려야 할까요? - 수가 작으면 꽃잎을 크게 그려 볼까요? - 수가 크면 꽃잎을 어떻게 그려야 할까요? ④ 내가 그린 꽃잎의 수를 세어본다. - 꽃잎의 수가 큰 것부터 순서대로 적어볼까요? - 가장 많은 꽃잎을 가진 수에 2를 더하면 몇 개의 꽃잎을 그려야 할까요?		

사진자료

〈활동사진〉

유아가 수를 세고 난 후 수를 더하거나 빼면서 꽃잎을 그려본다.

〈활동결과〉

동그라미에 있는 숫자에 맞추어 꽃잎을 그린 후 꽃잎의 수가 큰 것부터 작은 것까지 찾아 서열화해 본다.

22 조사활동을 통한 수학개념 조직망

조사활동 나무로 만든 물건

수 감각 기르기

〈수 세기〉

- 나무로 만든 물건 세어보기
- 조사하는 사람의 인원수 세어보기

공간 및 도형에 대해 알아보기

〈도형〉

나무로 만든 물건의 네모 모양을 이용하여 대나무를 그린 후 모양 찾아보기

자료 정리 및 결과 나타내기

〈그래프〉

내가 가장 좋아하는 나무로 만든 물건 그래프 완성하기

기초적인 측정해 보기

〈측정〉

- 나무 기둥의 둘레를 임의 단위(손, 발, 팔 등)를 이용하여 측정하기
- 나무로 만든 물건을 양팔저울로 측정해 보기

규칙성 이해하기

〈상징 패턴〉

- 나무로 만든 물건의 하트와 별모양을 이용한 상징 패턴 나타내기
- 나무로 만든 물건 중 악기인 것과 악기가 아닌 것 분류하기

수업활동 계획안 9

활동명	나무로 만든 물건	활동유형	조사활동
활동목표	• 나무로 만든 물건의 종류와 모양을 조사한다. • 조사한 것을 기록하여 정리한 후 물건의 수를 세어본다.		
수학적 개념	자료 정리 및 결과 나타내기		
준비물	조사지, 연필, 지우개, 촉감상자, 종이		
수업 전개	〈도입〉 • 촉감상자 안에 있는 물건을 만져보고 무엇인지 이야기한다. T : 촉감상자 안에 어떤 물건이 들어있는데 누가 나와서 한번 만져 보고 이야기해 줄 수 있을까요? C : 저요. T : 어떤 느낌이 들었나요? C : 미끌거리고 부스럭 거리는 소리가 들렸어요. 종이인 것 같아요. T : 친구들이 예측한 것처럼 종이인지 한번 다 같이 볼까요? T : 무엇이 안에 들어있나요? T : 왜 미끌거리는 느낌이 들었을까요? C : 종이를 만졌을 때 그랬을 것 같아요. 〈전개〉 • 집에서 조사해 온 내용 중 나무로 만든 물건에 대해 친구들에게 이야기한다. T : 나무로 만든 물건 중에는 어떤 것이 있나요? C : 나는 성냥에 대한 이야깃거리를 가지고 왔어. 궁금한 것 있으면 물어봐. C : 왜 성냥은 나무로 만든거야? C : 나무는 잘 타잖아. 성냥도 잘 타라고 나무로 만든 것 같아. • 교실에서 나무로 만든 물건에 대해 조사한다. T : 몇 명의 친구들이 조사를 도와줄 수 있나요? • 조사한 나무로 만든 물건을 보며 이야기한다. T : 교실에서 나무로 만든 물건에는 무엇이 있었나요? C : 피아노, 우드 블록, 톤 블록, 종이요. T : 피아노를 옆에서 보면 어떤 모양인가요? C : 옆에서 보면 네모 모양도 있고 세모 모양도 있는 것 같아요.		

수업 전개

T : 동그란 모양끼리 모아 보면 어떤 것들이 있나요?

C : 우드 블록이랑 톤 블록이 동그란 모양이 같아요.

T : 네모난 모양끼리 모아 보면 어떤 것들이 있나요?

C : 책이랑 종이가 있어요. 색종이도 있어요.

〈마무리〉

- 햇살 글자판에 나무로 만든 물건을 그림이나 글로 나타낸다.

T : 나무로 만든 물건을 햇살 글자판에 그림이나 글로 나타내 볼까요?

T : 모두 몇 개인가요?

T : 우리 한번 세어볼까요?

C : 24개요.

사진 자료

〈활동자료 및 활동의 예〉

- 길에서 조사해 온 나무로 만든 물건 소개하기

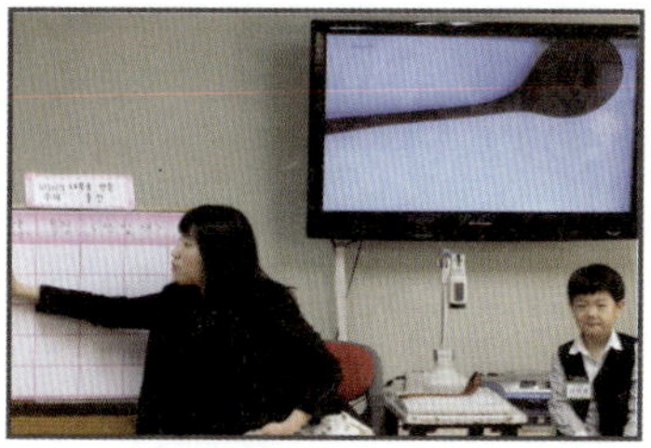

집에서 나무로 만든 물건을 조사하여 친구들 앞에서 소개한다.

- 교실에서 나무로 만든 물건 조사하기

교실에서 나무로 만든 물건을 준거를 가지고 모은다.

- 교실에서 찾은 물건 조사하여 기록지에 기록하기

교실에서 찾은 물건을 모양, 색, 사용용도에 따라 분류한 뒤 기록한다.

- 햇살 글자로 나무로 만든 물건을 그림이나 글로 나타내기

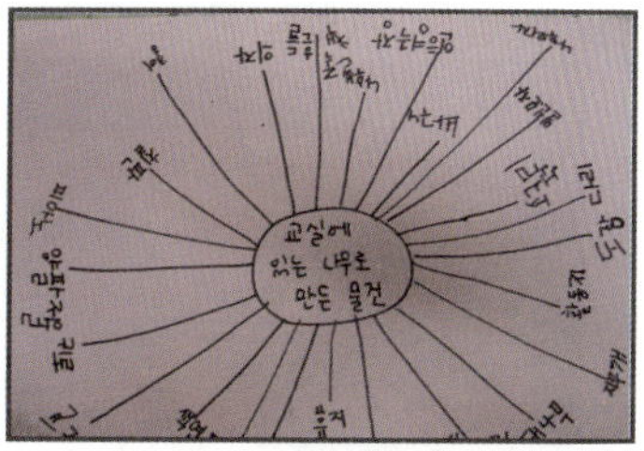

나무로 만든 물건에는 무엇이 있는지 자신의 생각을 표현하고 수를 세어본다.

수학활동 계획안 9-1

생활주제	동식물과 자연(나무)-1	활동유형	자유선택활동(조형활동)
활동명	종이를 이용해서 나무 그림을 그려요	집단형태	중집단
활동목표	조형활동을 통해 기본 입체 및 평면 도형의 생김새를 구별한다.		
활동자료	하드보드지, 먹물, 화선지		
활동방법	① 하드보드지를 이용하여 그림을 그리는 방법에 대해 이야기한다. - 나무로 만든 물건인 하드보드지를 이용하여 그림을 그리는 방법에는 어떤 것이 있을까요? ② 대나무를 보여 준 후 하드보드지에 그림을 그린다. - 대나무는 어떤 모양인가요? - 위에서 대나무를 보았을 때는 어떤 모양인가요? - 앞에서 대나무를 보았을 때는 어떤 모양인가요? - 하드보드지를 이용하여 대나무 그림을 그려보아요. ③ 완성된 모습을 보며 대나무잎의 개수와 기둥의 길이에 대해 이야기한다. - 대나무 그림을 그리니 어떤 모습이 되었나요? - 모두 몇 개의 대나무 잎을 그렸나요? - 이 대나무는 몇 살인가요? - 대나무 기둥의 길이는 어떤가요? - 대나무의 어느 부분이 가장 진하게 보이나요? ④ 대나무 모양을 바꿀 수 있는 방법에 대해 이야기를 나눈다. - 대나무 모양을 길게 찍으면 어떻게 될까요? * 유의점: 먹물은 한번만 찍어서 그림을 그릴 수 있도록 한다.		

사진자료

〈활동사진〉

만 5세 유아가 하드보드지를 이용하여 대나무 그림을 그린 후 대나무 잎의 개수와 기둥의 길이에 대해 이야기를 나눈다.

〈결과물 사진〉

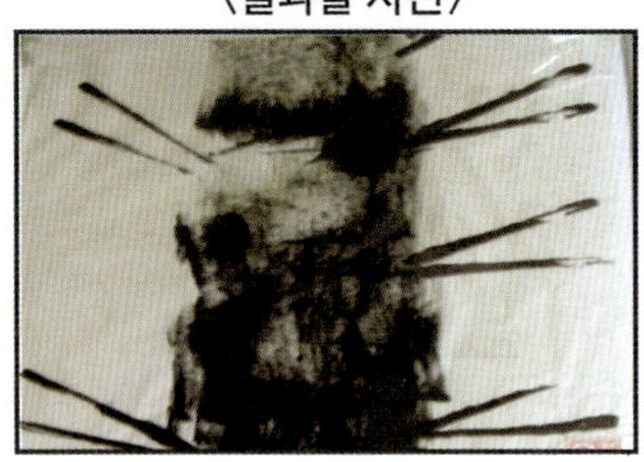

하드보드지로 그린 대나무 그림을 보며 대나무 잎의 개수를 세어본다.

수학활동 계획안 9-2

생활주제	동식물과 자연(나무)-2	활동유형	자유선택활동(수·조작놀이영역)
활동명	끼리끼리 모아주세요	집단형태	개별 활동
활동목표	나무로 만든 물건을 한 가지 준거에 의해 분류한다.		
활동자료	나무로 만든 물건, 분류판		
활동방법	① 나무로 만든 물건에는 어떤 것이 있는지 이야기한다. - 나무로 만든 물건에는 어떤 것이 있을까요? ② 교실에서 나무로 만든 물건을 찾으며 이야기한다. - 우리 반에서 나무로 만든 물건에는 어떤 것이 있을까요? ③ 나무로 만든 물건을 모은 뒤 수를 세어본다. - 나무로 만든 물건을 한번 모아 볼까요? - 모두 몇 개인가요? ④ 악기인 것과 악기가 아닌 것을 분류한다. - 이 중에서 악기인 것과 악기가 아닌 것을 분류해 볼까요? - 모두 몇 개인가요? - 여기서 똑같은 것들은 또 무엇이 있나요? * 유의점: 유아들이 자유롭게 나무로 만든 물건을 모을 수 있도록 지도한다.		

사진자료

〈활동사진〉

만 5세 유아가 악기인 것과 악기가 아닌 것으로 교실에서 찾은 나무로 만든 물건을 분류한다.

〈결과물 사진〉

악기인 것과 악기가 아닌 것을 분류한 뒤 개수를 세어본다.

수학활동 계획안 9-3

생활주제	동식물과 자연(나무)-3	활동유형	자유선택활동(수 · 조작놀이영역)
활동명	무게를 측정해요	집단형태	개별 활동
활동목표	• 주변 물체의 여러 가지 측정 가능한 속성을 탐색한다. • 임의 측정 단위인 연필을 이용해서 돌의 무게를 측정하는 경험을 한다.		
활동자료	보라색 돌, 양팔 저울, 연필, 활동지		
활동방법	① 양팔 저울을 탐색한다. – 이 도구의 이름은 무엇일까요? – 어떻게 사용하는 걸까요? – 무거운 쪽이 어떻게 될까요? – 가벼운 쪽이 어떻게 될까요? ② 손으로 보라색 돌과 연필의 무게를 가늠해 본다. – 돌을 들어보니 어떤 느낌이 드나요? – 연필을 들어보니 어떤 느낌이 드나요? – 어떤 것이 더 무겁나요? ③ 양팔 저울로 무게를 측정한다. – 보라색 돌을 올려 놓으니 양팔 저울이 어떻게 되었나요? – 연필 한 자루를 올려 놓으면 어떻게 될까요? ④ 보라색 돌과 연필의 무게가 같아지면 연필의 개수를 세어본다. – 모두 몇 자루의 연필이 필요한가요? – 만약에 보라색 돌 2개를 올려 놓으면 연필은 몇 자루가 필요한가요? ⑤ 연필의 개수를 센 뒤 활동지에 기록한다. * 연필의 길이는 모두 동일한 것으로 준비하는 것이 바람직하다.		
사진자료			

〈활동사진〉

임의 측정 단위인 연필을 이용하여 보라색 돌의 무게를 양팔 저울로 측정한다.

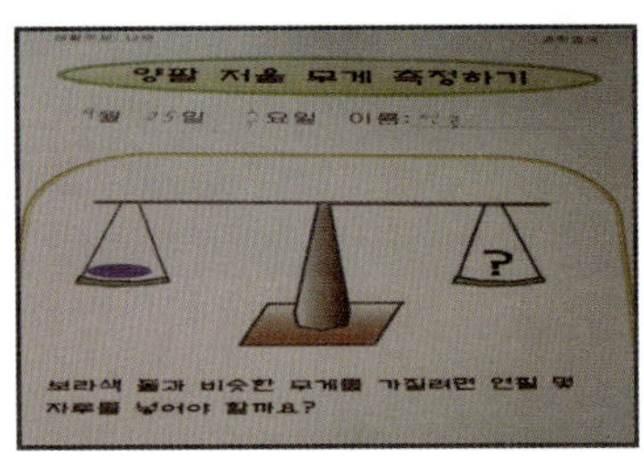

보라색 돌과 같은 무게가 되려면 몇 자루의 연필이 필요한지 알아본 뒤 활동지에 기록한다.

수학활동 계획안 9-4

생활주제	동식물과 자연(나무)-4	활동유형	실외 활동
활동명	나무의 기둥을 재어 보아요	집단형태	개별 활동
활동목표	• 나무의 여러 가지 측정 가능한 속성을 탐색한다. • 측정에 대한 기초적인 개념을 알고 임의의 단위로 길이를 측정한다.		
활동자료	나무, 털실, 연필, 테이프, 클립, 단추		
활동방법	① 나무의 기둥 부분을 탐색한다. – 나무의 기둥을 한번 살펴볼까요? – 기둥의 둘레는 얼마나 될까요? – 기둥의 둘레를 알아보는 방법에는 어떤 것이 있을까요? ② 털실을 이용하여 기둥의 둘레를 측정한다. – 털실을 이용해서 기둥의 둘레를 알아볼까요? – 나뭇가지의 둘레는 기둥의 둘레보다 길을까요, 짧을까요? ③ 나뭇가지, 나뭇잎 등의 길이나 둘레를 측정한다. – 나뭇가지의 둘레는 얼마나 될까요? – 나뭇잎의 길이는 얼마나 될까요? ④ 길이 측정이 끝나면 둘레 길이에 따라 순서대로 놓아본다. – 둘레가 가장 긴 것은 무엇이었나요? – 둘레가 가장 짧은 것은 무엇이었나요? – 가장 긴 둘레를 잰 실의 길이만큼 클립을 놓는다면 몇 개의 클립이 필요한가요? ⑤ 다른 측정 단위를 사용한다. 유아들이 익숙해지면 자나 줄자를 사용해 본다. ＊유의점: 가위는 잘 드는 것으로 준비하여 유아들이 쉽게 자를 수 있도록 한다.		

사진자료

〈활동사진〉

만 5세 유아가 털실을 이용하여 나무 기둥의 둘레를 잰다.

〈결과물 사진〉

나뭇가지, 나뭇잎, 기둥 길이를 재어본 다음 순서를 지어 본다.

수학활동 계획안 9-5

생활주제	동식물과 자연(나무)-5	활동유형	자유선택활동(수 · 조작놀이영역)
활동명	가장 좋아하는 나무로 만든 물건	집단형태	대집단
활동목표	기초적인 통계와 관련된 경험을 가진다.		
활동자료	그래프지		
활동방법	① 나무의 종류에 대해 이야기한다. – 나무의 종류에는 어떤 것이 있을까요? ② 내가 가장 좋아하는 나무의 종류에 대해 그래프 활동을 한다. – 내가 가장 좋아하는 나무는 무엇일까요? ③ 그래프 활동을 한 것을 보며 이야기한다. – 어떤 것이 가장 많나요? – 어떤 나무가 가장 적나요? – 우리 반 친구들이 가장 좋아하는 나무로 만든 물건은 무엇일까요? – 이 그래프를 통해서 무엇을 알 수 있나요? * 유의점: 나무로 만든 물건에 대해 충분히 상호작용을 한 후 활동을 진행한다.		

사진자료

〈활동사진〉

내가 가장 좋아하는 나무로 만든 물건에는 무엇이 있는지 이야기 한 후 그래프 활동을 한다.

〈결과물 사진〉

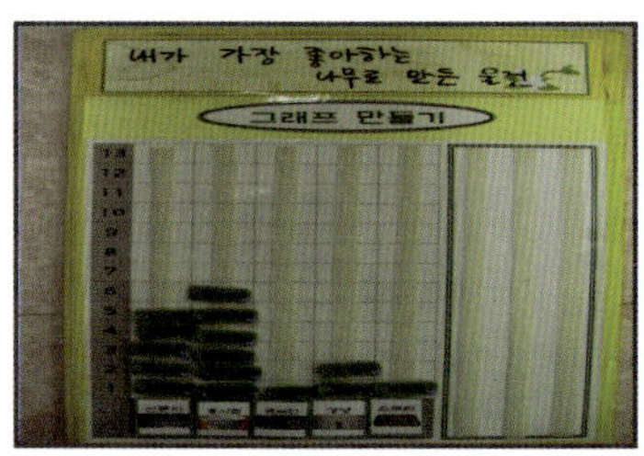

가장 많이 좋아하는 나무로 만든 물건과 가장 적게 좋아하는 나무로 만든 물건을 알아본 뒤 기초적인 통계와 관련된 경험을 가져본다.

23 문학활동을 통한 수학개념 조직망

문학활동
커다란 감자

수 감각 기르기

〈수 세기〉

동극하는 친구들의 수 세어 보기

〈부분과 전체〉

흙 속에 사는 식물을 잘라보며 부분과 전체의 개념 알아보기

공간 및 도형에 대해 알아보기

〈도형〉

감자를 자른 후 여러 가지 도형을 이용하여 그림 그리기

자료 정리 및 결과 나타내기

〈그래프〉

내가 가장 좋아하는 흙 속에서 볼 수 있는 야채 그래프 완성하기

〈분류〉

흙 속에서 사는 식물과 흙 위에서 사는 식물 나타내기

기초적인 측정해 보기

〈측정〉

- 감자의 크기를 손 뼘, 손가락 길이 등 임의 단위를 사용하여 측정하기
- 감자를 삶는 데 걸리는 시간 예측해 보기
- 감자에서 나올 수 있는 감자즙의 높이 측정하기

규칙성 이해하기

〈패턴〉

감자로 만든 음식 패턴 만들기

수업활동 계획안 10

<table>
<tr><td>활동명</td><td>커다란 감자</td><td>활동유형</td><td>문학활동</td></tr>
<tr><td>활동목표</td><td colspan="3">• 동극을 하는 역할의 위치와 방향을 말로 표현한다.
• 동극에서 나오는 역할의 수를 세는 경험을 가진다.</td></tr>
<tr><td>수학적 개념</td><td colspan="3">수 감각 기르기</td></tr>
<tr><td>준비물</td><td colspan="3">동화판, 머리띠, 동극 소품, 감자인형</td></tr>
<tr><td>수업 전개</td><td colspan="3">〈도입〉
• 감자인형이 나와 이야기한다.
T : 소망반 친구들 안녕? 나는 소망이라고 해. 내가 어떤 마을에 갔는데 그 마을에는 아주 커다란 감자가 열렸다고 해. 우리 한번 동화 속 나라로 떠나볼까?
〈전개〉
• 동화를 듣고 동화 내용을 회상한다.

옛날 옛날에 한 할아버지가 조그만 감자 씨 한 알을 심었어요.
할아버지: 감자야, 감자야, 조그만 감자야. 커다랗게 자라렴.
감자야, 감자야, 조그만 감자야, 달콤하게 자라렴.
감자는 달콤하고 단단하게 자랐고, 커다랗고 높다랗게 자랐어요.
어느 날, 할아버지가 감자를 뽑으러 왔어요.
할아버지: 영차, 영차. 휴, 힘들어. 감자가 뽑히질 않아. 할멈, 나 좀 도와주구려.
할머니: 알았어요. 곧 갈게요.
할아버지와 할머니가 감자를 잡아 당겼어요.
“영차, 영차, 영차”
그런데 감자는 꼼짝도 하지 않았어요.
할머니: 안되겠어. 손녀딸을 불러야겠어요. 진아야. 할머니 좀 도와주겠니?
감자를 뽑으려는데 뽑히지가 않는구나.
진아: 네~ 할머니.
할아버지와 할머니 그리고 진아는 감자를 힘껏 잡아 당겼어요.
“영차, 영차, 영차”
진아: 감자가 뽑히질 않네. 소파 위에서 자고 있던 멍멍이를 불러야겠어요.
멍멍아~ 감자 뽑는 걸 도와줘~
멍멍이: 멍멍멍. 멍멍.
할아버지, 할머니, 진아, 멍멍이는 힘껏 감자를 잡아 당겼어요.
“영차, 영차, 영차”
이번에도 감자는 뽑히질 않았어요.
멍멍이가 야옹이를 불렀어요.</td></tr>
</table>

"멍멍멍."
"야옹~"
할아버지, 할머니, 진아, 멍멍이 그리고 야옹이는 다시 한 번 힘껏 감자를 잡아 당겼어요.
"영차, 영차, 영차"
감자는 또 뽑히질 않았어요.
야옹이가 쥐구멍 속에 있던 찍찍이를 불렀어요.
"야옹야옹."
"찍찍"
할아버지, 할머니, 진아, 멍멍이, 야옹이 그리고 찍찍이는 감자를 힘껏 잡아 당겼어요.
"영차, 영차, 영차, 으라차차"
"쑤욱"
"만세! 만세! 감자가 뽑혔어요!"

T : 누가 제일 먼저 나왔나요?
C : 할아버지요.
T : 누가 두 번째로 나와야 하나요?

수업 전개

- 유치원에 있는 소품을 이용하여 감자대를 구성한다.
  T : '커다란 감자' 동극에는 몇 개의 소품이 필요할까요?
  T : 소품은 교실의 어떤 영역에서 가지고 올 수 있을까요?
  T : 감자는 어디에 놓을까요?
  C : 칠판 앞에 놓아요.
  T : 고양이는 어떤 영역에서 기다릴까요?
  C : 언어영역에서 기다려요.
  T : 철이는 어떤 영역에서 기다릴까요?
  C : 쌓기놀이영역에서 기다려요.
  T : 할아버지는 어떤 영역에서 기다릴까요?
  C : 과학영역에서 기다려요.
- 역할을 분담한다.
  T : 몇 명의 역할이 나왔나요?
  C : 모두 6명의 역할이 나왔어요.
- 연기자나 관람하는 유아들의 태도에 대하여 이야기를 나눈다.
  T : 동극을 보는 사람은 어떻게 해야 할까요?
- 동극을 한다.
- 동극에 대하여 평가한다.
  T : 감자밭에 나와서 동극을 하는 사람은 어떻게 해야 될까요?
  C : 앞에 친구들을 보면서 이야기해요.
  T : 동극을 보는 사람은 어떻게 해야 할까요?
  C : 박수도 많이 쳐주고 그래요.

수업 전개

T : 두 번째 동극을 할 때는 어떻게 하면 더 재미있을까요?
• 재공연을 한다.

〈마감자리〉
• 어떤 순서로 나왔는지 이야기한다.
T : 어떤 순서로 나왔는지 이야기 해 볼까요?
T : 할아버지 뒤에는 누가 있었나요?
C : 할머니요.
T : 할머니 뒤에는 누가 있었나요?
C : 철수요.
• 동극을 한 기분에 대해 이야기한다.
T : 커다란 감자 동극을 했는데 어떤 기분이 들었나요?
C : 커다란 감자 역할을 해서 기분이 좋았어요.

사진 자료

〈활동자료 및 활동의 예〉

• 커다란 감자 동화 판

'커다란 감자' 동화를 테이블 자료를 이용하여 들어본다.

• 유아들과 함께 무대 구성하기(공간 구성)

동화를 듣고 나서 유아들과 함께 공간을 활용하여 무대를 구성한다.

• 동극에 나오는 유아의 명수 세어보기

동극에 몇 명의 역할이 필요한 지 알아본 후 동극에 나오는 유아의 명수를 세어본다.

• 순서와 위치 이야기해 보기

동극에 나오는 순서와 위치에 대해 이야기해 본다.

수학활동 계획안 10-1

생활주제	환경과 생활(흙)-1	활동유형	자유선택활동(수 · 조작놀이영역)
활동명	흙 속에 사는 식물과 흙 위에 사는 식물 분류하기	집단형태	개별 활동
활동목표	한 가지 기준에 따라 자료를 분류하고 설명한다.		
활동자료	활동판, 여러 가지 식물 사진		
활동방법	① 흙 속에 사는 식물에 대해 이야기를 한다. - 흙 속에 사는 식물에는 어떤 것이 있을까요? ② 흙 위에 사는 식물에 대해 이야기를 한다. - 흙 위에 사는 식물에는 어떤 것이 있을까요? ③ 흙 속과 흙 위에 사는 식물을 분류한다. - 흙 속에 사는 식물에는 어떤 것이 있을까요? - 흙 위에 사는 식물에는 어떤 것이 있을까요? ④ 분류한 것을 보며 몇 개인지 개수를 세어본다. - 흙 속에 사는 식물은 모두 몇 개인가요? - 흙 위에 사는 식물은 모두 몇 개인가요? * 유의점: 흙 속에서 열매를 맺는 것과 흙 위에서 열매를 맺는 것에 대해 명확하게 유아들과 이야기를 한 후 전개해야 한다.		

사진자료

〈활동사진〉

흙 속에 사는 식물과 흙 위에 사는 식물은 무엇이 있는지 한 가지 준거에 따라 분류한다.

〈결과물 사진〉

분류활동이 끝나면 몇 개의 식물이 있는지 세어본다.

수학활동 계획안 10-2

생활주제	환경과 생활(흙)-2	활동유형	자유선택활동(수 · 조작놀이영역)
활동명	커다란 감자 동극하는 친구들의 수 세어보기	집단형태	대집단
활동목표	동극하는 친구들의 수를 10까지 세고 숫자와 연결해 본다.		
활동자료	동극 자료판, 이름표		
활동방법	① 유아들과 커다란 감자 동극활동을 한 후 가장 하고 싶은 역할에 대해 이야기한다. – 어떤 역할이 가장 하고 싶은가요? ② 어떤 역할이 필요한지 알아본다. – 모두 몇 개의 역할이 필요한가요? ③ 가장 하고 싶은 역할에 이름표를 붙인다. – 가장 하고 싶은 역할에 이름표를 붙여볼까요? ④ 동극을 하는 유아의 명수를 세어본다. *유의점: 유아들과 하고 싶은 역할을 이야기 하고, 유아들이 직접 역할을 선택하여 놀이 한 후 언어 영역에서 확장활동을 할 수 있도록 자료를 내어 주었다.		

사진자료

〈활동사진〉

유아들이 가장 하고 싶은 역할은 무엇인지 이야기한 후 이름표를 붙인다.

〈결과물 사진〉

어떤 역할을 어떤 친구가 하고 싶은지 일대일 대응하여 생각한 후 동극을 하는 유아의 명수를 세어본다.

수학활동 계획안 10-3

생활주제	환경과 생활(흙)-3	활동유형	자유선택활동(수 · 조작놀이영역)
활동명	감자로 만든 음식 패턴 만들기	집단형태	중집단
활동목표	• 감자로 만든 음식에 관심을 가진다. • 감자로 만든 음식의 규칙성에 대해 알고 다음을 예상해 본다.		
활동자료	감자로 만든 음식 패턴		
활동방법	① 감자로 만들 수 있는 음식에 대해 이야기한다. – 감자를 이용해서 어떤 음식을 만들 수 있을까요? ② 감자로 만든 음식 그림을 보며 이야기한다. – 감자떡을 먹어본 적 있나요? – 언제 먹어봤나요? ③ 감자로 만든 음식을 차례대로 놓은 후 다음에 올 음식을 예상한다. – 어떤 음식이 올까요? – 왜 그런 생각을 했나요? * 유의점: 감자로 만든 음식에는 무엇이 있는지 충분히 상호작용을 한 뒤 패턴활동을 진행한다.		

사진자료

〈활동사진〉

감자로 만든 음식을 알아보고 감자로 만든 음식 카드를 차례대로 놓은 후 다음에 올 음식카드를 찾는다.

〈결과물 사진〉

감자로 만든 음식 패턴 그림을 본 후 일정한 규칙을 알아본다.

수학활동 계획안 10-4

생활주제	환경과 생활(흙)-4	활동유형	자유선택활동(과학영역)
활동명	감자의 즙을 측정해 보아요	집단형태	중집단
활동목표	• 물질의 변화과정을 관찰한다. • 감자 즙의 양을 측정하여 비교한다.		
활동자료	감자, 강판, 측정도구(리본테이프, 클립)		
활동방법	① 감자의 형태를 탐색한다. – 감자의 모양이 어떤가요? ② 감자를 강판에 갈면 감자의 형태가 어떻게 달라지는지 이야기한다. – 감자를 강판에 갈면 어떻게 변화할까요? – 감자를 갈아보니 어떻게 달라졌나요? ③ 감자를 갈은 것에서 나올 수 있는 즙의 양을 예측한다. – 감자 한 개를 갈면 얼마만큼의 즙이 나올까요? – 감자 두 개를 갈면 얼마만큼의 즙이 나올까요? ④ 감자 즙을 분류한 뒤 측정도구에 옮긴다. – 감자 한 개를 갈았을 때 컵의 어느 부분까지 갈까요? ⑤ 감자 즙의 높이를 측정한다. – 감자 즙이 얼마나 나왔나요? – 감자 즙의 높이는 무엇으로 잴 수 있나요? – 리본테이프로 재어보면 어떨까요? – 클립으로 재면 몇 개가 필요할까요? – 감자 즙이 가장 높이 올라온 것과 가장 낮게 올라온 것의 차이는 어떨까요?		

사진자료

〈활동사진〉

만 5세 유아가 감자의 한 개 양을 측정하기 위해 강판에 감자를 갈고 있다.

〈결과물 사진〉

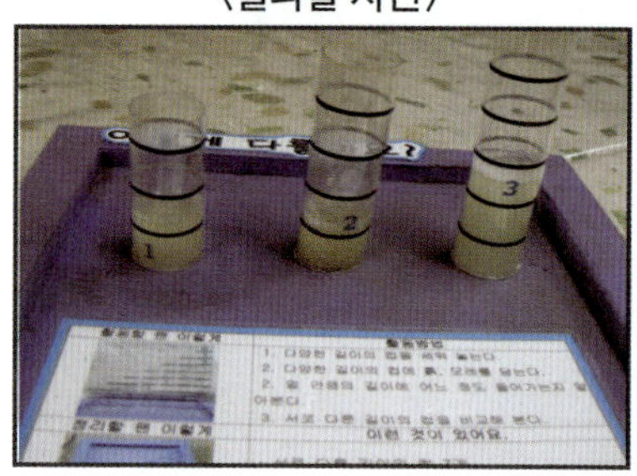

감자즙의 양을 비교한 뒤 리본테이프와 클립을 이용하여 높이를 측정해 본다.

수학활동 계획안 10-5

생활주제	환경과 생활(흙)-5	활동유형	자유선택활동(수 · 조작놀이영역)
활동명	감자를 재보아요	집단형태	개별 활동
활동목표	임의단위를 이용하여 감자를 재어본다.		
활동자료	감자, 클립, 끈		
활동방법	① 감자를 보며 이야기한다. – 감자의 모습이 어떤가요? ② 감자의 길이를 잴 수 있는 여러 가지 방법에 대해 이야기한다. – 감자의 길이를 어떻게 재면 좋을까요? – 어떤 방법이 있을까요? ③ 우리 몸으로 감자를 잴 수 있는 방법에 대해 이야기한다. – 우리의 몸 중 어떤 부분을 이용해서 감자를 재어 볼 수 있을까요? – 손가락을 이용해서 재어보니 어떤가요? – 손바닥을 이용해서 재어보니 어떤가요? ④ 유치원에 있는 소품을 이용하여 감자를 잴 수 있는 방법에 대해 이야기한다. – 유치원에 있는 것 중 어떤 것이 감자의 길이와 비슷할까요? – 클립을 이용하여 감자를 재어보니 몇 개의 클립이 필요했나요? – 끈을 이용해서 재어 볼까요? – 위에서 아래로 한번 재어 볼까요? – 옆으로 한번 재어 볼까요?		
	* 유의점: 유아들이 유치원 소품을 이용하여 감자의 길이를 잴 때는 소집단 형태로 활동을 계획하여 토의하면서 같이 찾을 수 있도록 하는 방법도 있다.		

사진자료

〈활동사진〉

만 5세 유아가 감자의 길이를 잴 수 있는 방법 중 몸의 일부분을 이용하여 재어 본다.

〈결과물 사진〉

만 5세 유아가 유치원에 있는 그릇을 가지고 와서 감자의 길이를 재어 본다.

수학활동 계획안 10-6

생활주제	환경과 생활(흙)-6	활동유형	자유선택활동(과학영역)
활동명	감자를 삶아요.	집단형태	중집단
활동목표	• 시간과 활동의 관계를 이해하고, 일정한 시간 안에 할 수 있는 것을 비교해 본다. • 감자 요리활동을 통하여 물질의 변화과정을 이해한다.		
활동자료	감자, 냄비, 가스레인지, 물		
활동방법	① 감자의 형태를 탐색한다. - 감자의 모양이 어떤가요? ② 감자를 삶을 때 걸리는 시간을 예측하여 이야기한다. - 감자를 삶을 때 어느 정도의 시간이 걸릴까요? ③ 감자가 익는 동안 할 수 있는 활동에 대해 이야기한다. - 감자가 익을 동안 어떤 것을 할 수 있을까요? - 노래를 몇 번 부를 수 있을까요? - 모래시계는 몇 번 움직일까요? ④ 감자를 삶는다. ⑤ 감자가 다 삶아지면 삶아지는 동안 어떤 활동을 했는지 이야기한다. - 감자가 다 삶아지는 동안 모래시계는 몇 번 움직였나요?		

사진자료

〈활동사진〉

만 5세 유아가 과학영역에서 감자가 삶아지는 시간을 모래 시계를 이용하여 측정한다.

〈결과물 사진〉

모래시계가 다섯 번 움직였다는 것을 모래시계 5개를 그려 표현해 본다.

수학활동 계획안 10-7

생활주제	환경과 생활(흙)-7	활동유형	자유선택활동(조형활동)
활동명	감자 단면 물감 찍기	집단형태	중집단
활동목표	• 감자를 자르며 부분과 전체의 개념을 이해한다. • 감자 단면에 따른 여러 가지 모양에 관심을 가진다.		
활동자료	감자, 빵 칼, 물감, 도화지		
활동방법	① 자르기 전의 감자 모양을 탐색한다. - 감자의 모양이 어떤가요? ② 감자를 자른 후의 모양을 탐색한다. - 감자를 한번 잘라 볼까요? - 어떤 모양인가요? - 위에서 아래로 자르니 어떤 모양인가요? - 옆으로 자르니 어떤 모양인가요? - 감자를 위에서 아래로 잘라보니 몇 개의 모양이 나왔나요? - 다시 두 개의 모양을 합했더니 감자의 모양이 어떻게 되었나요? ③ 감자에 물감을 묻혀 그림을 그린다. - 감자에 물감을 묻혀서 그림을 그려 볼까요? - 어떤 모양이 나오나요? ④ 감자그림을 그린 후 창의적으로 그림을 그린다. - 어떤 모습을 더 그릴 수 있을까요? * 유의점: 감자를 자를 때 잘 잘라지지 않으면 교사가 같이 수행하여야 한다. - 물감을 묻힐 땐 젖은 걸레를 준비하여 색을 미리 닦고 다음 색을 찍을 수 있도록 한다.		

사진자료

〈활동사진〉

감자의 모양과 감자를 잘랐을 때 생기는 여러 가지 단면의 형태를 탐색한 뒤 물감을 묻혀 그림으로 표현한다.

〈결과물 사진〉

여러 가지 모양을 이용하여 다양한 동물의 모습을 창의적으로 나타내 본다.

참고문헌

강문희(2002). 미술 · 수학 통합 활동이 유아의 수학적 개념에 미치는 영향. 과학교육논집, 27, 85-107.

교육부(1997). 초등학교 교육과정 해설.

교육부(1998). 유치원 교육과정 해설. 서울: 창지사.

교육과학기술부(2007). 개정 유치원 교육과정.

권석일(1999). 수학교육에서의 발견학습에 대한 고찰. 서울대학교 대학원 석사학위 논문.

권영례(1997). 수 · 과학 통합 활동 프로그램 개발에 관한 연구. 한국방송대학교 논문집, 23, 349-363.

권영례(1998). 유아수학교육. 서울: 창지사.

권영례, 박영충(1998). 탐구영역 운영을 위한 수학/과학 주제 통합. 서울: 양서원.

권영례, 이영자, 이정욱(1998). 3, 4, 5세 유아를 위한 수학교육과정 모델 개발의 준거. 서울: 창지사.

김경숙(1982). 유아기 음악교육이 인간형성에 미치는 영향. 계명대학교 교육대학원 석사학위 논문.

김미희(2000). 그림책을 활용한 통합 활동이 유아의 수학성취와 수학문제 해결력에 미치는 효과. 한국교원대학교 교육대학원 석사학위논문.

김숙령(2002). 유아수학교육. 서울: 학지사.

김숙자(2001). 수 · 과학 통합 활동이 유아의 수학과 과학 탐구 능력에 미치는 영향. 미래유아교육학회지.

김숙자, 곽상신(2002). 수 · 과학 통합 교육활동 적용과정에서 나타나는 교사-유아 간 상호작용 분석을 통한 교사의 교수-학습 전략과 유아의 수 · 과학 관련 개념-통합 교육활동 프로그램 모형 개발을 위한 3차 기초연구. 한국과학교육학회지, 22(1), 141-157.

김신아(2004). 사회 · 수학 통합 활동이 유아의 사회적 기술과 수학적 문제 해결력에 미치는 영향. 경북대학교 대학원 석사학위논문.

김유정(2003). 생활문제중심의 소집단 이야기 나누기가 유아의 수 연산 발달에 미치는 효과. 건국대학교 대학원 박사학위논문.

김판수, 박성택(1996). 초등수학교육. Skemp, R. R의 Mathematics in the Primary School. 서울: 교문사.

김향자, 이현옥, 허선자(2004). 유치원 교사들의 수학교수에 대한 자기효능감에 영향을 주는 변인에 관한 연구. 유아교육연구, 24(4), 199-216.

나귀옥(2002). 취학 전 유아의 수 및 연산의 기초개념에 관한 연구. 83−113.

남현주(2001). 수 관련 전래동요를 활용한 통합 활동이 유아 수학성취에 미치는 영향. 한국교원대학교 교육대학원 석사학위논문.

노명숙(1999). 유치원 수학교육의 실태 조사. 연세대학교 대학원 석사 학위 논문.

마지순(2001). 수 · 과학 통합 활동이 유아의 수학성취와 과학 문제해결력에 미치는 영향. 한국교육원대학교 대학원 석사학위논문.

박미자(2002). 사회 · 수학 통합 활동이 유아의 창의성에 미치는 영향. 전남대학교 교육대학원 석사학위눈문.

박양덕(2000). 유아 수학교육에 대한 교사와 부모의 인식 비교. 전남대학교 대학원 석사학위논문.

박재규 역(1987). 피아제 이론에 따른 유아의 수지도. 서울: 창지사.

박지연(1998). MMCP이론에 근거한 유아음악교육의 적용방안. 한양대학교 교육대학원 석사학위논문.

서현아, 배지미(2004). 유치원 교사의 유아수학교육에 대한 인식. 미래유아교육학회지, 11(1), 115-146.

신은수(1995). 3, 4, 5세 유아의 비형식적 더하기와 빼기의 수학능력 및 인지적 전략의 발달에 관한 연구, 유아교육연구, 15(1), 101-121.

오진원(2000). 그림책은 교육교재가 아니다. http://www.childweb.co.kr

유지연(2002). 수학 · 음악 통합 활동이 유아의 패턴 이해 능력에 미치는 영향. 덕성여자대학교 교육대학원 석사학위논문.

윤애희(1995). 유아교육기관에서의 수학교육현황 및 교원의 인식에 대한 조사. 서울: 한국어린이육영회

윤애희, 김온기, 이혜경(2002). 사고과정을 중심으로 한 유아 수 · 과학 교육. 서울: 창지사

이경우(1990). 유아를 위한 새 수학교육. 서울: 창지사.

이경우(1995). 유아를 위한 컴퓨터 활동의 접근방향. 서울: 창지사.

이경우, 장영희, 이차숙, 노영희, 현은자(1997). 유아에게 적절한 그림책. 서울: 양서원.

이경우(1997). 유아수학교육의 이론과 실제. 서울: 창지사.

이경우, 조부경, 김정중(1999). 구성주의 이론에 기초한 유아과학교육. 서울: 양서원.

이경우, 홍혜경, 신은수, 진명희(1997, 2001). 유아 수학교육의 이론과 실제. 서울: 창지사.

이공우(1988). 지식의 구조 Bruner. 서울: 교육과학사.

이기숙(1992). 개정판 유아교육과정. 서울: 교문사.

이선주(2001). 수 표상 활동이 유아의 수학 문제해결력에 미치는 영향. 중앙대학교 대학원 석사학위논문.

이소원(2003). 만 5세 해바라기반 유아들의 간식시간과 관련된 수학교육활동. 이화여자대학교 교육대학원 석사학위논문.

이영숙(2000). 유아교사의 과학교육에 대한 자아효능감과 내용지식 간의 관계. 건국대학교 대학원 석사학위논문.

이정욱, 안경숙, 김소향(2001). 3세와 4세 유아의 비형식적 수 지식에 대한 연구. 유아교육연구, 21(1), 251-267.

이지현(1999). 유아 수교육 내용 및 방법에 관한 문화 심리학적 고찰. 유아교육연구, 19(1). 111-131.

이혜경(1994). 개인 간 갈등이 아동의 인지성장에 미치는 영향. 연세대학교 박사학위논문.

정정화(2002). 유치원 교육 활동 지도 자료집의 수학교육내용 분석. 중앙대학교 교육대학원 석사학위논문.

조연순(1989). 유아를 위한 과학 및 수교육. 서울: 교문사.

조희숙, 황해익, 허정선, 김선옥(1994). 사회 속의 정신: 고등 심리 과정의 발달, 서울: 성원사.

최미희(2003). 수업유형, 집단구성 및 성별이 유아의 수학적 문제해결력 및 수학적 태도에 미치는 효과. 계명대학교 대학원 박사학위논문.

최정경(2002). 미술과 수학의 통합교육 프로그램이 유아의 수 개념 발달 및 수학활동 참여도에 미치는 영향. 경희대학교 대학원 박사학위논문.

한유미(2002). 미술을 통한 수학교육이 유아의 수학적 지식과 태도에 미치는 영향. 유아교육연구, 22(2), 271-287.

홍혜경(1990). 한국유아의 수단에 획득에 관한 연구. 아동학회지, 11(2), 5-23.

홍혜경(1992). 유치원 수학교육과정의 분석과 개선방향 모색. 유아교육연구, 제12권, 제33권 제1호, 399-423.

홍혜경(1995). 유아의 수학 활동과제를 활용한 평가의 적용에 관한 연구. 유아교육연구, 15(2), 173-191.

홍혜경, 김영옥(2001). 유아사회교육과 수학교육의 통합적 접근을 위한 기초 연구, 유아교육연구, 21(1), 27-49.

홍혜경, 이정욱, 정정희(2004). 유아 수학능력 및 수학교육의 연구 동향. 유아교육연구, 24(7), 227-261.

Althouse, R. (1994). Investigating mathematics with young children. N. Y.: Teachers College Press.

Anderson, A. (1997). Families and mathematics: A study of parent-child interaction. *Journal for Research in Mathematics Education, 28*(4).

Anghileri, J. (1997). *Uses of counting in multiplication and division.* In I.

Ann, A. (1997). Families and mathematics: A study of parent-child interaction. *Journal for Research in Mathematics Education, 28*(4).

Anne, S. D. R. (1999). Learning mathematical language in the zone of proximal development. *Teaching Children Mathematics, 6*(1).

Baroody, A. J. (1997). *Children's Mathematical Thinking.* N. Y.: Teachers College Press.

Baroody, A. J. (1984). More precisely defining and measuring the order-irrelevance principle. *Journal of Experimental Child Psychology, 38*, 33-41.

Baroody, A. J. (1987). *Children's mathematical thinking: A developmental framework for preschool, primary and special education teachers.* N. Y.: Teachers College.

Barrody, A. J., & White, M. S. (1983). The development of counting skill and number conservation. *Child Study Journal. 13*(2), 95-101.

Barrody, A. J. (1989). *Manipulative Don't Come with Guarantees. Arithmetic Teacher, 37*(2).

Barron. L. (1979). *Mathematics experiences for the early childhood years.* Columbia, OH: Merill.

Bjorklund, D. F. (1989). *Children's Thinking: Developmental function and individual difference.* Pacific Grove, CA: Brooks. Cole.

Bodrova, E., & Leong, D. J. (1996). *Tools of the mind: The Vygotskian approach to early childhood education.* Englewood Cliffs, N. J.: Prentice Hall.

Bredekamp, S. (1997). *Developmentally appropriate practice in early childhood programs serving from through age eight (Ed.), Washington, D. C.*: NAEYC, 103-104.

Bredekamp, S., & Copple, C. (1997). *Developmentally appropriate practice in early childhood programs (Ed.), Washington, D. C.*: NAEYC.

Bruni, J. V., & Seidenstein, R. B. (1990). Geometric concepts and spatial sense. In J. Payne (Ed.), *Mathematics for the young child (pp. 203-227). Reston, VA*: NCTM.

Carpenter, T. P. (1986). conceptual knowledge as a foundation for procedural knowledge: Implications from research on the initial learning of arithmetic. In J. Hiebert (Ed.), Conceptual procedure knwledge: The case of mathematics (pp. 113-132). Hillsdale, N. J.: Erbaum.

Carpenter, T. P., & Moser, J. M. (1983). The acquisition of addnition and subtraction concepts in grades 1−3. *Journal for Research in Mathematics Education. 15.* 179-202.

Castaneda, A. M. (1987). *Early mathematics education. In the Early Childhood Curriculum: A Review of Current Research, Ed by C. Secfeldt.* N. Y.: Teacher College Press. Cambridge, MA: Harvard University.

Charlesworth, R. (2000). *Experiences in Math for Young Children (4th Ed.),* Stamford, CT: Delmar Thomson Learning.

Charlesworth, R., & Lind, K. K. (1990). *Math and science for young children.* Albany, N. Y.: Delmar.

Churchill, E. M. (1961). *Counting and measuring.* Toronto: University of Toronto Press.

Copeland, R. (1988). *Mathcmatics and thc elementary teacher (2nd Ed.),* Philadelphia: W. B.

Saunders.

Copeland, R. W. (1974). *How children learn mathematics*. N. Y.: Macmillan.

Copley, J. V. (2000). The young child and mathematics. *National Council of Teachers of Mathematics*, Reston, Virginia.

Davydov, V. (1993). The influence of L. S. Vygotsky on education theory research and practice. *Annual Meeting of American Educational Research Association*. Chicago: Teachers College.

Del Grande, J. J. (1990). Spatial sense. *Arithmetic Tacher, 37(6), 14-20.*

DeVries, R., & Kohlberg, L. (1989). *Constructivist early education: Overview and comparison with other programs*. Washington, D. C.: NAEYC.

Diamond, M., & Hobson, J. (1998). *Magic trees of the mind: How to nurture your Child' s intelligence, creativity, and healthy emotions from birth through adolescence*. N. Y.: Dutton.

Dodwell, P. C. (1968). Relation Between the understanding of the logic of classes and of cardinal number in children. In E. Sigel and F. H. Hooper (Eds.), *Logical thinking in children*. N. Y.: Holr, Rinehart & Winston.

Donaldson, M. (1978). *Children' s Minds*. N. Y.: W. W. Norton.

Drake, S. M. (1997). *Creating integrated curriculum*. CA: Crown Press.

Dutton, W. H., & Dutton, A. (1991). *Mathematics children use and understand*. Mountain View, CA: Mayfield.

Flavell, J. H. (1985). *Cognitive development*. Englewood Cliffs, N. J.: Prentice-Hall.

Flegg, G. (1983). *Numbers: Their history and meaning*. London: Andre Deutsch.

Forston, L. R., & Reiff, J. C. (1995). *Early Childhood Curriculum: Open Structure for Integrative Learning*. Needham Heights, MA: Allyn & Bacon.

Fuson, K. C. (1984). More complexities in subtraction. *Journal for Research in Mathematics Education. 15*, 214-225.

Fuson, K. C., Richards. J., & briars, D. J. (1982). The acquision and elaboration of the number word sequence. In C. J. Brainerd (Ed.), *Children' s logical and mathematical cognition*. N. Y.: Springer-Verlag.

Geary, D. C. (1994). *Children's Mathematical Development*. Washington, D. C.: American Psychological Association.

Gelman, R. (1980). What young children know about numbers. *Educational Psychologist*. *15*(1), 54-68.

Gelman, R. (1990). First principles organize attention to and learning about relevant date: Number and the animate-inanimate distinction. *Cognitive Science*, *14*, 79-106.

Gelman, R., & Bailargeon, R. (1983). A review of some Piagetian concepts. In P. Mussen (Ed.), *Handbook of child psychology*. *3*, 167-230.

Gelman, R., & Gallistel, C. R. (1978). *The child's understanding of number*. Cambridge, MA: Harvatd University Press.

Gelman, R., & Meck, E. (1983), Preschooler's counting: Principles before skill. *Congnition*. *13*, 343-359.

Gibbons, E. (1996). Children's Literature: Impetus for Mathematical Adventure. *Teaching Children Mathematics*, *3*, 142-147.

Ginsberg, H. P. (1982). *Children's arithmetic*. Austin, TX.: Pro-Ed.

Ginsberg. H. P. (1977). *Children's arithmetic the learning process*. N. Y.: D. Van Nostrand.

Ginsburg, H. P., Pappas, S., & Seo, K. (2001). Everyday mathematical knowledge: Asking young children what to developmentally appropriate. In S. L. Golbeck (Ed.), *Psychological perspectives on Early Childhood Education*. Mahwah, N. J.: Lawrence Erlbaum.

Greenberg, M. (1979). *Your children need music*. Englewood Cliffs, N. J.: Prentice Hall.

Harlin, R. P. (1998). Integrating Children's Literature and mathematics in the Classroom: Children as meaning Makers, Problem Solvers and Literary Critics. *Childhood Education*, *74*, 181-182.

Hart, C. H., Burts, D. C., & Charlesworth, R. (1997). Integrated developmentally appropriate practice curriculum. In, Hart, C. H., Burts, D. C., & Charlesworth, R. (Ed.), *Integrated curriculum developmentally appropriate practice: Birth to age eight*. Albany, N. Y.: New York University Press.

Hiebert, J., & Lindquist, M. (1990). Developing mathematical knowledge in the young child.

In J. Payne (Ed.), *Mathematics for the Young Child* (pp. 7-38). Reston, VA: National Coumcil of Teachers of Mathematics.

Hiebert, J., & Lefere, P. (1986). Conceptual and Procedural Knowledge in Mathematics: An Introductory Analysis. *In Conceptual and Procedural Knowledge: The Cast of Mathematics, edited by james Hiebert (pp. 1-27).* Hillsdale, N. J.: Lowrence Erlbaum Associates.

Hohmann, M., Barnet, B., & Weikart, D. P. (1979). Young children in action Y psilanti, MI: High/Scope Press.

Hughes, M. (1986). *Children and Number.* N. Y.: Basil Blackwell.

Huntly, M. A. (1998). Design and implementation of a framework for defining integrated mathematics and science education. *School Science and Mathematics, 98*(10), 320-327.

Inagaki, K. (1990). The effects of raising animals on children' s biological knowledge. *British Journal of Developmental Psychology, 8*, 119-129.

Inagaki, K. (1992). Piagetian and post-Piagetian conceptions of development and their implications for science education in early childhood. *Early Childhood Research Quarterly, 7*, 115-133.

Jaque, E. (1996). *Linking life experience to classroom math.* Ph. D. dissertation of University of Virginia.

Klahr, D., & Wallace, J. G. (1976). *Cognitive development: An information-processing view.* Hillsdale, N. J.: Erlbaum.

Labinowicz, E. (1985). *Leraming from children.* Menlo-Park, CA : Addison-Wesley.

McGarrible, J., & Donaldson, M. (1974). Conservation accidents. *Cognition, 3*, 341-351.

Murphy, S. J. (1999). Learning Math through Stories. *School Library Journal, 45*, 122-124.

NAEYC (1991). Guidelines for appropriate curriculum content and assesment in programs serving children ages three through eight. *Young Children, 46*(3), 21-38.

NCTM. (1989). *Curriculum and Evaluation Standard for school Mathematics.* Washington, D.C.: NCTM.

NCTM. (1991). *Professional Standards for Teaching mathematics.* Reston, VA: NCTM.

NCTM. (1995). *Assessment Standard for school mathematics.* Reston, VA: NCTM.

NCTM (1989). *Curriculum and evaluation standards for school mathematics.* Reston, VA: NCTM.

NCTM (2000) . *Principles and standards for mathematics.* Reston, VA: NCTM.

Nelson, D., & Kirkpatirck, J.(1975). *Problem solving, Mathematics Learning in Early Childhood In Payne*, J. M. (Ed.), The National Council of Teachers of Mathematics Inc. Reston, Virginia.

Neufeld, K. A. (1986). Music and mathematics at the preschool level. *Elements: A Journal for Elementary Education, 15*(2), 11-12.

Payne, J. N. (1990). New directions in mathematics education. In J. N. Payne (Ed.), *Mathematics the young child.* Reston, VA: NCTM.

Payne, J. N., & Huinker, D. M. (1993). Early number and numeration. In Robert J. Jensen (Ed.), *Research ideas for the classroom: Early childhood mathematics.* Reston, VA: NCTM.

Perlmutter, J. C., Bloom, L. & Burrell, L. (1993). *Whole math through investigations. Childhood Education, 70*(1), 20-24.

Perlmutter, J. C., Bloom, L., & Burrell, L. (1993). *Whole math through investigations. childhood Education, 70*(1), 73-74.

Piaget, J. (1971). *Biology and knowledge.* chicago: University of Chicago Press.

Piaget, J. (1965). *The child' s conception of number.* N. Y.: Norton.

Richardson, K. (2000). *Mathematics standard for pre-kindergarten through grade 2.* (Ed.), 446-826.

Schneider, W., & Pressley, M. (1989). Memory development between 2 and 20. N. Y.: Springer-Verlag.

Schultz, K. A., Colarusso, R. P., & Strawderman, V. W. (1989). *Mathematics for every young child.* Columbus, OH : Merrill.

Siegler, I. E., & Hooper, F. H. (1968). *Logical thinking in children.* N. Y.: Holt, Rinehart & Winston.

Siegler, R. S. (1991). *Children' s thinking (2nd ed.)*, Englewood Cliffs, N. J.: Prentice-Hall.

Sigler, R. S., & Robinson, M. (1982). The development of numerical understandings. In H.

W. Reese and L. P. Lipsitt (Ed.), *Advances in child devemopment and behavior. 16*. N. Y.: Academic Press.

Smith, S. P. (1997). *Early Childhood Mathematics*. Needham Heights, MA: Allyn and Bacon.

Song. M., & Ginsburg, H. P. (1986). *The Effects of the Korean number syste's on young children s arithmetic*. San Francisco, CA: Annual Meeting of American Education Research Association.

Sternberg, R. J. (1985). *Beyond IQ: A triarchic theory of human intelligence*. Cambridge: Cambridge University Press.

Thatcher, D. H. (2001). Reading in the Math Class: Selecting and Using Picture Books for Math Investigation. *Young Children, 56*, 20-25.

Turkel, S., & Newman, C. M. (1988). What's your number?: Developing number sense. *Arithmetic Teacher, 35*(6), 53-55.

Vukelich, R., & Thonton, S. (1990). Children's understanding of historical time: Implications for instruction. *Childhood Education, 67*(1), 22-25.

Vygotsky, L. S. (1962). *Thought and language*. Cambridge, Mass.: MIT Press.(신현정 역 (1985). 사고와 언어. 서울: 성원사)

Vygotsky, L. S. (1978). Mind in society: *The development of higher psychological processes*. Cambridge, Mass.: Harvard University Press.

Wadsworth, B. J. (1984). *Piaget's theory of cognitive and affective development* (3rd Ed.), White Plans, N. Y.: Longman.

찾아보기

인명

저자 소개

김숙령

고려대학교 사범대학 가정교육학과 학사
고려대학교 대학원 아동학 석사
미국 University of Wisconsin-Madison 대학원 유아교육 박사
미국 Wisconsin Center for Education Research 연구원
미국 National Institute of Child & Human Development의 Early Child Care Study 연구원

현재 배재대학교 유아교육과 교수
배재대학교 부속유치원장

KOMCA 승인 필

예비교사와 교사를 위한

유아 수학교육

2011년 3월 1일 1판 1쇄 인쇄
2011년 3월 10일 1판 1쇄 발행

지은이 • 김숙령
펴낸이 • 김진환
펴낸곳 • (주) 학지사
121-837 서울특별시 마포구 서교동 352-29 마인드월드빌딩 5층
대표전화 • 02)330-5114 팩스 • 02)324-2345
등록번호 • 제313-2006-000265호

홈페이지 • http://www.hakjisa.co.kr
커뮤니티 • http://cafe.naver.com/hakjisa

ISBN 978-89-6330-470-0 93370

정가 17,000원

저자와의 협약으로 인지는 생략합니다.
파본은 구입처에서 교환해 드립니다.